国网安徽省电力有限公司后勤安全管理手册

国网安徽省电力有限公司后勤工作部　编

合肥工业大学出版社

《国网安徽省电力有限公司后勤安全管理手册》编委会

主　任　吴剑鸣

副主任　冯向民　程力　石大乐

委　员　苗　擎　张道荣　郭文铸　张　莉
　　　　　刘亚西　石元江　刘伟楠　赵世明

本书编写组

主　编　赵世明　朱广安　汪　洋

副主编　赵年立　张　玉　刘承银　戴　捷
　　　　　傅　庆　孔令勇　胡萌莉

参　编　杨道方　李向峰　宗芝荣　李国宁
　　　　　费成志　陈　源　胡　磊　陈　健
　　　　　王　奇　薛安之

前　言

随着电网事业的快速发展，后勤安全管理职能进一步加强，后勤安全工作对核心业务的支撑更为重要，安全规范管理的要求更为严格，服务安全保障的任务更为繁重。为提高后勤管理人员的安全知识水平，不断提升后勤安全保障能力，国网安徽省电力有限公司后勤工作部组织编写了《国网安徽省电力有限公司后勤安全管理手册》，以满足广大后勤管理人员的实际需要。

为便于阅读和使用，本手册以后勤业务为单元，由后勤安全管理体制机制、工程项目安全管理、物业安全管理、车辆安全管理、食品卫生安全管理五部分组成，集中展现了后勤安全管理的要求和工作方法，基本涵盖了目前后勤管理业务范围内的安全工作内容，具有较强的知识性和可操作性，可较好地指导后勤管理人员履行安全岗位职责，开展安全管理工作。

本手册由国网安徽省电力有限公司后勤工作部统一组织，国网宿州供电公司、国网宣城供电公司、国网合肥供电公司、国网滁州供电公司、国网蚌埠供电公司等单位联合编写。

由于后勤管理工作内容不断发生变化，加之编者水平有限，书中存在不妥之处，敬请广大读者提出宝贵意见。

编　者

2021 年 4 月

目　录

第一章　后勤安全管理体制机制

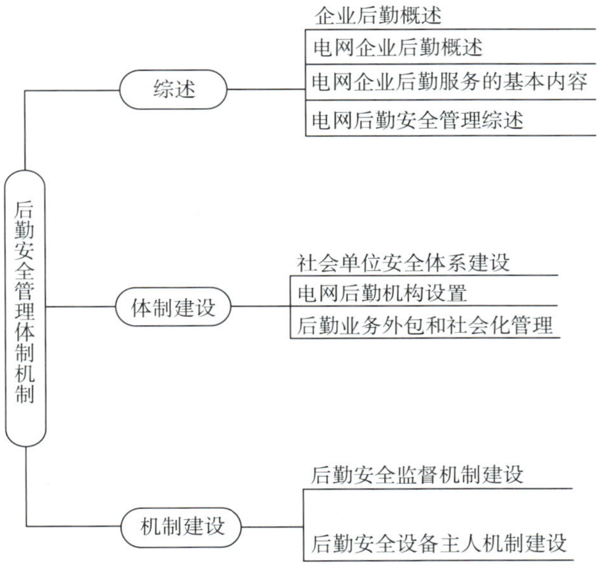

第一节　后勤安全管理综述

一、企业后勤概述

（一）后勤定义

后勤是后方勤务的简称，原是军事术语。随着社会的不断发展，人们在社会活动中，对各物质保障需求的认识越来越清晰。后勤的概念外延也从最初的军队扩展到机关、团体、企业、事业单位等各种社会组织，成为相关服务保障、处理行政事务不可或缺的要素，引申为机关、团体、企业、事业单位等的总务工作。

后勤是指以资产管理为核心，以提供物质和技术保障为手段，以组织职能活动正常有序运转为目的的管理和服务保障工作。

（二）后勤管理

后勤管理是管理者运用一定原理和方法、手段，通过一系列特定的管理行为和领导活动，使全体成员努力工作，以达到后勤工作目标的过程。后勤管理的任务在于动用各种管理手段，通过组织、指挥和协调后勤职工的活动，来创造一个远比每个个人活动力量总和要大的后勤保障力量，以便高效率和高质量地完成后勤工作任务，进而保证单位职能工作的顺利开展。后勤管理具有行政管理和服务保障职能，是企业的支撑保障业务，对企业整体经营管理起到了支撑和保障作用，是企业从事生产或社会活动的必要条件。

（三）后勤工作性质

1. 社会性

后勤是随着社会生产力的发展、社会分工的出现和社会组织的产生而产生的。随着社会生产力的发展，企业后勤服务由供给型、福利型、封闭式的自我服务，逐步向建立在专业分工协作上的商品化、市场化服务转化，最终实现社会化服务。

2. 经济性

后勤工作就是运用市场经济手段，并通过生产（劳务）、交换、分配、消费四个环节对后勤资源进行配置。在配置过程中，力求减少企业资源的消耗，防止企业后勤资源的闲置、浪费和流失，以提高经济效益。

3. 先行性

企业开展各项业务活动都需要具备一定的物质条件，后勤工作就是要在各职能活动开始之前，做好相应的服务保障准备，而且必须按照职能活动确定的时间要求和顺序开展服务保障，不能滞后，也不能颠倒顺序。这一特点就要求后勤管理部门和人员要有先行意识，要有工作的预见性，要具备很强的时效观念，真正做到“兵马未动，粮草先行”。

4. 政策性

后勤工作涉及企业相关人员的办公用房、周转住房、公务用车等履职待遇问题，必须严格执行国家相关法律法规，坚决贯彻中央八项规定和厉行节约、反对浪费的精神，自觉遵章守纪，严格落实制度，做到用制度管理、按程序办事、依标准服务。

5. 专业性

后勤业务内容丰富，包括资产管理、电网小型基建、生产辅助技改大修、餐饮、车辆和物业管理等多个专业，涉及的学科非常广泛，如管理学、经济学、建筑学等。后勤工作在具体实践中，不仅需要专业理论知识，同时还需要解决问题的能力以及实践经验的积累。

6. 服务性

管理是基础，保障是目标，服务是核心。后勤工作的核心是资产管理，外化形式是提供物质和技术保障，最终目的是保障职能活动正常、有序开展。后勤工作既有管理内容，也有服务保障内容，是集管理、服务保障职能于一体的综合性工作。

二、电网企业后勤概述

电网企业后勤工作是指围绕企业发展目标，通过集成和优化配置后勤系统人、财、物等内部资源，组织实施电网小型基建及生产辅助设备技改和大修、非生产性房地资产管理、物业服务、车辆服务、员工生产生活服务等业务活动，高品质服务员工生产、生活，保障电网核心业务正常运营，有力支撑企业发展战略。其基本职能是管理、保障和服务。

电网企业以经营电能这一特殊商品为主要业务，关系到国家能源安全和国民经济命脉，承担着保障更安全、更经济、更清洁、可持续的电力供应的基本使命。所以，电网企业的后勤工作不仅具有后勤工作的一般特性，还具有服务保障任务繁重、需求多元和发展紧迫的特点。由此可以明确，电网企业后勤工作是为电网规划、电网建设、电网运行、设备检修、营销服务业务等基本活动的执行提供人力、财力、物力资源和后勤保障、信息基础设施的活动。

因此，电网企业后勤工作不是独立于电网生产经营之外的业务，而是伴随电网核心业务产生的，与电网生产经营业务密不可分。其主要作用表现在支撑企业发展战略，保障职能活动运转，改善员工生产、生活条件等三个方面；主要内容包括物业服务、餐饮服务、车辆服务和后勤工程项目实施等。

三、电网企业后勤服务的基本内容

电网企业后勤服务是指后勤服务企业遵循后勤服务的一般规律，按照电网企业的要求，以技术和劳务等来满足电网企业正常运转、保障员工生产及生活条件的一系列活动。电网企业后勤服务的主要内容如下：

（一）物业管理服务

物业管理服务主要包括前期物业，房屋及设备、设施管理，环境维护，物业安全管理，物业综合服务和变电站物业服务等内容。

1. 前期物业

前期物业是指电网后勤服务企业针对系统内新建物业项目，在全面接管物业并正常开展物业服务前所进行的各项准备工作，是物业项目日后顺利开展优质服务的重要基础和前提条件。其主要工作内容包含物业项目招投标、物业承接查验、二次装修管理、业主搬迁入驻保障等工作。

2. 房屋及设备、设施管理

房屋及设备、设施管理是后勤服务企业的重要工作内容，是保证房屋及附属设备、设施发挥正常作用，延长其使用寿命，实现资产保值、增值，最大限度地满足业主和使用人对其使用的需要。其主要工作内容包含房屋及附属设施、供电、空调、暖通、消防、安保、弱电、给排水、电梯和车辆停放等系统设备的运行、维修、保养管理等。

3. 环境维护

环境维护是指在物业环境这一特定的范围内，后勤服务企业通过卫生保洁、绿化维护、履约监督、制度建设和宣传教育工作，控制和防止已经发生或者可能发生的环境污染。其目的是为业主创建一个整洁、舒适、优美、文明的工作和生活环境。其主要工作内容包含卫生保洁、绿化养护、植物租摆、生活垃圾和办公废弃物处理、有害生物控制、污染防治等。

4. 物业安全管理

物业安全管理是指后勤服务企业采取各种措施和手段，保障业主的人身和财产安全，维护正常的工作和生活秩序的一种管理工作。其主要工作内容包含服务区域内的秩序管理，消防管理，车辆出入和停放，以及食品卫生管理。

5. 物业综合服务

物业综合服务是指为业主提供的会议、接待、代办等日常服务。其主要工作内容包含会务服务、接待服务、客户服务和收发服务等。

6. 变电站物业服务

变电站物业服务是根据电网企业生产业务要求，为具有一定规模和电压等级的变电站提供的综合性物业服务，是电网企业后勤服务的一项特有服务内容。其主要工作内容包含变电站安全保护、卫生保洁、绿化维护等。

（二）餐饮服务

餐饮服务是指以为本单位员工提供工作用餐为主的保障性服务，是电网企业后勤服务的一项重要工作内容。根据电网企业的工作特点，其主要工作内容不仅包括为正常办公人员提供餐饮服务，还包括为调度值班、施工、抢修、保电现场人员提供现场送餐服务。这是电网企业后勤餐饮服务与其他组织后勤餐饮服务的重要区别之一。

（三）车辆服务

车辆服务特指为电力生产、建设、经营、管理等活动提供的汽车交通运输服务。其主要内容包含交通安全、车辆运行、车辆维修、车辆保险、车辆报废、成本管理等。

（四）工程项目管理

工程项目管理主要是指电网企业非生产性房屋的基建、生产辅助设施设备的技改大修等工程的项目管理。其主要内容包含小型基建、生产辅助设施设备的技改大修项目储备、立项、施工许可办理、实施、竣工验收和决算转资等。

四、电网后勤安全管理综述

安全工作是做好一切工作的前提和基础。生产安全是企业和谐发展、生产秩序良好的重要体现，是促进企业改革与发展的头等大事，直接关系到员工生命安全和企业财产安全，关系到千家万户幸福安宁和企业健康发展，关系到社会的和谐稳定。

后勤是电网公司的重要组成部分，是为电网公司正常运转和建设发展提供保障的基础性工作。在现代社会经济环境下，后勤工作的定位是管理、保障、服务。后勤安全是关系到后勤生存与发展的头等大事，更是后勤管理的重中之重。电网公司后勤系统的安全运行，关系到整个企业的安全稳定发展，同时也关系到广大职工的生命财产和生产生活，其责任重大。

安全管理最根本的目的是保护人的生命、健康和保证工程项目的顺利实施。安全管理能为员工带来幸福，给社会带来稳定，给企业带来经济效益和发展。任何工程项目和服务在实施过程中都离不开安全工作，安全工作是工程项目管理和服务工作的重要基础，是整个项目管理中不可忽略的重要内容之一。保证施工过程中人、物的安全，有利于工程实施的正常进行，是保证工程进度和工程质量不可或缺的关键部分，对实现项目预期经济效益和社会效益有着很大的帮助。

电网后勤安全管理主要是指电网企业后勤管理者通过管理手段，实现控制安全事故发生概率、发现和消除安全隐患、减少人员财产损失的目的，使企业达到一定的安全水平，使员工在安全的环境中工作和生活的管理活动。电网后勤安全管理是电网企业管理的一项重要内容，是电网企业和谐发展、工作秩序良好的重要体现，是促进电网企业发展的关键要素，直接关系到企业员工生命安全，关系到千家万户幸福安宁和企业声誉。

电网后勤管理和服务的对象主要是公司员工和后勤设施设备等，这就要求后勤安全管理的出发点和落脚点必须是员工的安全需求，并且以满足员工的安全需求为导向，共同致力于后勤设施设备的安全运行。因此，电网后勤安全管理的重点是怎样保证后勤工程项目安全、物业服务安全、餐饮服务安全、车辆使用安全等四个主要方面内容。其管理过程是公司管理者及安全管理部门严格按照国家安全相关法律、法规，以保障企业员工的人身安全、财产安全以及维护企业秩序和生产生活等活动正常开展为目的，组建安全管理机构，制订安全管理计划，加强安全教育和培训，领导和调动全体员工进行安全保护，对公司可能出现的事故进行预防、处理和善后的系统化应对过程。

第二节　后勤安全管理的体制建设

一、社会单位安全体系建设

社会单位后勤部门比较有代表性的单位有高校、企业、行政机关等单位的后勤部门。总体来说，各类单位后勤部门一般由安全保卫、生活服务、行政管理、财务工作和医疗服务等机构组成。

我国高校实行的是党委领导下的校长负责制。安全工作按照“党政同责，一岗双责，失职追责”的要求，坚持以人为本、以民为本。根据国家现行管理体制，高校党委书记和校长是学校安全工作主要责任人，全面负责学校的安全管理工作；分管相关职能部门的副校长是学校条块安全工作的第一责任人；职能部门主要负责人和各院（部、系）院长（主任）是本部门、本院（部、系）安全第一责任人，负责本院（部、系）安全管理，分管副院长（部、系副主任）是院（系）安全管理人；各院系可设主管安全管理岗位，协助院长（系主任）做好各项安全工作；各机关科室、实验室主任和科研实验室负责人是本室安全第一责任人，负责本室的安全管理工作。

根据以上组织机构设置情况，学校后勤部门岗位人员配置情况应该包括分管副校长、后勤主任、财务管理人员、物品采购员、教学设备管理员、设施设备管理员、食堂管理员、医疗保健员、水电工、设备设施修理员和保安保洁员等。

二、电网后勤机构设置

为适应现代电网企业管理需要，在国网企业设立后勤保障部门，作为公司后勤综合管理部门，根据企业性质和特点，将后勤管理和服务保障等工作归口后勤保障部门。后勤保障部门主要负责电网小型基建、生产辅助技改大修等工程项目管理与实施，负责行政后勤事务管理和服务保障等工作，负责职工食堂和员工宿舍等生活服务场所和设施管理，负责新闻采编、人力资源服务、社保业务、医疗保健、档案整理等后勤事务管理，负责公务用车管理等具体工作。

根据电网企业机构设置和工作任务，后勤部门岗位人员配置情况应该包括企业分管领导、后勤（综合服务中心）主任、安全技术员、财务管理人员、物品采购员、后勤资产和设施设备管理员、食堂管理员、小型基建管理员、新闻采编人员、医疗保健员、档案管理员、水电工、设备设施修理员、车辆管理和驾驶员、保安保洁员等。

为保证后勤各项工作有序开展，综合服务中心一般设负责人 3 人，设置 1 个专业室和 3 个班组，分别为综合室、综合服务班、物业服务班、车辆服务班。

——综合室：负责公司后勤管理，负责公司电网小型基建和生产辅助技改大修项目管理；负责公司后勤标准化、信息化应用和推广实施工作；负责本部所属办公及非生产性土地、房屋及其附属设施、设备等及其消防管理；负责本部公务车管理工作；负责本部办公设备（用品）、家器具等后勤实物管理工作；负责本部员工宿舍、食堂等福利机构管理；负责中心行政、党群、后勤等综合事务。

——综合服务班：负责新闻采编、人力资源服务、社保业务、医疗保健、员工体检、档案整理等业务实施。

——物业服务班：负责本单位后勤服务及生活福利设施保障工作。

——车辆服务班：负责调配车辆的使用工作。

（一）后勤安全管理层级

1. 纵向管理层级

参照国家现行的管理体制，电网企业主要负责人是企业安全工作的主要责任人，全面负责企业的安全管理工作；分管后勤部门的负责人协助第一责任人管理企业后勤安全管理工作；后勤部门主要负责人是后勤安全工作的第一责任人，负责企业后勤安全管理工作；后勤安全技术人员是后勤安全管理的直接责任人，负责公司后勤安全管理、技术指导、监督检查和考核；后勤部门的各专业人员是本专业后勤安全管理的责任人，负责后勤安全管理工作的具体实施，协助部门负责人做好各项安全管理工作；设备主人是所属设备的安全管理责任人。

2. 横向管理层级

根据国家电网公司现行管理体制，安全管理主要以纵向安全责任制为管理主线，下级对上级主管部门和人员负责，并承担相应安全责任。为保证安全工作协同开展，主要责任人员应履职尽责。在横向管理方面，电网企业对后勤安全管理加强协同监督管理，主要体现在单位安全总监和安全监察质量部的安全监督管理。在社会管理层面，包括政府安全监督管理部门对公司后勤安全的监督管理，各相关专业的安全管理。如公安消防部门的消防安全管理，公安机关的安全保卫监督管理，交通管理部门的安全监督管理，人防部门的防空防灾监督管理等。

（二）后勤机构安全岗位配置和职责

1. 主要领导职责

主要领导作为本单位安全第一责任人，对安全后勤设备主人体系建设承担领导责任。

2. 单位分管领导职责

各单位后勤分管领导为本单位安全后勤设备主人责任体系建立和落实的总负责人。

3. 后勤管理部门职责

各单位后勤管理部门负责组织制定本单位后勤设备管理规范和实施细则，组织开展设备运维、检修、技术改造和隐患排查治理，对本单位安全后勤设备体系建设负管理责任。

4. 安全监督管理部门职责

各单位安全监督管理部门负责对本单位后勤设备主人制组织落实情况进行督办、指导，对发现的问题监督纠偏；参加后勤设备事故、障碍和异常的调查、分析与处理，检查设备反事故预案的落实；负责审查后勤设备的安全应急预案和现场处置方案，参加应急处置演练；对发生后勤设备责任事件提出处理意见或奖惩意见。

5. 后勤设备管理班组职责

各单位后勤设备管理班组负责定期组织设备主人对设备现状进行分析、研究、诊断，对设备隐患整治进行跟踪、督导和闭环管理；负责编制管辖设备的安全应急预案和现场处置方案，定期组织应急处置演练。

6. 设备主人职责

设备主人是设备安全运行的第一责任人，负责后勤设备的健康运行；负责按照设备巡视要求进行巡视，并填写记录；对发现的各类缺陷第一时间进行处理，并在有效时间内处理完成，对无法处理的缺陷及时上报所在班组班长，配合完成设备消缺及隐患整治工作；负责落实管辖设备的安全应急预案和现场处置方案，定期参加应急处置演练。

（三）后勤安全管理范围

根据后勤岗位特点，后勤安全工作主要是对后勤设施设备的安全管理，按设施设备的功能分类，主要包括消防设备、安防设备、食堂安全及公共卫生设备、交通设备、房产及配套设备以及其他设备等几大类。

1. 消防设备，主要指办公区消防设施，包括建筑防火分割和安全疏散设施、消防给水设施、防烟与排烟设施、消防电气与通信设施、自动喷水灭火系统、火灾自动报警系统、气体灭火系统、泡沫灭火系统、消防电梯，以及其他固定灭火系统等。

2. 安防设备，主要指安防视频监控系统、入侵报警系统、电子巡查系统、出入口控制系统、停车库安全管理系统、门禁系统等所配置的设备及重要安防器械等。

3. 食堂安全及公共卫生设备，主要指食堂电气设备、燃气设备、食品加工设备、检验设备、餐具清洗消毒设备及工器具等，以及食品加工中涉及的仓储、包装、工艺、传送、售卖及就餐环境的相关设备。

4. 交通设备，主要指公务车辆。

5. 房产及配套设备，主要指非生产性房产及其配套设备，包括结构分系统、围护分系统、装饰装修分系统、供热采暖分系统、空调通风分系统、电梯分系统、给排水分系统、建筑智能化分系统、电气分系统等。

6. 其他设备，主要指除上述5个方面的后勤服务保障的其他设备。

除以上设施设备安全管理外，后勤岗位还承担小型基建和生产辅助技改大修等工程施工作业现场安全管理。

（四）后勤安全管理制度

为保证后勤管理稳定有序，后勤安全管理制度按管理要求应建立健全以下管理内容。

1. 岗位职责

岗位职责指一个岗位所需要完成的工作内容以及应当承担的责任范围，无论兼任还是兼管均指不同职务之间。岗位职责是一个具象化的工作描述，可将其归类于不同职位类型范畴。岗位是组织为完成某项任务而确立的，由工种、职务、职称和等级等性质所组成，必须归属于某一个人。职责是职务与责任的统一，由授权范围和相应的责任两部分组成。

2. 安全生产责任制

安全生产责任制是根据我国“安全第一，预防为主，综合治理”的安全生产方针和安全生产法规建立的各级领导、职能部门、工程技术人员、岗位操作人员在劳动生产过程中对安全生产层层负责的制度。安全生产责任制是企业岗位责任制的一个组成部分，是企业最基本的一项安全制度，也是企业安全生产、劳动保护管理制度的核心。

实践证明，凡是建立健全了安全生产责任制的企业，各级领导重视安全生产、劳动保护工作，切实贯彻执行党和国家的安全生产、劳动保护方针政策和法律法规，在认真负责地组织生产的同时，积极采取措施，改善劳动条件，工伤事故和职业性疾病就会减少。反之，就会职责不清，相互推诿，而使安全生产、劳动保护工作无人负责，工伤事故与职业病就会不断发生。

3. 安全生产管理制度

安全生产管理制度是一系列为了保障安全生产而制定的条文。它的建立主要是为了控制风险，将危害降到最小，安全生产管理制度也可以依据风险类别和级别来制定。公司安全生产主要责任人的划分：单位行政主要负责人是本单位安全生产的第一责任人，分管生产的负责人和专职安全生产管理员是本单位安全生产的主要责任人。

4. 作业指导书

作业指导书是用以指导某个具体过程、事务形成的技术性细节描述的可操作性文件。

作业指导书是针对某个部门内部或某个岗位的作业活动的文件，侧重描述如何进行操作，是对程序文件的补充或具体化。这类文件有不同的具体名称，如工艺规范、工作指令、操作规程等。

5. 工作标准

工作标准就是对企业标准化领域中需要协调统一的工作事项所制定的标准。工作标准是指一个训练有素的人员完成一定工作所需的时间，其完成该项工作应使用预先设定好的方法，并用其正常的努力程度和正常的技能（非超常发挥），所以也称为时间标准。

6. 应急管理

随着 2006 年 1 月 8 日国务院发布的《国家突发公共事件总体应急预案》出台，我国应急预案框架体系初步形成。是否制定应急能力及防灾减灾应急预案，标志着社会、企业、社区、家庭等安全文化基本素质的程度高低。作为公众中的一员，我们每个人都应具备一定的安全减灾文化素养和良好的心理素质以及应急管理知识。

应急管理是针对特重大事故灾害的危险问题提出的，是指政府及其他公共机构在突发事件的事前预防、事发应对、事中处置和善后恢复过程中，通过建立必要的应对机制，采取一系列必要措施，应用科学、技术、规划与管理等手段，保障公众生命、健康和财产安全，促进社会和谐健康发展的有关活动。其中特重大事故灾害危险问题包括人的危险、物的危险和责任危险三大类。人的危险可分为生命危险和健康危险；物的危险指威胁财产安全的火灾、雷电、台风、洪水等事故灾难；责任危险是产生于法律上的损害赔偿责任，一般又称为第三者责任险。其中，危险是由意外事故、意外事故发生的可能性及蕴藏意外事故发生可能性的危险状态构成。

事故应急管理的内涵，包括预防、准备、响应和恢复四个阶段。尽管在实际情况中，这些阶段往往是重叠的，但它们中的每一部分都有自己单独的目标，并且成为下个阶段内容的一部分。

7. 安全事故和质量事件的调查处理

生产经营活动中若发生造成人身伤亡或者直接经济损失的生产安全事故，应当及时开展调查处理，总结经验，吸取教训，确保不再发生类似的安全事故。

安全事故和质量事件调查处理主要参照国务院颁发的《生产安全事故报告和调查处理条例》执行。总体思路把握以下四个方面：一是贯彻落实“四不放过”原则。“四不放过”，即事故原因未查明不放过，责任人未处理不放过，整改措施未落实不放过，有关人员未受到教育不放过。二是坚持“政府统一领导、分级负责”的原则。生产安全事故报告和调查处理必须坚持政府统一领导、分级负责的原则。三是重在完善程序，明确责任。规范生产安全事故的报告和调查处理，首先需要完善有关程序，为事故报告和调查处理工作提供明确的“操作规程”。同时，明确政府及其有关部门、事故发生单位及其主要负责人以及其他单位和个人在事故报告和调查处理中所负的责任。

8. 培训管理

培训即培养加训练，就是通过培养加训练使受训者掌握某种技能的方式，是给有经验和无经验的受训者传授其完成某种行为所必需的思维认识、基本知识和技能的过程。

三、后勤业务外包和社会化管理

业务外包是指承发包单位通过签订业务外包合同，采取劳务外包或专业外包的方式，完成特定任务的企业间经济行为。业务外包是企业减少用工总量、优化员工队伍结构、提高劳动效率、节约成本的重要措施。

根据业务性质的不同，供电企业业务分为核心业务、常规业务和其他业务。核心业务不得外包，常规业务可根据各单位人力资源实际情况适度开展外包，其他业务宜推进外包。专业部门负责本专业业务外包工作的实施、安全与质量管理、日常管理和验收，承办与承包单位签订的业务承包合同和安全协议（如需要），监督承包单位落实各项标准、制度和规范；安全监察质量部负责落实公司关于业务外包安全与质量监督的工作要求，负责监督检查下属单位业务外包安全和质量工作情况，参与业务外包工作考核评价和承包单位的资质审查。

后勤工作任务中，后勤工程项目施工、保洁、绿化、维修、安保、会议服务、餐饮服务、客房服务、车辆驾驶和医疗保健等可以实施业务外包。

对于委托运维服务的设备，应以合同约定的方式将设备安全管理标准、内容、流程等逐一列举，明确管理责任，其设备主人应督促受托单位严格履行相关安全职责。对于外部单位在本单位安装的各类设备，属于后勤业务管理范围的，应督促设备运维单位按照设备主人制要求履行职责并安排专人督促实施。

第三节　后勤安全管理的机制建设

一、后勤安全监督机制建设

（一）监督管理

改变以往节假日前后集中巡查 1 次的巡查机制，建立“五个一”安全隐患排查常态机制，明确设备主人按照设备特征确定巡视周期，确定巡视周期内保证巡视 1 次、设备管理班组每月组织巡视 1 次、后勤管理部门每月组织设备安全隐患排查 1 次、分管后勤工作的领导每季度组织设备安全隐患排查 1 次、每季度召开 1 次设备安全隐患排查工作汇报的主要工作内容。设备分台（类）印制公司日常巡查记录本、隐患排查记录本，健全设备隐患登记报告制度，建成“五个一”安全隐患排查机制。

本着“分类管理、归口负责”的原则，分类分层逐级建立安全后勤设备责任体系。

1. 各单位后勤分管领导为本单位安全后勤设备主人责任体系建立和落实的总负责人，负责确定后勤设备管辖范围和责任界面，组织研究和解决后勤设备管理中发现的重大问题，督促检查后勤安全设备主人制的全面落实。

2. 各单位后勤管理部门负责组织制定本单位后勤设备管理规范和实施细则，组织开展设备运维、检修、技术改造和隐患排查治理，对本单位安全后勤设备体系建设负管理责任；负责组织制定本单位后勤设备安全管理年度目标，对后勤管理服务保障范围内的每台设备应确定管理责任人员和设备主人，按照设备全寿命周期管理要求，结合国家有关法律法规、行业及上级有关设备管理相关标准、规程、制度、规定，分设备研究制定本单位落实设备主人制管理工作内容、标准、要求和考核办法等，据此与设备主人签订责任书，并督促检查、考核责任落实；负责定期组织对设备健康运行状况进行评估，提醒设备主人在巡视和维护过程中的注意事项和设备可能出现的异常情况；负责协调与物业公司、维保单位、供应商等单位（部门）做好设备检修、维护、外委、咨询等安全相关方具体事项的落实；负责生产辅助大修技改项目的申报和项目管理，及时有效消除安全隐患；负责定期组织开展后勤设备主人业务技能培训，提升设备主人履职能力；负责表彰奖励设备运维、检修过程中发现重大设备缺陷或隐患的设备主人和有关人员，对发生设备安全责任事故或严重设备故障负有责任的，按规定对有关责任人员进行责任追究。

3. 各单位后勤设备管理班组负责按照设备特点制定每台设备的巡视重点、维护要求、记录内容等，组织编制设备安全运行、设备消缺、隐患整治等工作方案和年度计划；负责定期组织设备主人对设备现状进行分析、研究、诊断，制定相应措施并督促设备主人落实；负责对设备隐患整治进行跟踪、督导并闭环管理，及时向上级部门、领导汇报班组能力范围内难以解决的隐患治理、设备消缺等困难和问题；参加所管辖设备事故、障碍和异常的调查、分析与处理，提出设备反事故意见和建议，督促所管辖设备反措的执行；负责定期对班组成员和设备委托服务单位设备安全管理履责情况进行全面检查、沟通改进，提出评价考核意见；编制管辖设备安全事件的应急预案和现场处置方案，定期组织应急处置演练。

（二）考核管理

设备主人应以文件和标识等形式予以明确并建立信息目录。设备现场以标识的形式明确设备主人姓名、联系电话（不宜在设备本体悬挂标识的除外）。标识应清晰醒目、规范统一、位置合适。

电网企业后勤管理部门应与各安全后勤设备总责任人签订责任书，设备主管部门应与设备主人签订责任书，责任书的主要内容包括：责任目标、责任范围、责任内容、工作标准与考核等，原则上每年度签订 1 次。

（三）设备安全风险评估管理

设备安全风险评估是指综合考虑设备的安全性、经济性和社会影响等方面的风险，确定设备风险程度。风险评估结合设备状态评价工作开展，在设备状态评价的基础上，评估设备出现故障的可能性和后果的严重程度，确定设备面临和可能导致的风险。

1. 风险评估流程

风险评估在设备状态评价之后进行，通过风险评估确定设备面临和可能导致的风险，为设备运行、维护、检修、试验、技改等工作的决策提供依据。

开展设备风险评估，首先，应建立完善的设备台账；其次，要定期对设备状态开展检查评价；最后，根据设备故障率并结合故障案例综合分析完成设备风险值评定。

设备风险评估流程如图 1－1 所示。

2. 设备状态评价

为了保证设备运行安全可靠，应根据设备的属性定期开展状态评价工作，动态掌握设备状况，及时处理设备安全隐患。

3. 设备故障率

根据设备状态评价，对同类型设备的故障率进行比较，评定设备风险值，采取优胜劣汰的方式，选用运行稳定的设备，确保后勤安全。

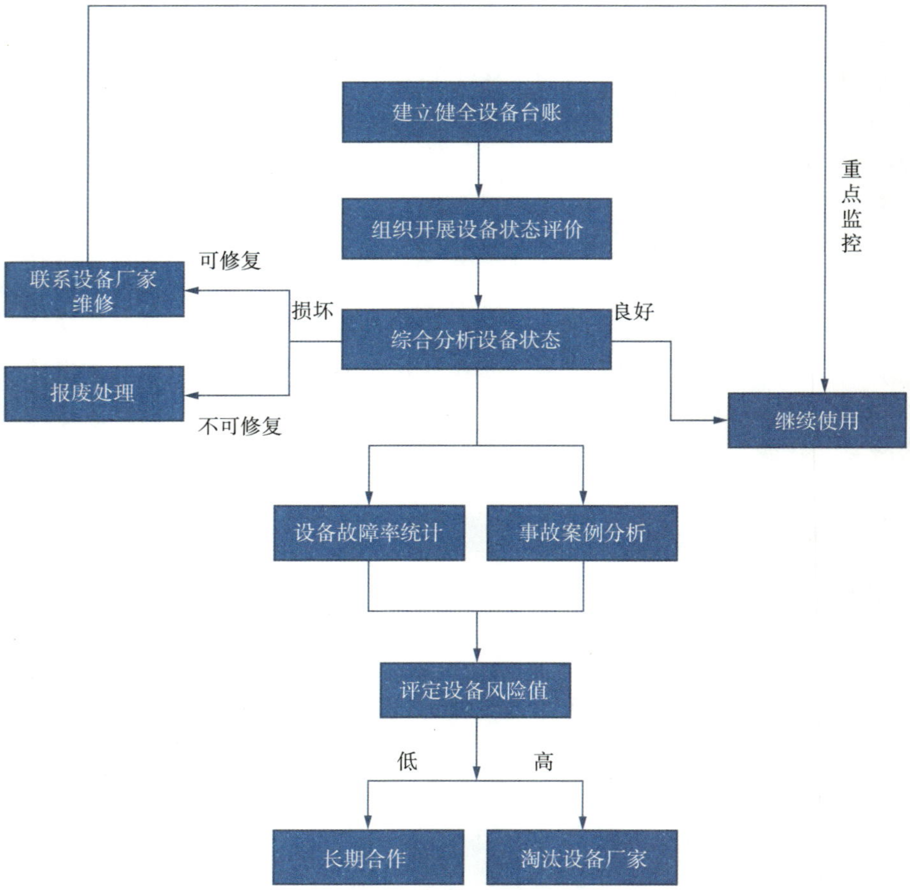

图 1-1　设备风险评估流程

（四）应急保障管理

应急保障管理是指企业在突发事件的事前预防、事发应对、事中处置和善后恢复过程中，通过建立必要的应对机制，采取一系列必要措施，应用科学、技术、规划与管理等手段，保障生命、健康和财产安全，促进企业和谐健康发展的有关活动。

事故应急管理的内涵，包括预防、准备、响应和恢复四个阶段。

1. 加强预防

增强忧患意识，高度重视后勤安全工作，居安思危，常抓不懈，防患于未然。坚持预防与应急相结合，常态与非常态相结合，做好应对突发事件的思想准备、预案准备、组织准备以及物资准备等。

2. 快速反应

加强应急处置队伍建设，充分动员和发挥全体企业员工的作用，依靠群众力量，建立健全快速反应机制，及时获取充分而准确的信息，跟踪研判，果断决策，迅速处置，最大限度地减少危害和影响。

3. 以人为本

把保障人身安全作为首要任务。凡是可能造成人员伤亡的突发事件发生前，要及时采取人员避险措施；突发事件发生后，要优先开展抢救人员的紧急行动；要加强抢险救援人员的安全防护，最大限度地避免和减少突发公共事件造成的人员伤亡和危害。

4. 损益合理

处置突发事件所采取的措施应该与突发事件造成的危害的性质、程度、范围和阶段相适应；处置突发事件有多种措施可供选择的，应选择对公众利益损害较小的措施；对公众权利与自有的限制，不应超出控制和消除突发事件造成的危害所必要的限度，并应对所造成的公众的合法利益损失给予适当补偿。

5. 分级负责

建立健全分类管理、分级负责的应急管理机制。根据突发事件的严重性、可控性、所需要动用的资源、影响范围等因素，启动相应的预案。

6. 联动处置

建立和完善联动协调制度，加强部门之间的沟通协调，充分动员和发挥全体员工的作用，形成统一指挥、反应灵敏、功能齐全、协调有序、运转高效的应急管理机制。

7. 专群结合

采用先进的预测、预警、预防和应急处置技术及设备，提高应对突发事件的科技水平和指挥能力；定期开展设备主人培训，充分发挥设备主人在突发事件的信息研判、决策咨询、应急抢险、时间评估等方面的作用；有序组织和动员全体员工力量参与突发事件应急处置工作；加强宣传和培训教育工作，提高公众自我防范、自救互救等能力。

8. 资源整合

整合现有突发事件的检测、预测、预警等信息系统，建立网络互联、信息共享、科学有效的防范体系；整合现有突发事件应急指挥和组织网络，建立统一、科学、高效的指挥体系；整合现有突发事件应急处置资源，建立分工明确、责任落实、常备不懈的保障体系。

9. 依法规范

坚持依法合规，妥善处理应急措施和常规管理的关系，合理把握非常措施的运行范围和实施力度，使应对突发事件的工作规范化、制度化、法制化。

10. 责权一致

实行应急处置工作各级行政领导责任制，依法保障责任单位、责任人员按照有关法律法规和规章行使权利；在必须立即采取应急处置措施的紧急情况下，有关责任单位、责任人员应临机立断，控制事态发展；对不作为、延误时机、组织不力等失职、渎职行为依法追究责任。

（五）市场化退出机制建设

目前，电网企业后勤业务外包情况普遍，加强外包单位的管理工作是确保后勤安全的一项重要工作。各单位应建立市场化退出机制，后勤主管部门定期对外包单位的后勤安全相关工作进行考核评价，对不符合要求的单位，应及时责令其整改或解除合作关系，以保证外包业务服务质量，确保后勤安全。

二、安全后勤设备主人机制建设

"三位一体"的省级电网公司后勤安全管理机制建设与实施是国网安徽省电力有限公司后勤专业全面贯彻"安全第一，预防为主"的方针，落实"管业务必须管安全"的基本要求，发挥后勤部门安全管理保证体系作用的需要。公司基于目前后勤专业化管理起步较晚，安全基础管理比较薄弱，安全后勤责任体系建设尚不健全，统一的安全后勤设备主人责任体系标准亟须加快建立和完善的需要，以及针对后勤设备（设施）种类多、差别大、使用率高、安全故障影响面广，亟须在落实安全责任上建立新体系，以提升安全保障水平，提高安全防范能力。

"三位一体"的省级电网公司后勤安全管理机制建设与实施是基于系统安全（System Safety）理论，抓住安全事故致因要点，通过改善设备状况和提升员工责任意识，保障后勤安全。按照省公司系统集中统一部署、各层级分工负责、省公司负责顶层设计、市公司实践探索、县公司重点执行，以安全后勤设备主人责任体系建设规范为指导、以安全后勤设备主人体系建设为抓手、以"五个一"安全隐患排查机制常态运行为保障，实现后勤安全的总体目标("三位一体")。

国网安徽省电力有限公司开展后勤安全体系建设顶层设计，制定《国网安徽省电力公司建立健全安全后勤设备主人责任体系实施细则（试行）》及《国网安徽省电力公司安全后勤设备主人责任体系建设规范（试行）》，全面指导各单位开展安全后勤管理工作。

各单位应全面梳理后勤业务部门管理职能和后勤设施设备清单，明确设备主人工作职责，发挥安全保证体系作用。建立安全后勤设备主人责任体系和"五个一"安全隐患排查常态机制，建立健全不同类别、不同特点的后勤设备的管理制度、工作流程、操作规程、安全知识和培训制度等设备管理体系，研究建立健全安全后勤设备主人责任体系建设的管理标准，并依据管理标准，建立安全后勤设备主人责任体系建设的评价体系，建立健全后勤主要设备标准化的应急预案。

2016 年 1 月，国网安徽省电力有限公司发布安全后勤设备主人体系建设实施细则，明确了体系建设具体任务。3 月，公司所属的 16 家市公司和 9 家直属单位完成建设方案的编制，并组织实施。6 月底，各单位在总结的基础上，进行自查自评。7 月中旬，公司后勤部对各单位建设情况进行全面检查评估，针对检查结果提出整改意见，并限期整改。8 月初，部署各市公司在完成自身整改的基础上将安全后勤设备主人责任体系建设工作在县公司全面落实。12 月底，公司系统全面完成安全后勤设备主人责任体系建设。

国网安徽省电力有限公司通过"三位一体"的省级电网公司后勤安全管理机制建设与实施，全面落实以安全、质量、效率、效益为中心的后勤工作方针，系统各单位进一步明确后勤安全管理的职责，落实安全责任，形成一套完整的安全后勤设备主人责任体系建设标准，推动后勤安全管理上了新台阶，后勤服务保障能力和服务水平得到显著提高，收到良好的社会效益和经济效益。

为方便成果应用，下面将国网安徽省电力有限公司关于省级电网公司后勤安全管理机制建设与实践主要做法和体系建设规范（试行）作案例表述，见案例 1、案例 2，供电网企业借鉴。

案例1

“三位一体”的省级电网公司后勤安全管理机制建设与实施

国网安徽省电力有限公司是国家电网公司全资子公司，承担着优化全省能源资源配置、满足经济社会发展电力需求供应的重要职责。公司主要从事电网建设、生产、经营、科研、设计和培训等业务，下设16个市级供电公司、72个县级供电公司和9家直属单位，管理各类员工近6.5万人，服务电力客户2300多万户。

2016年以来，国网安徽省电力有限公司坚持问题导向，深化安全保障体系作用，强化后勤安全责任落实，优化安全后勤管理流程，本着“分类管理、归口负责”的原则，分类、分层逐级建立安全后勤设备主人责任体系，全面施行安全后勤设备主人制。组织开展了“三位一体”的省级电网公司后勤安全管理机制建设与实践。经过一年来的具体实施，建设效果初步显现。通过逐级搭建管理组织机构，逐级明确责任人，细化量化安全责任和考核目标，形成了“一级抓一级、一级对一级负责”的执行体系，建立了“五个一”安全隐患常态排查机制，重点解决了后勤安全界面不明确、职责不清晰、管理不规范、隐患不能及时发现等问题，有效提高了后勤管理质量，实现了后勤安全目标。

一、创造背景

长期以来，电网企业的安全生产好像只是一线职工的事情，似乎与后勤部门关系不大，但是随着“三集五大”体系建设的深入和电力体制改革的深化，后勤安全引起了广泛关注，大家普遍认识到安全是后勤工作的基础，后勤安全责任重于泰山，后勤安全工作必须常抓不懈。根据国家电网公司“十三五”提出的目标，坚持“集约高效，科学规范”的总体要求，着力构建安全后勤设备主人责任体系，形成“三位一体”的省级电网公司后勤安全管理机制势在必行。

（一）是深入推进后勤安全管理标准化的需要

根据《国家电网公司“十三五”后勤工作规划》要求，到“十三五”末，将全面建成与电网发展现代化相匹配的后勤保障资源体系，满足“一强三优”现代公司后勤需求。但与之不适应的是，由于后勤工作点多面广，尤其是安全风险类别多、防控难度大，部分单位后勤安全管理机制不健全，少数员工安全意识淡薄，安全管理责任制还存在没有落实到位的情况，后勤安全风险管控始终不容忽视。

要满足现代公司的后勤需求，首先是加强标准化建设。要建立健全统一规范的规划计划体系、制度标准体系、卓越绩效考核评价体系和信息化应用平台，实现后勤各项业务管理的标准化、制度化和流程化。要把建立严密、完整、有序的安全管理体系和规章制度作为加强后勤安全基础工作来抓。同时要有效地执行措施，把制度落到实处。后勤部门要结合实际，建立起安全生产的层层考核监督网络，从管理机制上让大家认识到安全生产与每个人的切身利益是紧密相连的。要制定和完善适合本部门的安全规定，并通过切实有效的管理方法使这些制度和规定得以实施，且在实施中把工作抓严、抓细、抓实，严格按章办事，有章必循，形成一整套的安全管理体系。

（二）是深入推进后勤安全管理专业化的需要

后勤管理保障服务工作看似科技含量不高，似乎人人都能干好，其实不然。一些后勤设备设施的管理都有很强的专业性、很高深的学问，需要专业化管理。由于后勤专业化管理起步较晚，后勤基础、基层、基本功还比较薄弱。目前后勤系统存在问题是有历史原因的，是客观实际的。后勤部门多年来曾经为主营业务部门“减人增效”做出了很大贡献，长期以来责无旁贷承担着老弱病残的转岗安置工作，也由此造成后勤队伍人员偏多、年龄偏大、文化水平偏低、素质偏差等问题，很大程度上影响了后勤服务水平和质量，也影响到后勤安全工作。另外，因后勤安全涵盖专业多，而部分单位存在人员紧张、专业人员缺乏的现象，所以相应地存在以包代管的情况，安全监管不能及时到位。

推进后勤安全管理专业化，就是要以后勤保障体系建设为契机，狠抓基础管理、品牌创建和管理创新，重视后勤队伍的建设，把提高后勤队伍素质，作为提高后勤保障能力和安全管理水平的战略措施，由“我要安全”转变到“我会安全”，从后勤安全事故的源头上遏制不安全因素的作用，减少和避免事故的发生。要分层次、分类别、联系实际地加强后勤各级人员的安全培训工作。通过培训，提高后勤人员的安全意识，增强做好安全工作的本领。

（三）是深入推进后勤安全管理精益化的需要

目前，部分单位对安全后勤重视不足，日常工作重事务、轻管理现象仍然存在，认为后勤不会出什么大事故、大问题，对后勤隐患排查、安全预案演练、日常巡视检查和安全知识培训等工作态度敷衍。而当安全事件发生时，大部分职工也无法在第一时间采取正确的应对方式，将安全事件控制在萌芽状态。而后勤工作人员在平时的工作中，也缺乏安全意识，不能将每一个安全步骤落实到位，增加了后勤安全事件发生的可能性。同时，各单位均不同程度地存在后勤安全职责界面不清的问题。

加强精益化管理，就是要坚持科学管控，实施专业化管理，推进科技创新，形成自上而下的管控机制，实现各项工作的精益化。要一以贯之地践行“开拓进取、求真务实”的基本工作理念，坚持不懈地抓好“保安全、抓发展、强服务”的基本工作任务，持之以恒地落实“循规为纲、强基为本、务实为要、创效争先”的基本工作要求。要建立安全防备机制，构建安全体系结构，立足于抓早、抓小，做好事前准备预防、事发监测预警、事中处置救援、事后恢复重建，争取不发生安全事件。要坚持狠抓行为控制，不断规范操作行为。坚持开展查思想、查现场、查行为、查措施、查执行和反麻痹松懈活动，对职工不规范行为的查纠进行量化考核，建立绩效考核挂钩机制，以“三铁”反“三违”。

二、内涵和主要做法

（一）内涵

公司以安全后勤设备主人责任体系建设规范为指导、以安全后勤设备主人体系建设为抓手、以“五个一”安全隐患排查机制常态运行为保障，确保实现后勤安全的总体目标（“三位一体”）。依据系统安全管理理论，抓住安全事故致因要点，通过改善设备状况和提升员工责任意识，保障后勤安全。按照省公司系统集中统一部署，各层级分工负责的原则，省公司负责顶层设计，试点单位实践探索，市县公司全面执行。通过安全后勤设备主人责任体系的构建与实施，应用先进的思想、科学的方法改进后勤安全管理，以推行安全后勤设备主人制和安全隐患排查机制为举措，发挥安全保障体系作用，突破传统管理的“旧观念”“老框框”，不断提高安全后勤管理水平，确保实现后勤安全管理目标，促进后勤服务保障工作持续快速健康发展。“三位一体”后勤安全管理机制如图 1－2 所示。

图 1－2　“三位一体”后勤安全管理机制图

（二）主要方法及措施

1. 制定安全后勤设备主人责任体系和建设规范

公司后勤部结合《国网安徽省电力公司关于建立健全安全生产设备主人责任体系的指导意见（试行）》，通过对地市公司、直属单位及部分县公司的现场调研，集思广益，最终形成《国网安徽省电力公司建立健全安全后勤设备主人责任体系实施细则（试行）》《国网安徽省电力公司安全后勤设备主人责任体系建设规范（试行）》，以强化安全后勤责任落实，全面构建职责清晰、奖惩分明、管理高效的设备管理责任体系，认真实施安全后勤设备主人制，保障后勤设备安全。

2. 全面指导安全后勤设备主人责任体系建设

安全后勤设备主人责任体系建设流程如图 1－3 所示。

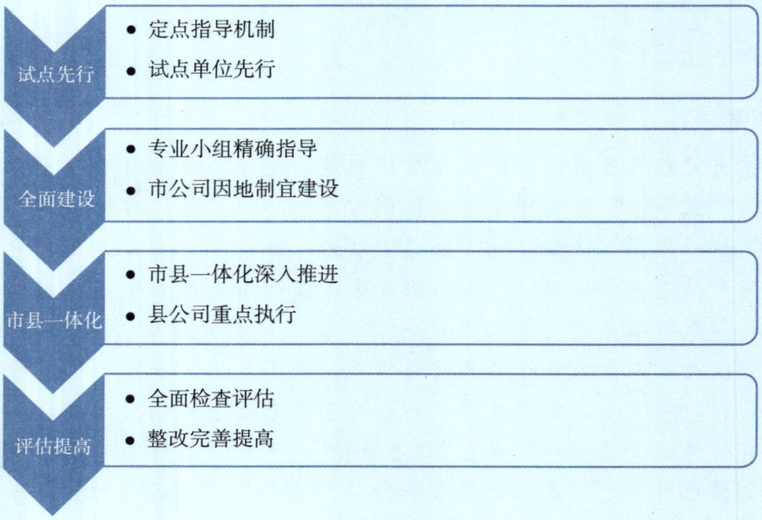

图 1－3　安全后勤设备主人责任体系建设流程图

（1）定点指导，试点先行

公司后勤部选定合肥公司、滁州公司、宣城公司及光明物业公司作为试点单位，明确公司后勤部主任、副主任、两位处长四人对四家单位进行“一对一”定点指导，解读文件精神，落实设备主人责任体系及实施制定计划，将体系的建立与实施分解成六大任务：一是完善基础资料，编制设备台账；二是开展设备体检，保障健康运行；三是确定设备主人，明确职责范围；四是加强安全培训，提升技能水平；五是健全巡检机制，深化长效管理；六是建立应急预案，确保联动响应。通过四家试点单位对细化任务的逐一落实及整理、提炼，最终形成一整套常态管理体系模板。

① 完善基础资料，编制设备台账

组织公司后勤相关职能部门，对后勤设备信息进行完全统计并编号。设备基本信息台账的主要信息字段包括房产名称、设备设施大类、设备设施编号、设备设施名称、设备设施位置、品牌型号、设备设施数量、设备设施属性、购置原值、投运时间、设计使用年限、设备运行状态、未来 5 年内技改大修计划、设备主人及联系方式、售后/维保联系人及联系方式等。

例如：滁州公司调度大楼变压器两台位于调度大楼负一层配电房，投运时间为 1998 年，设备编号为 CZD－001，设备设计使用年限为 20 年，未来 5 年技改大修计划中，2017 年应上报技改计划，设备主人为何某，维保联系人为谢某。通过设备台账的建立不仅明确了设备主人同时明确维保联系人，建立了应急联系。

② 开展设备体检，保障健康运行

为确保及时、准确了解设备健康运行状况，排除设备安全隐患，组织专业公司或人员对每台（类）设备及管线进行健康评估，并出具评估报告。评估报告内容主要包含：设备运行使用状态、主要技术参数及检测数据、存在的隐患及问题、与现行技术规范符合性评价意见、整体性评价意见等。评估结果不仅作为发现隐患的手段和问题整改的依据，同时作为制订设备大修、技改、更新或报废处置实施计划的依据。

例如：亳州公司通过对设备的健康体检，发现高压二次保护装置不反应，及时制定整改措施并限期整改，消除了安全隐患。

③ 确定设备主人，明确职责范围

各市（县）公司以文件或标识牌形式，明确设备主人，设备主人标识牌挂贴在显眼的部位。设备主管部门与设备主人签订责任书，责任书的主要内容包含：责任目标、责任范围、责任内容、工作标准与考核等。标识牌的挂贴，使得无论是谁，一旦发现设备故障或隐患时，能够及时通过标识牌辨识设备主人及联系方式，及时取得联系。责任书的签订，更进一步地明确了设备主人的职责，让设备主人更具有使命感。

④ 加强安全培训，提升技能水平

参考各台（类）设备的使用说明、操作手册，结合设备厂家、售后维保单位的指导，编制整理设备主人必备安全知识、设备基本操作、设备日常维保工作标准及培训资料，并对设备主人进行培训，全面提升设备主人知识水平及业务技能水平，从人员素质上保障设备安全、后勤安全。2016 年上半年，各单位共举办各类培训 112 个班次，参加培训 1656 人次。

⑤ 健全巡检机制，深化长效管理

改变以往节假日前后集中巡查一次的巡查机制，建立“五个一”安全隐患排查常态机制，明确设备主人按照设备特征确定巡视周期，确定巡视周期内保证巡视 1 次、设备管理班组每月组织巡视 1 次、后勤管理部门每月组织设备安全隐患排查 1 次、分管后勤工作的领导每季度组织设备安全隐患排查 1 次，每季度召开 1 次设备安全隐患排查工作汇报的主要工作内容。设备分台（类）印制公司日常巡查记录本、隐患排查记录本，健全设备隐患登记报告制度，建成“五个一”安全隐患排查机制。

⑥ 建立应急预案，确保联动响应

分台（类）编制、印发设备应急预案，组织设备主人及相关人员学习各台（类）设备应急预案，确保应急事件发生，能够最大限度地减少、减轻伤亡，保障人员、设备安全，降低损失。公司所属 16 家市公司补充和修订应急预案 129 个。根据“排障及时、控制影响、费用合理、规模适中、存储便宜”的原则建立备品备件库，满足保障正常健康运行状态及应急状态下的备品需求。建立应急联络机制，明确应急联络人及联系方式，确保应急事故出现时，能及时有效响应。

(2) 因地制宜，全面建设

由省公司及四家试点单位组成的指导小组，深入基层各单位，建立“一对多”相对固定联系人指导模式，分片推行、指导、落实设备主人责任体系建设工作。各单位依照模板，结合本公司的设备要求，在指导小组的指导下，完善本单位的管理制度、工作标准、考核细则及设备标识，形成省公司统一架构、各单位因地制宜的安全后勤设备主人责任体系。

（3）市县一体，重在执行

推进市县一体化管理是公司总体部署，公司后勤将安全后勤设备主人制体系建设纳入市县一体化管理范围。由于县公司后勤专业人员少、设备总量少、管理相对集中，由市公司指导、监督所属县公司构建安全后勤设备主人责任体系建设，并建立市县一体常态应用机制，建立公司对部门、部门对个人的三级绩效考核体系，由市公司将县公司安全后勤设备主人责任体系建设纳入年终统一考核。

（4）全面评估，整改完善

依照《国网安徽省电力公司建立健全安全后勤设备主人责任体系实施细则（试行）》及重点任务分解，2016 年 6 月，省公司制定《国网安徽省电力公司安全后勤设备主人责任体系建设工作检查评估检查评分表》。各单位依照评分表进行自查评分。省公司成立专项工作检查小组，对各单位的建设实施成果进行检查、评估，评出优秀、合格及不合格单位，并分别形成反馈意见。对不合格单位，明确整改要求和整改期限，确保设备主人责任体系全面建成。截至 2016 年 10 月底，公司所属市县公司和直属单位全部完成安全后勤设备主人责任体系建设并评估达标。

3.“五个一”安全隐患排查机制常态运行

从 2016 年下半年起，各单位按照安全后勤设备主人责任体系明确的管理范围，依据工作制度、工作标准，根据设备特点、状态、使用年限及使用要求，科学、合理地明确每台（类）设备的巡查周期，各单位设备主人、设备管理班组、设备管理部门、分管领导按确定的周期开展巡查，建立常态长效的设备安全隐患排查机制，后勤安全管理走上了科学化、规范化的道路。

三、实施效果

（一）落实管理责任，夯实安全管理基础

公司按照“安全第一，预防为主”的方针，本着“分类管理、归口负责”“谁主管、谁负责”“谁运维、谁负责”“谁使用、谁负责”的原则，推行“三位一体”的省级电网公司后勤安全管理机制建设。通过顶层设计、宣传发动、动态计划、常态实施、效果评价、奖惩处罚等，完成安全后勤设备主人责任体系建设并逐步实现“五个一”安全隐患常态排查机制正常运行，明确了各层级各岗位的责任及监督考核标准。建立健全一整套制度体系，做到制度全面、流程完整、职责明确、考核常态。

以制度建设为保障，以执行力建设为抓手，逐步建立程序严密、有效管用的后勤管理制度体系，使后勤安全管理工作进一步制度化、规范化。各基层单位分别收集整理本单位后勤管理范围内的 42088 台（类）设备基本信息资料，在此基础上编制设备目录，并按设备台（类）编号，建立健全设备台账，实现对管理范围的清晰界定。制定和完善每台（类）设备日常管理的基本内容和工作标准 70 余项。完善岗位职责，做到责任分工、各司其职。确定固定的工作标准和工作程序，并将量化结果逐条公式化、规范化，让每一项工作有章可循。以文件形式明确每台（类）设备主人 1243 人和直接管理责任人 389 人，后勤管理部门负责人与设备主人签订责任书 3658 份，明确设备主人的职责。

（二）规范管理行为，提升安全管理质量

通过“三位一体”的省级电网公司后勤安全管理机制建设与实施，强化后勤专业化管理意识，不断提升后勤专业化管理水平。加快实现由以往事务性服务向专业化管理转变，以专业化的标准和要求审视安全后勤专业工作。借助系统化、标准化、专业化手段，建立健全责任清晰、分工明确、流程顺畅的协同运作机制，加强全过程管理、监督和考核，形成自上而下、统一规范的科学管控体系，使后勤部门安全管控能力得到提升。

各单位组织技术力量对主要设备按年度进行健康运行状况分析评估630次，并提供书面评估报告1280份。对于重要设备、特种设备，研究制订基于全寿命周期管理要求的年度工作计划。抓好“五个一”安全隐患排查机制常态运行，明确设备主人、设备管理班组、设备管理部门、公司分管领导的定期巡视检查要求以及设备安全隐患排查整改落实要求，全方位地进行立体、交叉式的安全巡视检查，层层检查、落实、整改、反馈、总结，使安全隐患疏而不漏。

（三）增强人员素质，提高安全保障能力

良好的安全后勤环境是以高素质的后勤人员为基础的，不断加强后勤队伍建设，打造一支思想进步、技术过硬的后勤队伍是完成安全后勤保障工作的必要保证。通过“三位一体”的省级电网公司后勤安全管理机制建设与实施，理清设备主人履职必备安全知识、操作技能要求、日常维修保养项目和工作标准，作为设备主人上岗培训和业务考核的内容。根据工作需要，结合实际组织各类专业培训650次和技术比武活动57次，增强执行工作的针对性和时效性，切实提高后勤岗位员工业务水平。特殊设备的设备主人均取得相应资格证书。加大安全文化宣传力度，充分利用各种途径，广泛宣教安全文化的基本知识，让后勤职工普遍提高安全意识，营造一个良好的安全文化氛围环境。定期开展安全活动，提升职工安全意识中的超前管理、超前预控、超前防范，使安全意识的深度、广度得到发展，让安全意识的积极能动性得以充分发挥，全面建成与卓越企业文化相适应的后勤职工队伍，后勤职工队伍素质显著提升。

在安全后勤设备主人责任体系构建中，公司将后勤应急管理纳入本单位统一应急体系和市县一体化管理体系，加强后勤应急工作的统筹规划。加强后勤应急伴随管理模式研究与探索，提升后勤应急保障响应速度和保障能力。进一步推进后勤应急伴随保障体系建设，编制所管辖设备安全事件的应急预案和现场处置方案，建立重要设备应急抢修或设备替代工作预案，与维保单位建立快速联络响应机制。设立应急维修备品、备件库。组建后勤应急保障队伍，强化各级后勤人员的应急意识，有针对性地开展应急演练和培训，提升后勤应对突发事件的处置能力，在公司应对突发事件、重大活动时均能及时到位。

国网安徽省电力有限公司通过“三位一体”的省级电网公司后勤安全管理机制建设与实施，实现了后勤安全管理上了新台阶，后勤服务保障能力和服务水平得到显著提高，收到了良好的社会效益和经济效益。

案例2

国网安徽省电力有限公司
安全后勤设备主人责任体系建设规范
（试行）

1. 总则

1.1 根据《安徽省电力公司安全工作规定》《国网安徽省电力公司关于建立健全安全生产设备主人责任体系的指导意见（试行）》《国网安徽省电力公司建立健全安全后勤设备主人责任体系实施细则（试行）》等文件要求，为强化安全后勤生产责任，确保每台设备都有设备主人和责任单位（部门），构建职责清晰、奖惩分明、行之有效的设备责任体系，为建设责任体系提供建设参考，全面施行安全后勤设备主人体系建设，特制定本规范。

1.2 本规范适用于公司系统各单位后勤设备管理。

1.3 本规范自印发之日起执行。

1.4 本规范由国网安徽省电力有限公司后勤部组织制定并负责解释。

2. 术语

2.1 设备主人

设备主人是指该台（类）设备日常巡视、维护或使用的第一责任人。

2.2 后勤设备

后勤设备是指后勤专业管理范围内，涉及安全管理的设备或设施。后勤设备大类分为：消防设备、安防设备、空调设备、电梯设备、交通设备、电气设备、食堂及卫生设备、房产及配套设施以及其他设备。

2.3 备品备件

备品备件是指在设备维修工作中使用的，按照设备的磨损规律和零部件使用寿命进行事先加工、采购、储备的设备零部件。

2.4 资质证书

资质证书是指从事某种职业所应具备的条件或身份证明。资质证书又有执业资格证和职业资格证之分。

3. 体系建设及岗位职责

3.1 体系建设架构

3.1.1 基本原则：按照“安全第一，预防为主”的方针，本着“分类管理、归口负责”“谁主管、谁负责”“谁运维、谁负责”“谁使用、谁负责”的原则，推行安全后勤设备主人责任体系建设。

3.1.2 组织构架：各单位成立安全后勤设备主人制责任体系建设组织机构具体组织并实施本单位后勤设备责任体系建设。组织机构人员：分管领导、后勤管理部门、安监部门、后勤专业管理班组及设备主人等。

3.2　体系建设主要内容

3.2.1　明确各层级各岗位的责任及监督考核标准。

3.2.2　建立健全一整套制度体系，做到制度全面、流程完整、职责明确、考核常态。

3.3　体系建设工作安排

各责任单位应根据《安徽省电力公司安全工作规定》《国网安徽省电力公司关于建立健全安全生产设备主人责任体系的指导意见（试行）》《国网安徽省电力公司建立健全安全后勤设备主人责任体系实施细则（试行）》等文件要求，通过宣传发动、动态计划、常态实施、效果评价、奖惩处罚等，完成安全后勤设备主人责任体系建设并逐步实现常态化管理。

3.4　岗位职责

3.4.1　主要领导职责

主要领导作为单位安全第一责任人，对安全后勤设备主人体系建设承担领导责任。

3.4.2　单位分管领导职责

各单位后勤分管领导为本单位安全后勤设备主人责任体系建立和落实的总负责人。

3.4.3　后勤管理部门职责

各单位后勤管理部门负责组织制定本单位后勤设备管理规范和实施细则，组织开展设备运维、检修、技术改造和隐患排查治理，对本单位安全后勤设备体系建设负管理责任。

3.4.4　安监部门负责人职责

各单位安全监督管理部门负责对本单位后勤设备主人制组织落实情况进行督办、指导，对发现的问题监督纠偏；参加后勤设备事故、障碍和异常的调查、分析与处理，检查设备反事故预案的落实；负责审查后勤设备的安全应急预案和现场处置方案，参加应急处置演练；对发生后勤设备责任事件提出处理意见或奖惩意见。

3.4.5　后勤设备管理班组职责

各单位后勤设备管理班组负责定期组织设备主人对设备现状进行分析、研究、诊断，对设备隐患整治进行跟踪、督导并闭环管理；负责编制管辖设备的安全应急预案和现场处置方案，定期组织应急处置演练。

3.4.6　设备主人职责

设备主人是设备安全运行的第一责任人，负责后勤设备的健康运行；负责按照设备巡视要求进行巡视，并填写记录；对发现的各类缺陷第一时间处理，并在有效时间内处理完成，对无法处理的缺陷及时上报所在班组班长，配合完成设备消缺及隐患整治工作；负责落实管辖设备的安全应急预案和现场处置方案，定期参加应急处置演练。

4. 设备设施清单

4.1　各类设备设施信息字段

4.1.1　消防设备、安防设备、空调设备、电梯设备、电气设备、食堂及卫生设备、房产及配套设施以及其他设备的信息字段主要包含所属房产名称、设备设施大类、设备设施编号、设备设施名称、设备设施位置、品牌型号、设备设施数量、设备设施属性、购置原值、投运时间、设计使用年限、设备运行状态、未来5年内技改大修计划、设备主人及联系方式、售后/维保联系人及联系方式等。

4.1.2 交通设备信息字段包含车辆号牌、资产编号、品牌型号、属性、购置原值、使用时间、设备主人及联系方式、售后/维保联系人及联系方式、投保单位信息。

4.1.3 各类设备设施可根据设备设施的特性对信息字段进行适当增减，但必须确保基本信息完整。

5. 基础资料和工作标准

5.1 后勤设备基础资料

5.1.1 各类设备设施安全基础知识主要包含：各类设备出厂合格证、使用说明、安装记录、试验报告、施工图纸、竣工图纸、改造图纸、验收报告、权威部门监测合格证书等。各类设备设施可根据设备设施的特性对基础资料进行适当增减，但必须确保满足安全后勤、设备维修、维保查阅需求。

5.1.2 交通设备基础资料主要包含：车辆号牌、车辆品牌、型号、排量、购置价、车辆购置税金额、车辆使用性质、车辆用途、配置方式、审核状态、车辆状态、产权单位、使用单位、固定资产号、基本信息变更情况。

5.1.3 设备管理基本规范

各台（类）设备设施管理基本规范主要包含：设备基本操作、设备巡视检查、设备状态评价管理、设备缺陷报告、设备消缺处理等。

5.2 工作标准

5.2.1 基本操作

消防设备基本操作主要包含：灭火器的操作、消火栓的操作、火灾自动报警控制器的操作、消防设施联动开启、气体灭火设备的操作等。

安防设备基本操作主要包含：监控系统基本操作、公共广播基本操作、门禁系统基本操作、周界报警系统基本操作等。

空调设备基本操作主要包含：温度设定或调整操作、开机前基本检查操作、开机操作、故障报警操作、停机操作、检修状态操作等。

电梯设备基本操作主要包含：开机操作、故障操作、困人操作、应急抢修操作、火警操作、停机操作等。

交通设备基本操作主要包含：出车前检查操作、行驶过程中的安全操作等。

电气设备基本操作包含：工作票办理、过程操作、监护操作、停电操作、防护操作等。

食堂及卫生设备基本操作：通电操作、通气操作、使用操作、停用操作、停用检查、用毕清理等。

其他设施设备基本操作：启用操作、停用操作、故障操作等。

5.2.2 巡视检查

消防设备巡视检查主要包含：火灾报警系统巡视检查、自动喷水灭火系统、消火栓系统巡视检查、防排烟系统巡视检查等。

安防设备巡视检查主要包含：监控系统巡视检查、公共广播巡视检查、门禁系统检查、周界报警系统检查等。

空调设备巡视检查主要包含：冷媒压力、电压、电流、空调室外机、室内机过滤网、过滤器、翅片、冷凝水排放、室内外机运行噪音、室内机出风口及回风口温度等。

电梯设备巡视检查主要包含：电梯运行平稳、停靠平层精度、厅门、轿厢内各类按钮及提示警示装置、应急对讲信号、通风、照明、电梯制动器、减速箱、电梯钢丝绳、安全钳、供电控制箱、缓冲器、机房、坑底等。

交通设备巡视检查以清洗、检查、补给为主要内容，要做好车辆出车前、行车中和回场后的“三段查”工作。

电气设备巡视检查主要包含：配电房整体情况、变压器、高压柜、低压柜、联络柜、绝缘设备、备用设备、负荷等情况。

食堂及卫生设备巡视检查主要包括：电源、接地、设备外观、使用温度等情况。

房产及配套设施巡视检查主要包含：屋面防水层、保温层、隔热层，外墙饰面砖、涂料、幕墙，场坪道路，给排水管网系统等。

其他设施设备巡视检查主要包括：办公桌椅、音视频设备、电脑、投影仪、卫生设备等。

5.2.3 缺陷报告

当后勤设备存有缺陷时，不论是否影响到安全经济运行，均应及时消除，主要设施消缺率应达到100%。

巡查人员发现设备缺陷必须及时逐级汇报，并同时将发现的设备缺陷及时记录在设备缺陷记录本或工作日志上。缺陷报告的内容主要包含：缺陷部位、缺陷类型、缺陷可能造成的不良影响或后果、缺陷消除方案等。

5.2.4 消缺流程

根据设备缺陷报告制订消缺方案及消缺时间。

明确消缺责任人，消缺责任人必须全程跟踪监护消缺，直至设备完成修理、调试并投入使用。

消缺责任人必须做好相关消缺记录。

6. 设备主人确定及标识牌

6.1 设备主人确定

6.1.1 按照“谁管理、谁负责”“谁运维、谁负责”“谁使用、谁负责”的原则确定设备主人。每台（类）设备确定1名主人。对重要设备、大型设备、特种设备等，按台确定主人，其他设备可以按分类或分系统确定主人。

6.1.2 设备主人应具备的基本条件：1）工作认真、严谨、细致，遵规守矩，按章办事。2）熟悉管理该台（类）设备的安全知识、业务流程、工作规程等，具备工作需要的专业技能。3）熟悉巡视和维护设备的范围和具体要求。4）了解应急处置的基本要求，掌握应急处置的一般方法。5）重要设备、特殊设备（含特种作业）的主人应按规定取得相应的资质证书，持证上岗。

6.1.3 按设备的性能、特点、运检周期、总数量等情况确定设备主人时，原则上不能超出设备主人履行职责所必需的时间、内容、质量等综合工作量。

6.1.4 设备主人应以文件和标识等形式予以明确。以文件的形式明确设备主人，建立所有设备主人目录。设备现场以标识的形式明确设备主人姓名、联系电话（不宜在设备本体悬挂标识的除外）。标识应清晰醒目、规范统一、位置合适。

6.2 责任书

6.2.1 责任书内容标准

责任书的主要内容包含：责任目标、责任范围、责任内容、工作标准与考核等。

6.2.2 责任书签订标准

设备主管部门应与设备主人签订责任书，原则上每年度签订1次。责任书应由设备主管部门负责人、专业管理班组长、设备主人共同签署。如专业管理班组长同时也是设备主人时，只需设备主管部门负责人与其签署即可。

6.3 标识牌

6.3.1 标识牌标准样式

设备主人标识牌主要分为独立式标识牌和综合式标识牌两种样式。

6.3.2 标识牌内容标准

设备主人标识牌应包含：设备名称、型号、安装使用时间、设备主人信息、巡检周期、检测有效期等内容。

6.3.3 标识牌悬挂（张贴）标准

根据设备现场环境特点，凡能够张贴（悬挂或固定安装）标识牌的，均应以独立式标识牌的形式对设备主人予以公示；现场张贴（悬挂或固定安装）标识牌有困难的，可以在专业班组或设备主管部门常驻办公地点以综合式标识牌的形式予以公示。

7. 设备状态

7.1 设备状态分析评估管理

7.1.1 评估设备类别主要包含：消防设备、安防设备、空调设备、电梯设备、交通设备、电气设备、食堂及卫生设备、房产及配套设施以及其他设备等。

7.1.2 评估机构选择：1）按照国家、地方政府及行业主管部门有关要求，凡需由具备专业评估资质单位方可出具相应评估报告的设备，均应委托有资质的单位进行评估。2）对于国家、地方政府及行业主管部门没有相关工作要求，且社会上没有专业评估单位的设备，可以委托维保或检测单位出具评估报告，也可自行组织专业人员进行评估并出具报告。

7.1.3 评估周期、报告及结果应用

国家、地方政府及行业主管部门对设备有明确评估周期要求的，按要求执行；没有明确要求的，根据实际工作需要以科学合理的周期为评价周期，一般以年为评估周期开展评估工作。

评估报告内容主要包含：设备运行使用状态、主要技术参数及检测数据、存在的隐患及问题、与现行技术规范符合性评价意见、整体性评价意见等。

评估结果不仅作为发现隐患的手段和问题整改的依据，同时作为制订设备大修、技改、更新或报废处置实施计划的依据。

7.2　设备技改、大修、维保管理

7.2.1　每次技改、大修、维保工作完成后，应由设备主人及时做好资料收集，主要包含：时间、内容、效果、改造图纸、试验报告、验收记录、权威机构出具的监测报告等。

7.2.2　技改、大修、维保记录应由后勤管理专业班组统一收存保管，维保记录保管周期一般不得低于3年，技改、大修记录保管周期为设备的全寿命周期。

8. 安全隐患排查机制

8.1　设备巡查周期

各单位根据设备特点、状态、使用年限及使用要求，科学、合理地明确每台（类）设备的巡查周期。设备主人、设备管理班组、设备管理部门、分管领导按确定的周期开展巡查，建立常态长效的设备安全隐患排查机制。

8.2　设备巡查内容记录

各岗位各层级巡查时，要认真分类做好设备巡查记录，并签字备查。

8.3　安全协调会标准

8.3.1　参会人员

会议由后勤管理部门组织，后勤工作分管领导、设备管理班组负责人、安全监督部门及设备主人等参加。

8.3.2　会议内容

会议主要围绕设备安全隐患排查、整改措施、整改费用、整改实施、整改监督、效果评价、考核等方面进行。

9. 外委设备管理

9.1　外委单位资质标准

对于国家、地方政府及行业主管部门有明确要求需由具备相应资质单位方可承担维保工作的，承接委托任务的单位必须取得相应资质；没有明确资质要求的，承接委托任务的单位营业范围应满足要求，同时拥有完成承接工作应具备的专业技术人员及工器具。

9.2　外委单位协议标准

安全、质量责任标准明确，响应及时，全方位满足安全后勤设备主人责任体系建设的要求。

10. 应急预案

10.1　应急预案的种类

应急预案主要包含：车辆安全运行应急预案、安防系统故障应急预案、电梯故障应急预案、给排水系统应急预案、供电系统应急预案、燃气中毒及爆炸事故应急预案、消防控制系统应急预案、食堂食物中毒应急预案、中央空调故障应急预案等。

10.2　应急预案内容

应急预案内容主要包含应急预案的种类、应急小组成员、可能发生的应急事件及应急方案或措施等。

10.3　应急响应机制

应急响应机制主要包含应急联络机制、应急联络人及联系方式。

11. 备品备件管理

11.1　备品备件库设置所遵循的原则

排障及时、控制影响、费用合理、规模适中、存储便宜。

11.2　备品备件库管理标准

遵循备品备件库设置原则，制定相关制度和管理标准，满足保障正常健康运行状态及应急状态下的备品需求。

12. 岗位培训

12.1　培训计划

12.1.1　培训计划以年度培训计划为主。每年1月份由各设备管理班组制订本年度培训计划，报设备管理部门及人资部门备案。

12.1.2　培训计划包含：培训的时间、培训的内容、培训地点及培训费用等。

12.1.3　对于新出台的政策文件或技术标准提前1个月上报培训计划，待人资部审核批复后执行。

12.2　培训内容

按专业、分岗位进行分类培训（班组培训/专项培训）、考试。

12.3　培训效果评价

12.3.1　培训效果评价分为三个方面：一是学员满意率评价，二是理论提升评估，三是技能操作水平评估。

12.3.2　学员满意率评价为学员对培训内容、培训质量、培训师资的满意度评估。

12.3.3　理论提升评估主要通过学员理论考试进行。

12.3.4　技能操作水平评估主要通过学员技能操作水平考试或技能竞赛方式进行。

12.4　培训资料

培训资料包含：培训时间、培训地点、培训内容、参加培训人员签到记录、培训课件或书籍、培训效果评价等。培训资料由组织培训的部门整理归档。

13. 资格证书

安全后勤设备主人分专业应具备的资格证书主要有：消防监控证、电梯（安全管理）操作证、健康证、驾驶证、中华人民共和国特种设备作业人员证等。设备主人持有的证书等级必须满足国家法律、法规规定的最低标准要求。

第二章 工程项目安全管理

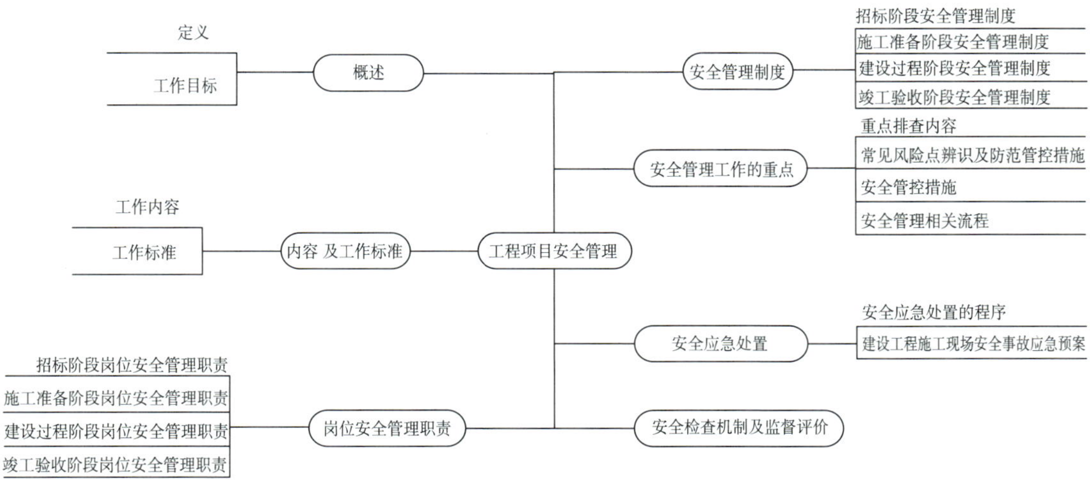

第一节 概述

一、定义

工程项目安全管理是指在电网小型基建和生产辅助技改大修项目管理过程中，组织安全生产的全部管理活动。

管理内容包括招标阶段安全管理、施工准备阶段安全管理、建设过程阶段安全管理和竣工验收阶段安全管理。

二、工作目标

1. 保障项目的投运和正常使用

通过对电网小型基建和生产辅助技改大修项目的安全管理，使电网小型基建项目和生产辅助技改大修项目能够正常投运或使用。

2. 保障项目建设过程中人身及财产安全

在项目建设过程中，通过采取落实各项安全管理规定，防止财产和工作人员受到外来侵害，杜绝发生人身伤亡和重大财产损失事件。

第二节　工程项目安全管理内容及工作标准

一、工作内容

1. 招标阶段安全管理：审查施工单位的建筑业企业资质和安全生产许可证。

2. 施工准备阶段安全管理：签订建设工程安全生产协议书；建立业主项目部；建立健全安全生产管理体系；办理《施工许可证》；全面落实安全责任制的职责、目标、措施。

3. 建设过程阶段安全管理：督促施工承包单位按照工程建设强制性标准和施工组织设计、专项施工方案组织施工，及时制止违规违章施工指挥、施工作业；参加或组织施工现场的安全检查；定期组织召开安全例会。

4. 竣工验收阶段安全管理：在工程竣工或分项竣工签发交接书后，对未完的工程和对工程缺陷的修补、修复及重建过程进行安全监督管理；组织国网公司参加限上电网小型基建项目竣工验收。

二、工作标准

（一）招标阶段安全管理

施工单位的建筑业企业资质和安全生产许可证齐全有效；建设单位安全生产协议书规范签订。

（二）施工准备阶段安全管理

1. 建设单位成立业主项目部，明确各岗位职责，与监理单位签订合同，明确安全责任，监理单位具有编制监理大纲、监理规划及细则等职责；办理《规划许可证》《施工许可证》等必要的开工手续；提供工程范围内各类地下管线资料，并明确项目保护地下管线工作的责任人；按有关规定向施工单位进行文明施工交底。

2. 与施工单位签订建设工程安全生产协议书，专业分包和劳务分包单位的建筑业企业资质和安全生产协议书齐全有效。

3. 施工承包单位建立健全施工现场安全管理体系，施工总承包单位与各分包单位的安全生产管理制度和安全管理体系健全。

4. 施工承包单位具备完善的施工组织设计安全技术措施、专项施工方案、高危作业安全施工作业方案及应急救援预案；施工承包单位做好逐级安全技术交底工作；电工、焊工、架子工、起重机械工及指挥人员等特种作业人员具备相应资格。

（三）建设过程阶段安全管理

1. 施工承包单位按照工程建设强制性标准和施工组织设计、专项施工方案组织施工，及时制止违规违章施工指挥、施工作业。施工承包单位进行安全自查工作，业主管理人员参加或组织施工现场的安全检查。

2. 施工承包单位施工机械、安全设施的验收手续合格；坚持日常检查、定期检查、验收性检查，定期组织召开安全例会。

3. 施工现场按规定挂牌施工，接受社会监督，施工区域与非施工区域必须设置分隔设施，人、车、施工等通道必须保证畅通，落实施工排水措施。加强管线保护知识的学习，严格遵章操作，最大限度地减少各类管线事故；施工现场平面布置结合施工合理规划，生产保护措施到位，生活设施齐全、卫生，工地环境洁净。

4. 施工单位在施工过程中采取有效合理控制措施，做好大气污染的防治、水污染的防治、噪声污染的防治、固体废弃物的处理等工作。项目防治对环境污染采取的措施，必须与主体工程同时设计、同时施工、同时交付使用。

5. 建设单位定期开展电网小型基建项目和生产辅助技改大修项目巡查。对施工过程中的高危作业等进行巡视检查，每天不少于 1 次。发现严重违规施工和存在安全事故隐患的，应当要求施工承包单位整改，并检查整改结果，签署复查意见；情况严重的，下达工程暂停令；施工承包单位拒不整改或不停止施工的，应及时向建设主管部门报告。

（四）竣工验收阶段安全管理

1. 在工程竣工或分项竣工签发交接书后，对未完的工程和对工程缺陷的修补、修复及重建过程进行安全监督管理。

2. 督促施工单位在工程交付使用前拆除工地围护等所有临时设施，并将工地及周围环境清洁整理，做到“工完料尽场地清”。

第三节　岗位安全管理职责

一、招标阶段岗位安全管理职责

1. 组织设计单位进行施工图设计并进行施工图审查，取得施工图审查意见后方可招标。

2. 根据项目特性，编制项目技术规范书，明确项目建设资质要求。

3. 根据项目特性，编制项目技术规范书，明确项目监理资质要求。

二、施工准备阶段岗位安全管理职责

1. 签订工程建设合同、监理合同和安全生产协议书，明确安全责任。

2. 组织审核施工组织设计方案、安全措施、监理大纲、监理规划等文件。

3. 审查分包单位的资质、安全生产许可证，并提出审查意见。

4. 审定承包单位提交的开工报告、施工组织设计、技术方案、进度计划。

5. 检查督促建立健全并全面落实施工现场安全管理体系和安全生产管理制度。

三、建设过程阶段岗位安全管理职责

1. 组织安全管理人员对工程项目进行安全检查。

2. 审查承包单位提交的现场安全物资（材料、设备、施工机械、安全防护用品等）的质量证明文件及其使用情况。

3. 定期召开例会通报工作进展，对重大安全隐患应及时要求承包单位整改。

4. 督促施工承包单位逐级做好安全技术交底工作。

5. 按设计图及有关标准，对承包单位的工艺过程或施工工序进行检查和记录，对加工制作及工序施工质量检查结果进行记录。

6. 负责安全管理资料的收集、汇总及整理，及时编写安全月报、安全总结等，并将相关安全管理资料于月底上报上一级单位备案。

7. 参与工程安全事故的调查。

四、竣工验收阶段岗位安全管理职责

1. 组织项目竣工初验收，对施工单位是否按照工程设计图纸、施工技术标准、规程规范、标准工艺施工进行初验。

2. 组织开展项目竣工验收，建设、施工、设计、勘察和监理单位根据验收情况签署验收意见。

3. 组织施工单位进行隐患整改，出具工程验收报告。

第四节　安全管理制度

一、招标阶段安全管理制度

1. 建筑工程设计应当符合按照国家规定制定的建筑安全规程和技术规范，保证工程的安全性能。(《建设工程安全生产管理条例》)

2. 建设单位在编制工程概算时，应当确定建设工程安全作业环境及安全施工措施所需费用。(《建设工程安全生产管理条例》)

3. 建设单位应当将拆除工程发包给具有相应资质等级的施工单位。建设单位应当在拆除工程施工15日前，将下列资料报送建设工程所在地的县级以上地方人民政府建设行政主管部门或者其他有关部门备案：

（1）施工单位资质等级证明；

（2）拟拆除建筑物、构筑物及可能危及毗邻建筑的说明；

（3）拆除施工组织方案；

（4）堆放、清除废弃物的措施。

实施爆破作业的，应当遵守国家有关民用爆炸物品管理的规定。(《建设工程安全生产

管理条例》）

4. 勘察单位应当按照法律、法规和工程建设强制性标准进行勘察，提供的勘察文件应当真实、准确，满足建设工程安全生产的需要。（《建设工程安全生产管理条例》）

5. 勘察单位在勘察作业时，应当严格执行操作规程，采取措施保证各类管线、设施和周边建筑物、构筑物的安全。（《建设工程安全生产管理条例》）

6. 设计单位应当按照法律、法规和工程建设强制性标准进行设计，防止设计不合理导致生产安全事故的发生。（《建设工程安全生产管理条例》）

7. 设计单位应当考虑施工安全操作和防护的需要，对涉及施工安全的重点部位和环节在设计文件中注明，并对防范生产安全事故提出指导意见。（《建设工程安全生产管理条例》）

8. 采用新结构、新材料、新工艺的建设工程和特殊结构的建设工程，设计单位应当在设计中提出保障施工作业人员安全和预防生产安全事故的措施建议。（《建设工程安全生产管理条例》）

9. 设计单位和注册建筑师等注册执业人员应当对其设计负责。（《建设工程安全生产管理条例》）

10. 各级单位应根据可行性研究评审批复意见，依规委托具有资质的设计单位开展初步设计文件编制工作。（《建设工程安全生产管理条例》）

11. 限上项目初步设计由国网后勤部组织审批，依规委托具有资质的单位负责评审。限下及零星项目初步设计由各单位组织审批，并报国网后勤部备案。（《国家电网公司小型基建项目管理办法》）

12. 各级单位严格按照批准的初步设计实施项目建设，切实采取措施控制工程造价，禁止擅自扩大建筑规模和提高建设标准。（《国家电网公司小型基建项目管理办法》）

13. 非生产性技改、大修项目由各级单位依据项目资产归属分别负责实施管理。（《国家电网公司非生产性技改大修项目管理办法》）

14. 项目的设计、施工、监理、主要设备材料等采购须严格执行国家和公司有关招投标管理规定。（《国家电网公司非生产性技改大修项目管理办法》）

15. 各级单位应严格按照批准的初步设计实施项目建设，加强对执行情况的检查监督，采取切实有效措施控制工程造价，保证工程质量，禁止擅自提高标准。（《国家电网公司非生产性技改大修项目管理办法》）

二、施工准备阶段安全管理制度

1. 建筑工程安全生产管理必须坚持安全第一、预防为主的方针，建立健全安全生产的责任制度和群防群治制度。（《建设工程安全生产管理条例》）

2. 建筑施工企业在编制施工组织设计时，应当根据建筑工程的特点制定相应的安全技术措施；对专业性较强的工程项目，应当编制专项安全施工组织设计，并采取安全技术措施。（《建设工程安全生产管理条例》）

3. 建设单位应当向建筑施工企业提供与施工现场相关的地下管线资料，建筑施工企业应当采取措施加以保护。（《建设工程安全生产管理条例》）

4. 有下列情形之一的，建设单位应当按照国家有关规定办理申请批准手续：

（1）需要临时占用规划批准范围以外场地的；

（2）可能损坏道路、管线、电力、邮电通讯等公共设施的；

（3）需要临时停水、停电、中断道路交通的；

（4）需要进行爆破作业的；

（5）法律、法规规定需要办理报批手续的其他情形。（《建设工程安全生产管理条例》）

5. 建设行政主管部门负责建筑安全生产的管理，并依法接受劳动行政主管部门对建筑安全生产的指导和监督。（《建设工程安全生产管理条例》）

6. 建设工程安全生产管理，坚持安全第一、预防为主的方针。（《建设工程安全生产管理条例》）

7. 建设单位、勘察单位、设计单位、施工单位、工程监理单位及其他与建设工程安全生产有关的单位，必须遵守安全生产法律、法规的规定，保证建设工程安全生产，依法承担建设工程安全生产责任。（《建设工程安全生产管理条例》）

8. 国家鼓励建设工程安全生产的科学技术研究和先进技术的推广应用，推进建设工程安全生产的科学管理。（《建设工程安全生产管理条例》）

9. 建设单位应当向施工单位提供施工现场及毗邻区域内供水、排水、供电、供气、供热、通信、广播电视等地下管线资料，气象和水文观测资料，相邻建筑物和构筑物、地下工程的有关资料，并保证资料的真实、准确、完整。（《建设工程安全生产管理条例》）

10. 建设单位因建设工程需要，向有关部门或者单位查询前款规定的资料时，有关部门或者单位应当及时提供。（《建设工程安全生产管理条例》）

11. 建设单位不得对勘察、设计、施工、工程监理等单位提出不符合建设工程安全生产法律、法规和强制性标准规定的要求，不得压缩合同约定的工期。（《建设工程安全生产管理条例》）

12. 建设单位不得明示或者暗示施工单位购买、租赁、使用不符合安全施工要求的安全防护用具、机械设备、施工机具及配件、消防设施和器材。（《建设工程安全生产管理条例》）

13. 建设单位在申请领取施工许可证时，应当提供建设工程有关安全施工措施的资料。（《建设工程安全生产管理条例》）

14. 依法批准开工报告的建设工程，建设单位应当自开工报告批准之日起15日内，将保证安全施工的措施报送建设工程所在地的县级以上地方人民政府建设行政主管部门或者其他有关部门备案。（《建设工程安全生产管理条例》）

15. 工程监理单位应当审查施工组织设计中的安全技术措施或者专项施工方案是否符合工程建设强制性标准。（《建设工程安全生产管理条例》）

16. 工程监理单位在实施监理过程中，发现存在安全事故隐患的，应当要求施工单位整改；情况严重的，应当要求施工单位暂时停止施工，并及时报告建设单位。施工单位拒不整改或者不停止施工的，工程监理单位应当及时向有关主管部门报告。（《建设工程安全生产管理条例》）

17. 工程监理单位和监理工程师应当按照法律、法规和工程建设强制性标准实施监

理，并对建设工程安全生产承担监理责任。（《建设工程安全生产管理条例》）

18. 项目建设严格执行国家法律法规和公司建设管理有关规章制度，实行“五制”管理（项目法人责任制、招标投标制、资本金制、工程监理制、合同管理制）。办理完成项目立项、用地批准、规划许可、施工许可等建设手续后方可开工建设。（《国家电网公司小型基建项目管理办法》）

三、建设过程阶段安全管理制度

1. 建筑施工企业应当在施工现场采取维护安全、防范危险、预防火灾等措施；有条件的，应当对施工现场实行封闭管理。施工现场对毗邻的建筑物、构筑物和特殊作业环境可能造成损害的，建筑施工企业应当采取安全防护措施。（《建设工程安全生产管理条例》）

2. 建筑施工企业应当遵守有关环境保护和安全生产的法律、法规的规定，采取控制和处理施工现场的各种粉尘、废气、废水、固体废物以及噪声、振动对环境的污染和危害的措施。（《建设工程安全生产管理条例》）

3. 建筑施工企业必须依法加强对建筑安全生产的管理，执行安全生产责任制度，采取有效措施，防止伤亡和其他安全生产事故的发生。（《建设工程安全生产管理条例》）

4. 建筑施工企业的法定代表人对本企业的安全生产负责。（《建设工程安全生产管理条例》）

5. 施工现场安全由建筑施工企业负责。实行施工总承包的，由总承包单位负责。分包单位向总承包单位负责，服从总承包单位对施工现场的安全生产管理。（《建设工程安全生产管理条例》）

6. 建筑施工企业应当建立健全劳动安全生产教育培训制度，加强对职工安全生产的教育培训；未经安全生产教育培训的人员，不得上岗作业。（《建设工程安全生产管理条例》）

7. 建筑施工企业和作业人员在施工过程中，应当遵守有关安全生产的法律、法规和建筑行业安全规章、规程，不得违章指挥或者违章作业。作业人员有权对影响人身健康的作业程序和作业条件提出改进意见，有权获得安全生产所需的防护用品。作业人员对危及生命安全和人身健康的行为有权提出批评、检举和控告。（《建设工程安全生产管理条例》）

8. 建筑施工企业应当依法为职工参加工伤保险、缴纳工伤保险费。鼓励企业为从事危险作业的职工办理意外伤害保险，支付保险费。（《建设工程安全生产管理条例》）

9. 涉及建筑主体和承重结构变动的装修工程，建设单位应当在施工前委托原设计单位或者具有相应资质条件的设计单位提出设计方案；没有设计方案的，不得施工。（《建设工程安全生产管理条例》）

10. 房屋拆除应当由具备保证安全条件的建筑施工单位承担，由建筑施工单位负责人对安全负责。（《建设工程安全生产管理条例》）

11. 施工中发生事故时，建筑施工企业应当采取紧急措施减少人员伤亡和事故损失，并按照国家有关规定及时向有关部门报告。（《建设工程安全生产管理条例》）

12. 为建设工程提供机械设备和配件的单位，应当按照安全施工的要求配备齐全有效的保险、限位等安全设施和装置。(《建设工程安全生产管理条例》)

13. 出租的机械设备和施工机具及配件，应当具有生产（制造）许可证、产品合格证。(《建设工程安全生产管理条例》)

14. 出租单位应当对出租的机械设备和施工机具及配件的安全性能进行检测，在签订租赁协议时，应当出具检测合格证明。(《建设工程安全生产管理条例》)

禁止出租检测不合格的机械设备和施工机具及配件。(《建设工程安全生产管理条例》)

15. 在施工现场安装、拆卸施工起重机械和整体提升脚手架、模板等自升式架设设施，必须由具有相应资质的单位承担。

安装、拆卸施工起重机械和整体提升脚手架、模板等自升式架设设施，应当编制拆装方案、制定安全施工措施，并由专业技术人员现场监督。

施工起重机械和整体提升脚手架、模板等自升式架设设施安装完毕后，安装单位应当自检，出具自检合格证明，并向施工单位进行安全使用说明，办理验收手续并签字。(《建设工程安全生产管理条例》)

16. 施工起重机械和整体提升脚手架、模板等自升式架设设施的使用达到国家规定的检验检测期限的，必须经具有专业资质的检验检测机构检测。经检测不合格的，不得继续使用。(《建设工程安全生产管理条例》)

17. 检验检测机构对检测合格的施工起重机械和整体提升脚手架、模板等自升式架设设施，应当出具安全合格证明文件，并对检测结果负责。(《建设工程安全生产管理条例》)

18. 项目建设管理单位要切实加强工程质量和安全管理。(《国家电网公司小型基建项目管理办法》)

19. 各级单位应严格遵守国家法律法规和公司建设管理有关规章制度，加强工程监理、合同管理，强化项目安全、质量、工期、资金的全过程管控。(《国家电网公司非生产性技改大修项目管理办法》)

四、竣工验收阶段安全管理制度

1. 项目竣工后各级单位应及时组织竣工验收工作，验收报告报国网后勤部备案。(《国家电网公司小型基建项目管理办法》)

2. 项目竣工后应按照公司相关管理规定，在竣工投运3个月内完成竣工决算报告编制工作，并按有关财务管理规定办理资产入账手续。(《国家电网公司小型基建项目管理办法》)

3. 各级单位应做好项目建设档案管理工作，及时将工程建设全过程的文件资料包括文字、图表、音像资料等存档，按国家、公司相关规定完成归档工作。(《国家电网公司小型基建项目管理办法》)

4. 项目竣工后各级单位应及时组织竣工验收工作。对于非生产性技改项目，各级单位在竣工投运3个月内完成竣工决算报告编制工作，报上级单位后勤部门备案。(《国家电网公司小型基建项目管理办法》)

5. 非生产性技改项目竣工决算后，各级单位应按公司相关财务规定及时调整资产、

财务账目、办理转资手续等，并在有关统计报告中加以说明。（《国家电网公司非生产性技改大修项目管理办法》）

6. 加强项目档案管理工作，各级单位将项目的前期、施工、监理、竣工验收等主要过程和现状形成的载体文件收集齐全，在项目结算后30日内按国家、公司相关规定完成归档工作。（《国家电网公司非生产性技改大修项目管理办法》）

7. 对于项目涉及的拆旧设备，根据立项阶段技术鉴定结论及处置意见，由建设单位负责组织设备拆除工作，按照公司物资管理等有关规定及时处置。（《国家电网公司非生产性技改大修项目管理办法》）

第五节　安全管理工作的重点

一、工程项目安全管理的重点排查内容

（一）招标阶段安全管理的重点排查内容

1. 施工图审查是否合格。
2. 资质证书要求是否满足项目建设需求。
3. 施工单位是否具备安全生产许可证。

（二）施工准备阶段安全管理重点排查内容

1. 是否完成开工手续办理。
2. 是否完成了安全监督备案。
3. 建设单位是否完成了业主项目部组建。
4. 是否审核了施工组织设计和安全文明施工方案，施工组织设计和安全文明施工方案是否具备完整性、针对性和有效性。
5. 是否审查了监理大纲和监理规划。

（三）建设过程阶段安全管理重点排查内容

1. 每月是否组织了两次电网小型基建项目巡检。
2. 是否定期召开安全例会，通报现场安全隐患。
3. 是否督促施工承包单位逐级做好安全技术交底工作。
4. 是否按设计图及有关标准，对承包单位的工艺过程或施工工序进行检查和记录。

（四）竣工验收阶段安全管理重点排查内容

1. 是否组织了竣工初验收。
2. 是否组织施工单位对安全隐患进行了整改。
3. 是否组织了五方单位进行竣工验收。
4. 是否将项目建设资料进行归档。

二、常见风险点辨识及防范管控措施（表 2－1）

表 2－1　常见风险点辨识及防范管控措施

序号	施工内容	危害分析	预防措施及处理措施
1	危化品危害	1. 酸碱灼伤； 2. 高温烫伤	1. 严格办理交出手续，确保物料安全隔离； 2. 施工人员劳保用品穿戴整齐； 3. 酸碱作业时必须佩戴防护面具或穿防酸服； 4. 如有灼伤，大量清水冲洗不少于 20 分钟，然后送医院处理
2	化学气体	吸入性伤害	1. 吸入气体者立即脱离现场至空气新鲜处，保持安静及保暖； 2. 如果呼吸已停止，应立即进行人工呼吸并呼叫救护车； 3. 患者应及时送到正规医院或有职业病科的医疗单位救治
3	动火作业	1. 引起火灾、爆炸； 2. 火花飞溅损坏仪表电器、电缆	1. 严格执行企业内的动火作业制度； 2. 加强仪表电器、电缆的防护及周边管道的防护； 3. 不得堵塞消防通道，保证充足的消防水源，配备适当的灭火器材
4	现场施工	违规、违章作业造成安全事故	1. 严格遵守安全技术规程和操作规定施工； 2. 生产岗位配备少量急救药品
5	用电作业	1. 错接引起线路短路； 2. 触电	1. 临时用电需提前办理用电审批手续，不得私自乱接； 2. 必须由本企业电工负责接电； 3. 电缆破损处及时做绝缘处理； 4. 移动式电动工具必须配备触电保安器，防止人员触电
6	受限空间作业	1. 窒息； 2. 化学灼伤； 3. 触电	1. 确保安全隔离，并加挂警示牌； 2. 保持良好通风，定时检测； 3. 必须办理“受限空间作业许可证”； 4. 必须落实好施工人员安全防护措施； 5. 受限空间作业必须有专人监护。当发现异常情况时，应及时制止作业，并立即采取救护措施。发生事故时，救护人员确保做好自身防护后，方可进入受限空间实施抢救； 6. 受限空间照明电压应小于或等于 36 伏，在潮湿容器、狭小容器内作业电压应小于或等于 12 伏。使用超过安全电压的手持电动工具作业或进行电焊作业时，应配备漏电保护器。在潮湿容器中，作业人员应站在绝缘板上，同时保证金属容器接地可靠

（续表）

序号	施工内容	危害分析	预防措施及处理措施
7	吊装作业	1. 无证作业； 2. 吊物坠落	1. 吊装作业人员必须持有特殊工种作业证。吊装重量大于10吨的物体须办理“吊装安全作业证”； 2. 吊装作业前必须对各种起重吊装机械的运行部位、安全装置以及吊具、索具进行详细的安全检查，吊装设备的安全装置要灵敏可靠。吊装前必须试吊，确认无误方可作业
8	高处作业	1. 坠落； 2. 狂风、暴雨等恶劣天气影响	1. 戴好安全帽、系好安全带； 2. 搭设作业脚手架，必要时设置安全网； 3. 遇六级及以上大风、暴雨、台风应停止高处作业

三、安全管控措施

（一）安全管理要点

1. 安全生产岗位责任制、安全管理目标、施工组织设计中安全管理措施、施工安全技术交底、安全教育制度、新进场工人安全教育、安全管理机构及专职安全管理人员、安全生产操作规程、班前安全活动制度、书面告知危险岗位的操作规程和违章作业的危害。

2. 现场安全警示标志：现场出入口、起重机械、高处作业、吊装作业、脚手架出入口、检查井口、基坑边、每个临时用电设施。

3. 持证上岗人员：卷扬机操作人员、起重信号工、登高架设作业人员、爆破作业人员、电工、焊工以及挖掘机、压路机、摊铺机等大型工程机械操作人员。

4. 现场办公、生活区与作业区的安全距离；临时建筑应安全；不得用在建工程兼作宿舍；在市区施工应围挡封闭；工地出入口应符合交通管理要求；施工可能影响毗邻建筑、构筑物、管道、高压线路的防范措施。

（二）基坑开挖与支护安全管控

1. 基坑施工前必须编制专项施工方案，需经专家论证的必须经过专家论证审查。

2. 基坑施工方案须经施工单位总工程师批准，并报项目监理机构审查同意。

3. 深度超过2米的基坑，临边应设置防护栏杆，上、下基坑应设有专用通道或登高设施。

4. 地下水位较高的基坑应有降水措施。

5. 对地质较差、深度较大的基坑、坑壁支护应有专项方案或措施。

6. 对毗邻基坑的建筑物、构筑物、管道、高压线路等应有防范措施。

7. 基坑上下周边应设置有效的排水系统。

8. 未经验算或采取保护措施，禁止在坑边堆土、存放材料或机械设备、通行车辆。

9. 进场施工机械应经查验，司机须持证上岗，作业区应设警示标志。

10. 土方开挖：

（1）所有施工机械进场后应经有关部门检查验收，并确认合格（查记录）；

（2）挖土机司机应持证上岗；

（3）当机械挖土与人工挖土（清理、修坡）配合操作时，人员不得进入挖土机作业半径内，必须进入时，应停机；

（4）挖土机作业位置的土质及支护条件，必须满足机械作业的荷载要求，机械应保持水平位置和足够的工作面；

（5）挖土程序必须符合专项施工方案，并不得超挖。

11. 基坑工程施工过程中应对基坑支护变形（包括支护体系的变形和坑外地表的变形）进行监测，同时应对基坑毗邻建筑物和重要管线沉降观测。对所有的深基坑工程，必须编制变形监测方案，并委托有资质的监测单位对深基坑进行全过程的观测，检测数据要及时与设计文件要求比对，若变形值超过设计预警值时，应立即停止施工，由业主项目部组织相关单位调整方案，必要时应启动应急抢险预案，杜绝重大险情的发生。

12. 基坑工程施工的作业环境：

（1）人员作业必须有安全立足点；

（2）交叉作业、多层作业上下应设置隔离层；

（3）光线不足的场所应设置足够的照明；

（4）电器应符合施工现场临时用电安全技术；

（5）当支撑采用钢筋混凝土且用土模施工时，应检查挖土时支撑掏空后底模是否仍浮粘在支撑底面，若浮粘有底模等杂物必须采取措施清除。

13. 深基坑支护时严格控制预应力锚杆和土钉墙支护体系的应用。如果待建深基坑工程的场地内有淤泥、强风化岩层、丰富地表水、相邻建（构）筑物、地上（下）管杆线安全距离过近等危及安全的因素时，严禁使用土钉墙作为主要支护体系，必须使用桩锚或其他可靠度更高的体系，预应力锚杆和土钉墙只能作为辅助支护。

14. 深基坑工程完工后，施工单位汇总施工技术资料，监理单位提交深基坑工程施工质量专项评估报告。

15. 深基坑工程施工完成后，建设单位应组织相关单位进行深基坑工程专项验收，并及时通知安监站。未经验收，或验收不合格的，不得进行下道工序的施工。

（三）其他安全防护的安全控制

1. “三宝”“洞口”及“临边”

“三宝”指安全帽、安全带、安全网；

“洞口”指雨、污水检查井口，供电、电信等检查井口等各种洞口；

“临边”指沟槽、承台基坑周边、箱梁边。

（1）施工人员进入现场必须正确佩戴安全帽，2 米以上高处作业时必须系安全带。

（2）通道及出入口上应有防护棚（主要是横穿马路的过路道口），沟槽、承台基坑周边必须安装临时护栏。

（3）洞口：洞口边长为 25～50 厘米的，必须设置牢固的盖板；洞口边长为 50～150 厘米的，必须设置以扣件扣接钢管而成的网络，并在其上满铺竹笆或脚手板；洞口边长在 150 厘米以上的，四周设防护栏杆，洞口下张设安全平网。（本条内容参考建筑工程“四口”防护安全措施要求）

（4）施工预留横穿道路的过路道口的安全防护：

对过路道口与施工作业区进行隔离。

施工通道都必须设双层防护棚，防护棚用 ϕ48 钢管、扣件搭成支撑体系，再在其上铺设不小于 5 厘米厚木板，它们之间的间距为 50 厘米。

建筑物出入口应搭设长 3～6 米，且宽于出入通道两侧各 1 米的防护棚，棚顶铺设不小于 5 厘米厚的脚手板。

通道口上方，必须设置限高牌和反光标识。

2. 其他施工安全防护措施

（1）夜间施工防护

注意安排好工作计划，劳逸结合，尽量避免夜间作业。

夜间施工时，施工现场必须有足够的照明。施工驻地要设置路灯。

用于上下攀登的通道必须设有足够的照明灯具，严禁将灯具悬挂在钢筋或其他金属杆件上。

夜间施工时，应采取低噪音措施，防止扰民。

（2）雨季作业

雨季施工时，应及时排除施工现场积水。

长时间在雨季中作业的工程项目，应根据条件设置挡雨棚。施工中遇有暴风雨应暂停施工。

检查工地临设牢固情况，对认为在暴风雨袭击中有危险的脚手架、高空设施等要做好加固措施。

暴风雨期间，禁止从事露天高空作业。

（3）防火防爆

设专职消防员，料场和库房的设置应符合治安消防要求，并配备必要的防范措施。

建立定期防火检查制度，对生活区及施工现场进行检查，将隐患消灭于萌芽之中。

生活区配备充足的灭火器材以备急用。消防栓处应有明显标志，配备足够的水龙带。

施工现场周围都是居民，施工时要采取有效的防火、防雷措施，防止火灾的发生。

（四）施工机具

1. 圆锯

（1）操作平台要稳固，锯片不得连续缺齿和缺齿太多，螺丝帽要上紧。圆锯应有防护罩，不得使用倒顺开关，应使用点动开关；

（2）操作人应站在锯片一侧，禁止与锯片站在同一直线上，手臂不得跨越锯片操作；

（3）进料必须紧贴靠山，不得用力过猛，遇硬节应慢推，接料要待料出锯片 15 厘米，不得用手硬拉；

（4）加工旧料时，须先清除铁钉、水泥浆、泥沙等；

（5）锯短料时应用推棍，接料使用刨钩，禁止锯超过圆锯半径的木料；

（6）锯片未停稳前不许用手触动，也不要用力猛推木料的方法强迫锯片停转；

（7）电动机外壳及开关的铁外壳应采取接零或接地保护，且须安装漏电保护开关。

2. 手持电动工具

（1）使用前要先检查电源绝缘是否良好、有无破损，电线须架空，操作时要戴绝缘手套，使用时要安装漏电保护开关；

（2）按铭牌规定，正确使用手电钻，发现有漏电现象或电动机温度过高、转速突然变慢和有异声，应立即停止使用，并交电工检修；

（3）在高空作业时，应搭设脚手架，危险处作业要挂好安全带，工作中要注意前、后、左、右的操作条件，防止发生事故；

（4）向上钻孔时，只许用手或扛杆的办法顶托钻把，不许用头或肩扛等办法；

（5）电钻在转动中，只准用钻把对准孔位，禁止用手扶钻头对孔；

（6）工作完毕后，应切断电源，收好导线以备再用。

3. 平刨

（1）平刨机安装后必须有验收手续，并有操作责任人，定人定机操作；

（2）无人操作时必须断开电源，不可空转；

（3）必须进行保护接零并装有漏电保护器；

（4）应经常进行检查、维修，对一些重要的部件，如护手安全装置、传动部位防护罩等，应保证完好；

（5）不得使用平刨和圆盘锯合为一台的多功能木工机具。

4. 钢筋机械

（1）现场机械安装应稳固，带有胶轮胎的机械应将轮胎拆下并垫离地面保养好，按规定搭设操作平台、防护栏杆，保证进出料安全，整机应搭设安全可靠的操作棚；

（2）机械安装或检修完毕，必须经试运转正常后，办理交接班签证手续后方准使用；

（3）一切机械、电器设备的金属外壳和行车轨道必须接零、接地线，接地电阻不大于4欧，在同一供电系统中不准有的设备接零、有的设备接地；

（4）接新的用电规程 JGJ 46—88 规定，所有的施工机械都应安装漏电保护器。特别是移动型机具，不安装漏电保护器不得使用；

（5）实行一机一闸制，所有机械都应设独立的开关箱，箱内不得存放什物。开关距所控设备水平距离不宜超过 3 米；

（6）机械操作人员要事先经过培训，三机操作工要持证上岗。严禁违章作业，严格执行操作规程，实行定机定人定责任制。

5. 电焊机

（1）电焊机安装后必须有验收手续，对有多台电焊机的工程，必须对焊机进行编号并定人定机操作，焊工持证上岗；

（2）电焊机必须有保护接零及漏电保护器，并应设二次空载降压保护器或触电保护器，还必须设防雨罩；

（3）电源必须使用自动开关；

（4）电焊机焊把线应性能良好，接头不得超过 3 处，并无绝缘老化现象。

6. 搅拌机

（1）搅拌机安装后必须有验收合格证明单，定人定机操作，操作工人持证上岗；

(2) 必须有保护接零、漏电保护器，并设防雨篷；
(3) 作业平台应稳定，并设栏杆；
(4) 离合器、制动器、钢丝绳等必须性能良好，操作手柄必须设保险装置；
(5) 料斗必须有保险挂钩，工人在料斗下工作时必须挂好保险挂钩。

7. 气瓶

(1) 各气瓶必须设标准色标并分开存放，存放地点必须通风良好；
(2) 当气瓶间距小于 5 米，距火距离小于 10 米时，必须设隔离措施；
(3) 乙炔瓶使用或存放时，必须立放，不允许平放；
(4) 所有气瓶都必须设防震圈和防护帽。

8. 潜水泵

潜水泵应做保护接零并设漏电保护器。

9. 翻斗车

(1) 翻斗车必须取得准用证方能使用，司机必须有驾驶证，不得违章行车；
(2) 翻斗车制动装置必须灵敏。

(五) 攀登与悬空作业安全控制

凡在坠落高度基准面 2 米以上（含 2 米），有可能坠落的高处进行的作业，均称为高处作业。

在无立足点或无牢靠立足点的条件下进行的高处作业，统称为悬空高处作业。

1. 攀登和悬空高处作业人员及搭设高处作业安全设施的人员，必须经过专业技术培训及专业考试合格，持证上岗，并必须定期进行体格检查；

2. 遇有六级以上强风、浓雾等恶劣气候，不得进行露天攀登与悬空处作业；

3. 攀登的用具，结构构造上必须牢固可靠；

4. 梯脚底部应坚实，不得垫高使用，梯子的上端应有固定措施；

5. 悬空作业处应有牢靠的立足点，并必须视具体情况，配置防护栏网、栏杆或其他安全设施；

6. 悬空作业当无可靠的安全设施时，必须系好安全带并扣好保险钩。

(六) 安全用电

1. 在建工程（含脚手架具）的外侧边缘遇外电架空线路的边线之间的最小安全操作距离见表 2-2 所列。

表 2-2 不同外电线路电压下最小安全操作距离

外电线路电压	1kV 以下	1～10kV	35～110kV	154～220kV	330～500kV
最小安全操作距离/米	4	6	8	10	15

2. 检查施工现场临时用电情况是否符合“临时用电施工组织设计”。

(1) 电源进线、变电所、配电室、总配电箱、分配电箱等的位置及线路走向是否与“临时用电施工组织设计”一致（三级配电，二级保护）；

(2) 变压器容量、导线截面和电器的类型、规格是否与“临时用电施工组织设计”

一致；

（3）安全用电技术措施和电气防火措施是否得到落实。

3. 施工现场临时用电必须采用“三相五线制”，且使用五芯电缆。

4. 施工现场所有用电设备，除做保护接零外，必须在设置负荷的首端处设置漏电保护器（总配电箱或分配电箱中设置漏电保护器）。

5. 配电屏（盘）或配电线路维修时，应悬挂停电标志牌。停、送电必须由专人负责。

6. 电缆干线应采用埋地或架空敷设。严禁沿地面明设，并应避免机械损伤和介质腐蚀。

7. 架空线路必须用绝缘导线，以绝缘子支承在专用电杆上。严禁架设在树木、脚手架上。

8. 电缆穿越构筑物、道路、易受机械损伤的场所及引出地面从2米高度至地下0.2米处，必须加设防护套管。

9. 橡皮电缆架空敷设时，应沿墙壁或电杆设置，并用绝缘子固定，严禁使用金属裸线作绑线。固定点间距应保证电缆能承受自重所带来的荷重，橡皮电缆的最大弧垂距地不得小于2.5米。

10. 配电箱及开关箱的设置和使用要求：

（1）配电箱应有门、锁、防雨措施；

（2）配电箱、开关箱应装设在干燥、通风及常温场所。不得装设在易受外来固体撞击、强烈振动、液体浸溅及热源烘烤的场所；

（3）配电箱和开关箱的金属箱体、金属电器安装板以及箱内电器的不应带电金属底座、外壳等必须做保护接零，保护零线应通过接地铜牌连接；

（4）配电箱、开关箱内的电器必须可靠完好，不准使用破损、不合格的电器；

（5）分配电箱应装总隔离开关、分路隔离开关以及总断路器、分路断路器或总熔断器、分路熔断器；

（6）每台用电设备必须有各自专用的开关箱，严禁用同一个开关箱直接控制两台及两台以上的用电设备（含插座）；

（7）开关箱中必须装设隔离开关、断路器或熔断器，以及漏电保护器；

（8）配电箱、开关箱中导线的进线口和出线口应设在箱体的下底面，严禁设在箱体的上顶面、侧面、后面或箱门处；

（9）进出线应加护套分路成束并做防水弯，导线束不得与箱体进、出口直接接触。配电箱和开关箱的进、出线必须采用橡皮绝缘电线；

（10）对配电箱、开关箱进行检查、维修时，必须将其前一级相应的电源开关分闸断电，并悬挂停电标志牌，严禁带电作业；

（11）熔断器的熔体更换时，严禁用不符合原规格的熔体代替。

11. 照明：

（1）照明专用回路应有漏电保护；

（2）照明的器具和器材的质量均应符合有关标准、规范的规定，不得使用绝缘老化或破损的器具和具材。

（七）大气污染防治措施

1. 现场工地在施工期间必须达到国家及本市规定的环保标准，最大限度地降低施工扬尘；按“市文明工地”的规定要求施工单位进行硬地化施工，施工期间应洒水压尘，有条件的让施工单位利用基础降水或处理后的中水降尘；工地现场平时要加大洒水压尘的力度，渣土要在土方施工时及时清运完毕并做好防尘措施，道路清扫要防止扬尘污染。

2. 粉状或散物料在贮存、装卸、筛分、运输等过程应抑制粉尘对周围环境的影响。

3. 若遇有 4 级以上大风天气，停止土方施工和拆卸工程，并做好遮掩工作，排水管网工程要实行封闭式施工方式，围挡一段，施工一段，严禁敞开式作业。

4. 出口处必须设置冲洗设施以及配套的排水、泥浆沉淀设施，运输车辆驶出施工现场前应当将槽帮和车轮冲洗干净。

（八）污水影响控制措施

1. 要求施工单位合理布置施工现场，集中设置防（排）污设施。据施工现场场地的布置情况，设置统一的排水和污水净化池，使生活及施工污水经沉淀、净化处理达标后再行排放。

2. 生活营地和施工场地应设置足够的污水沉淀池，污水经处理后可用于降尘和绿化。施工场地范围内的污水、污物、恶臭物或影响环境的排泄物均应有有效的排出方法，不得损害周围环境及直接排入城市管网。

（九）噪声、振动污染控制措施

1. 施工场地的交通状况、音源、声音传播与噪声量密切相关。因此，防治噪声的主要方法有以下几种：一是加强交通管理，上路前进行车辆噪声监测，管制重车百分比、交通量及行车速度；二是调整工地现场的纵坡，减少纵坡过大可能导致汽车爬坡时增加的噪声量；三是改进路面结构类型，实施硬地化施工处理，以谋求降低交通噪声；四是尽可能采用降噪效果好的路堑形式，尤其是路线通过敏感区时；五是要求施工单位严格执行《建筑施工场界噪声限值》，合理安排重型机械的作业时间，文明组织施工，高噪声设备夜间限制使用，以减轻对环境的影响，产生噪音源的设备需要采取减震、消音等措施。

2. 发电机房的消声处理应按设计要求和环保要求以及环境情况进行严格处理。材料控制是关键，现场跟踪和外观检查是监理的责任，是保证工程质量的重要部分。

（十）光污染控制措施

控制夜间施工照明方向和范围，避免照射到附近居民区。

（十一）废水处理的监控

施工过程要求严格分清污水管、废水管的划分，对污水管的坡度进出水标高，要求一定严格，排放标准严格遵守国家要求。

（十二）生态环境保护措施

要求各施工单位必须建立健全生态环境保护制度和规章，设立环保管理部门并配置专、兼职管理人员。必须有落实生态环境保护的具体措施，所采取的措施必须科学，施工作业方案必须符合生态环境保护的要求。

四、安全管理相关流程

（一）安全文明施工管理流程（图 2－1）

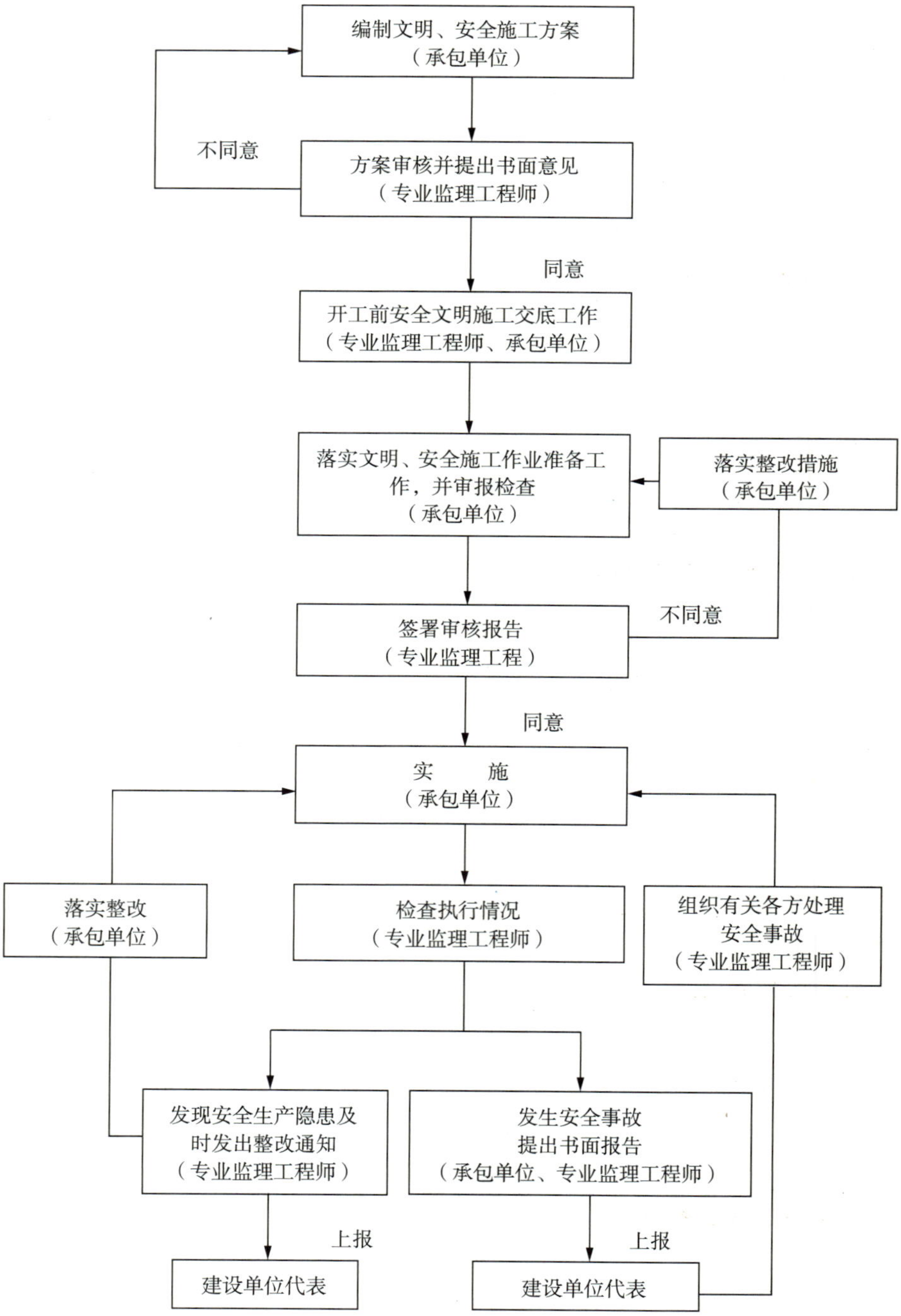

图 2－1　安全文明施工管理流程

（二）危险性较大工程控制程序（图 2－2）

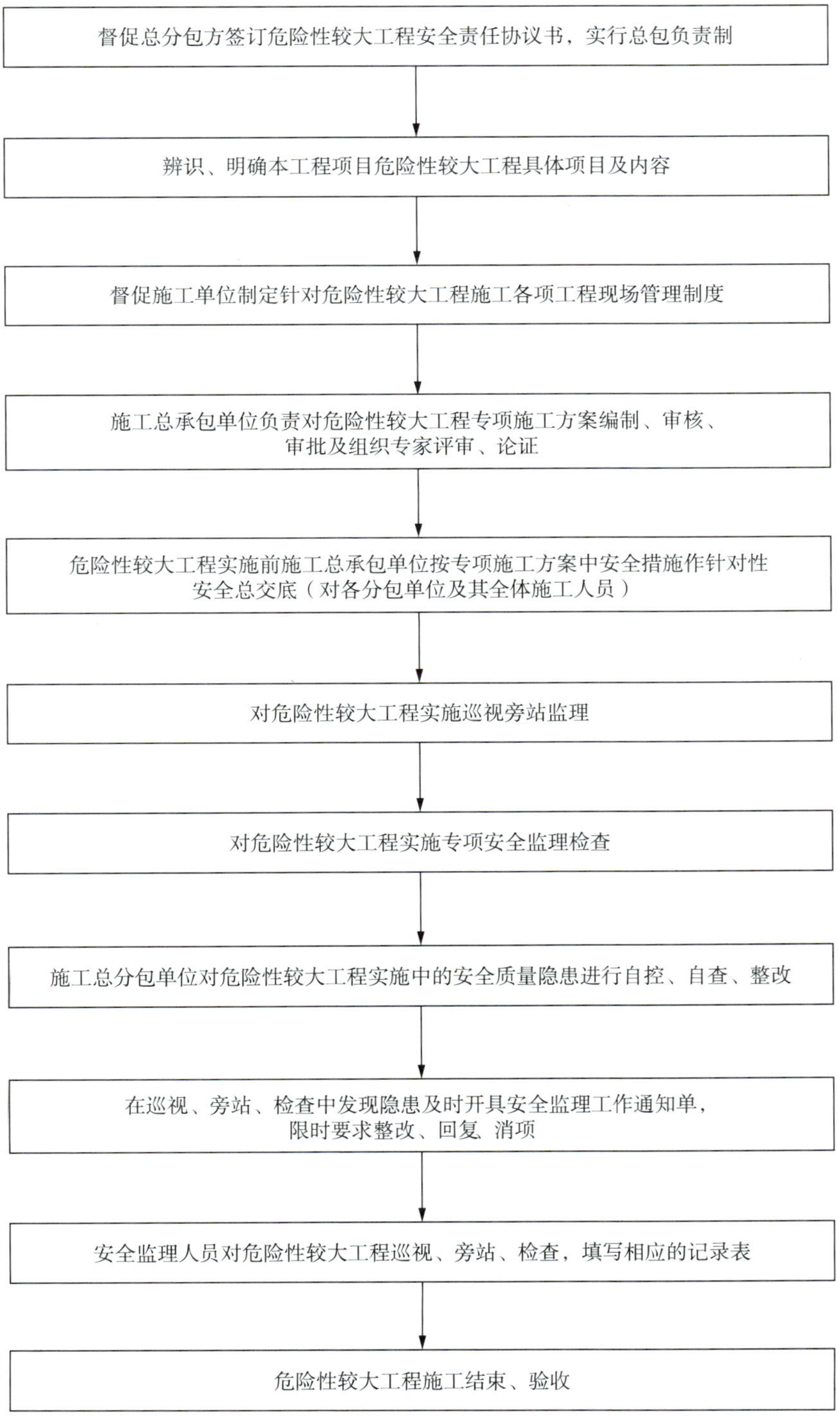

图 2－2　危险性较大工程控制程序

（三）重大安全隐患整改通知工作流程（图 2-3）

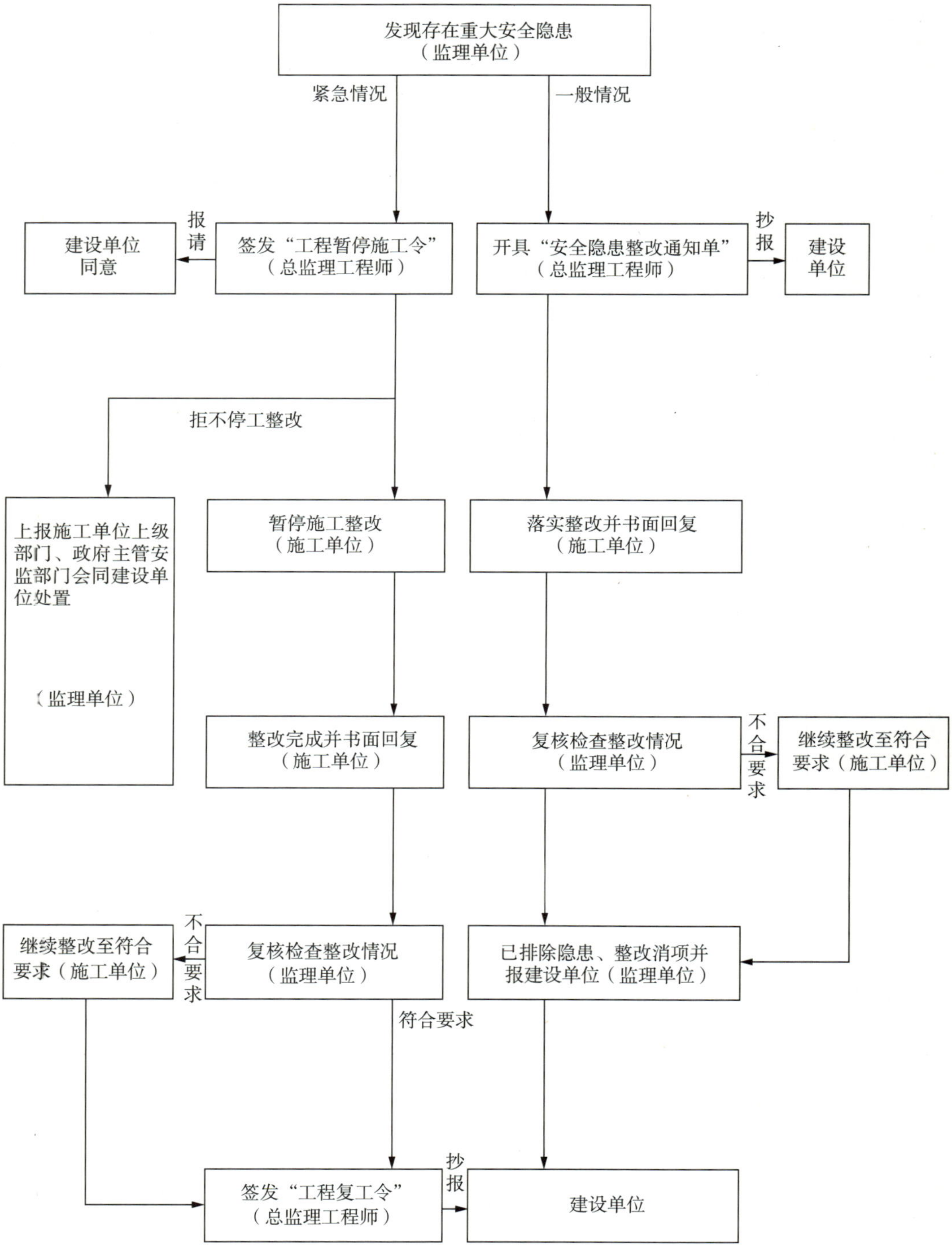

图 2-3　重大安全隐患整改通知工作流程

（四）危险性较大的分部分项工程专项施工方案审批程序（图 2－4）

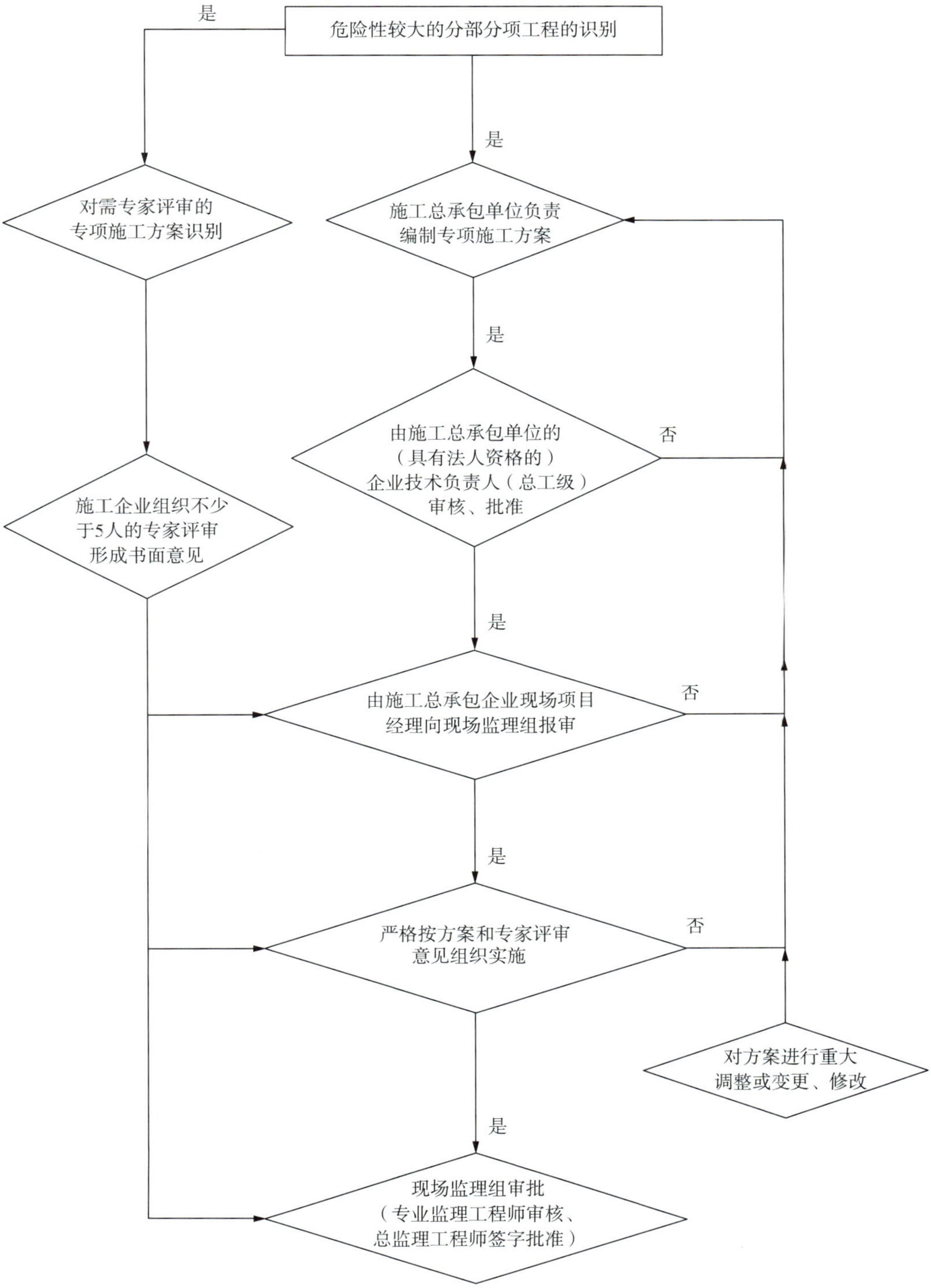

图 2－4 危险性较大的分部分项工程专项施工方案审批程序

第六节　安全应急处置

一、安全应急处置的程序

1. 按照报告的程序及报告的时限要求

2. 组织调查组，开展事故调查

（1）特别重大事故由国务院或者国务院授权有关部门组织事故调查组进行调查；重大事故、较大事故、一般事故分别由事故发生地省级人民政府、设区的市级人民政府、县级人民政府负责调查；未造成人员伤亡的一般事故，县级人民政府也可以委托事故发生单位组织事故调查组进行调查。

（2）事故调查组有权向有关单位和个人了解与事故有关的情况，并要求其提供相关文件、资料，有关单位和个人不得拒绝。

3. 现场勘查

4. 分析事故原因

通过直接和间接分析，确定事故的直接责任者、间接责任者和主要责任者。

5. 制定预防措施

6. 提交事故调查报告

事故调查组应当自事故发生之日起 60 日内提交事故调查报告；特殊情况下，经负责事故调查的人民政府批准，提交事故调查报告的期限可以适当延长，但延长的期限最长不超过 60 日。事故调查报告应当包括下列内容：

（1）事故发生单位概况；

（2）事故发生经过和事故救援情况；

（3）事故造成的人员伤亡和直接经济损失；

（4）事故发生的原因和事故性质；

（5）事故责任的认定以及对事故责任者的处理建议；

（6）事故防范和整改措施。

7. 事故的审理和结案

重大事故、较大事故、一般事故，负责事故调查的人民政府应当自收到事故调查报告之日起 15 日内作出批复；特别重大事故，30 日内作出批复，特殊情况下，批复时间可以适当延长，但延长的时间最长不超过 30 日。

二、建设工程施工现场安全事故应急预案

1. 概述

根据建设工程的特点，工地现场可能发生的安全事故有坍塌、火灾、中毒、爆炸、物体打击、高空坠落、机械伤害、触电等，应急预案的人力、物资、技术准备主要针对这几类事故。

应急预案应立足于安全事故的救援，立足于工程项目自援自救，立足于工程所在地政府和当地社会资源的救助。

2. 应急组织

应急领导小组：项目经理为该小组组长，主管安全生产的项目副经理、技术负责人为副组长。

现场抢救组：项目部安全部门负责人为组长，安全部门全体人员为现场抢救组成员。

医疗救治组：项目部医务室负责人为组长，医疗室全体人员为医疗救治组成员。

后勤服务组：项目部后勤部门负责人为组长，后勤部门全体人员为后勤服务组成员。

保安组：项目部保安部门负责人为组长，全体保安员为组员。

应急组织的分工及人数应根据事故现场需要灵活调配。应急组织机图如图 2－5 所示。

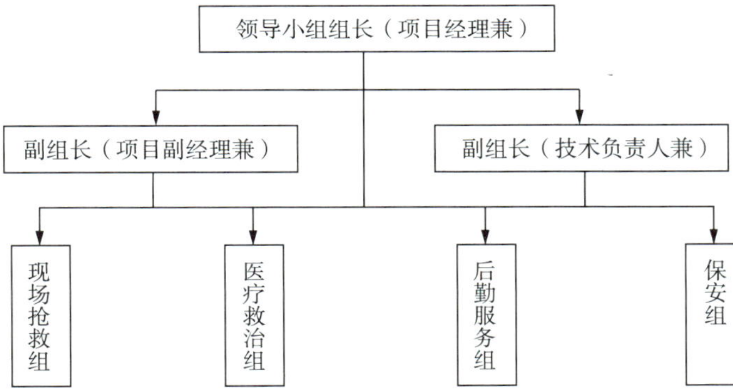

图 2－5　应急组织机构图

应急领导小组职责：建设工地发生安全事故时，负责指挥工地抢救工作，向各抢救小组下达抢救指令任务，协调各组之间的抢救工作，随时掌握各组最新动态并做出最新决策，第一时间向 110、119、120、企业就援指挥部、当地政府安监部门、公安部门求援或报告灾情。平时应急领导小组成员轮流值班，值班者必须住在工地现场，手机 24 小时开通，发生紧急事故时，在项目部应急组长抵达工地前，值班者即为临时救援组长。

现场抢救组职责：采取紧急措施，尽一切可能抢救伤员及被困人员，防止事故进一步扩大。

医疗救治组职责：对抢救出的伤员，视情况采取急救处置措施，尽快送医院抢救。

后勤服务组职责：负责交通车辆的调配，紧急救援物资的征集及人员的餐饮供应。

保安组职责：负责工地的安全保卫，支援其他抢救组的工作，保护现场。

3. 救援器材

应急领导小组应配备下列救援器材。

① 医疗器材：担架、氧气袋、塑料袋、小药箱。

② 抢救工具：一般工地常备工具即基本满足使用。

③ 照明器材：手电筒、应急灯、36 伏以下安全线路、灯具。

④ 通信器材：电话、手机、对讲机、报警器。

⑤ 交通工具：工地常备 1 辆值班面包车，该车轮值班时不应跑长途。

⑥ 灭火器材：灭火器日常按要求就位，紧急情况下集中使用。

4. 应急知识培训

应急小组成员在接受项目安全教育时必须附带接受紧急救援培训。

培训内容：伤员急救常识、灭火器材使用常识、各类重大事故抢险常识等。务必使应急小组成员在发生重大事故时能较熟练地履行抢救职责。

5. 通信联络

项目部必须将 110、119、120、项目部应急领导小组成员手机号码、企业应急领导组织成员手机号码、当地安全监督部门电话号码，明示于工地显要位置。工地抢险指挥及保安员应熟知这些号码。

6. 事故报告

工地发生安全事故后，企业、项目部除立即组织抢救伤员、采取有效措施防止事故扩大和保护事故现场、做好善后工作外，还应按规定报告有关部门。

急性中毒、中暑事故应同时报告当地卫生部门。

易爆物品爆炸和火灾事故应同时报告当地公安部门。

员工受伤后，轻伤的送工地现场医务室医治，重伤、中毒的送医院救治。因伤势过重抢救无效死亡的，企业应在 8 小时内通知劳动行政部门处理。

第七节　安全检查机制及监督评价

在进行项目安全控制时，要依据《建设工程项目管理规范》中有关项目安全控制的要求，对施工单位进行监督，并要求其报送有关的措施、方案、制度，并对其进行审查，主要审查以下内容。

1. 安全文明管理组织机构：组织机构必须健全，承包单位的项目经理必须是安全文明施工的第一责任人，真正做到组织到位、领导带头、全员参加。

2. 安全文明施工目标（或责任）：必须明确并且层层分解到班组甚至到人。

3. 安全文明施工管理或措施，包括以下内容。

（1）安全文明施工教育和培训：安全法规、规章、规定学习，日常安全教育，安全操作培训，特殊工种培训，市容环境卫生和消防安全知识的教育和培训。

（2）安全文明施工管理制度：安全文明施工制度、措施、奖罚标准等。

（3）组织安全文明施工活动：每周定期或每月定时的安全活动、安全无事故活动、文明施工竞赛、安全文明总结整改等。

（4）安全文明施工自行监督：制度执行情况、措施执行状况、重点部位防范等检查，按“三不放过”分析处理事故。

4. 检查承包单位的自检制度是否完善。

（1）承包单位安全管理状况（或措施）及防护自检制度。

（2）临时用电安全自检制度。

（3）地表建筑物、地下管线的安全自检制度。

5. 保卫和消防自检制度：人员要充足、制度要落实、消防设施及通信要完备。

检查施工现场的布置和场地管理是否符合安全生产和文明施工要求，如道路（安全通道）、作业场地、材料堆放、渣土临放等须规划有序。

（1）检查工地卫生管理制度是否健全：垃圾、污水、鼠害等管理是否到位。

（2）检查工地环保管理是否符合本市的相关规定：生产、生活用水，施工排水，泥浆处理（防污染）等。

（3）检查噪音和尘土控制是否符合当地的相关规定。

（4）检查现场医疗设备和急救医护人员的配备是否符合安全生产和文明施工的要求。

对现场的各种问题建设单位应要求责任单位立即改正。如果执行不力或不及时，则在24小时内发出书面通知。对严重威胁生命、财产安全的隐患或苗头，则坚决行使安全否决权，下达停工令期限整改，不满足安全要求不准复工（工期不予延长）。每个月召开1次安全例会，分析情况，提出要求，部署下月安全工作。定期组织安全、文明施工大检查（包括现场和资料），对发现的问题发书面整改通知，并跟踪督办，逐项解决。

对在安全检查及数据分析时发现的安全隐患，在要求责任人期限改正后，业主项目部应进行跟踪验证，确保纠正和预防措施得以落实。

附：小型基建项目综合评价标准及评分细则（表 2－3）

表 2－3　小型基建项目综合评价标准及评分细则

序号	标准内容	规定分值	评分细则	备注
一	工程建设前期管理	20.0		
1	依法合规取得地方政府立项批复文件	2.0	依法合规通过地方政府立项审批并提供正式批复文件的，得 2.0 分；不符合的，得 0 分	
2	依法合规取得土地证或相关部门出具的符合国家规定的土地权属证明文件	2.0	依法合规取得土地证或相关部门出具的符合国家规定的土地权属证明文件并提供正式文件的，得 2.0 分；不符合的，得 0 分	
3	依法合规通过省公司立项、可研、初设评审并取得相关批复文件	2.0	依法合规通过省公司立项、可研、初设审批并提供正式批复文件的，得 2.0 分；不符合的，得 0 分	
4	依法合规通过环境影响评价文件审批并取得相关批复文件	1.0	依法合规通过环境影响评价文件审批并取得相关批复文件的，得 1.0 分；不符合的，得 0 分	

（续表）

序号	标准内容	规定分值	评分细则	备注
5	依法合规取得建设用地规划许可证	2.0	依法合规通过建设用地规划许可并提供建设用地规划许可证正式文件的，得 2.0 分；不符合的，直接评为不合格	一票否决项
6	依法合规取得建设工程规划许可证	2.0	依法合规通过建设工程规划许可并提供建设工程规划许可证正式文件的，得 2.0 分；不符合的，直接评为不合格	一票否决项
7	依法合规通过施工图纸审查取得审查合格书	2.0	依法合规通过施工图纸审查并提供审查合格书正式文件的，得 2.0 分；不符合的，得 0 分	
8	依法合规通过建设工程消防设计审核并取得审核意见书	2.0	依法合规通过建设工程消防设计审核并提供审核意见书正式文件的，得 2.0 分；不符合的，得 0 分	
9	依法合规完成安全、质量报建手续并取得建设行政主管部门发放质量、安全备案文件	2.0	相关备案文件合法、齐全的，得 2.0 分；不符合的，得 0 分	
10	依法合规取得建设工程施工许可证	2.0	依法合规取得建设工程施工许可证并提供正式文件的，得 2.0 分；不符合的，直接评为不合格	一票否决项
11	依法合规完成开工前准备工作并取得经建设、监理单位项目负责人签字盖章确认后的开工报告	1.0	项目已取得合规开工审批手续并提供手续完善的开工报告，符合的，得 1.0 分；不符合的，得 0 分	
二	项目管理组织机构建设及“五制”落实情况	24.0		
1	项目管理组织机构建设	1.0		
1.1	项目立项获批后，建设单位应及时依法合规成立业主项目部	1.0	建设单位按规定程序成立业主项目部并出具正式文件的，得 1.0 分；不符合的，得 0 分	
2	项目法人责任制	6.0		
2.1	业主项目法人应主持召开工程月度例会（各参建单位参加）或专题协调会（相关参建单位参加），协调解决存在的困难与问题	1.0	相关会议召开记录及会议纪要完整的，得 1.0 分；不符合的，得 0 分	

（续表）

序号	标准内容	规定分值	评分细则	备注
2.2	业主项目法人应参加上级组织的定期或随机的安全、质量专项检查；若存在安全或质量事故的，还应当参加相关事故的调查工作	2.0	未发生安全或质量事故且相关安全检查记录完整的，得2.0分；检查记录缺失的，得1.0分；出现安全或质量事故的，得0分	
2.3	业主项目法人应组织工程初步设计方案内审	1.0	按规定开展工程初步设计方案内审并出具正式会议纪要的，得1.0分；不符合的，得0分	
2.4	业主项目法人应负责审查工程签证、设计变更	2.0	若出现重大设计变更和及技术方案调整时，应按规定会同设计、监理、施工单位召开审查会议并出具提供正式会签单的，得2.0分；不符合的，得0分	
3	招投标制	2.0		
3.1	依法合规开展工程设计、施工、监理、设备、材料购货等招投标工作	2.0	相关招投标程序依法合规，资料齐全的，得2.0分，每缺一项扣0.5分；不规范的，每项扣0.2分	
4	工程监理制	11		
4.1	项目监理单位应编制监理大纲、监理规划、监理实施细则、旁站方案及相关审批文件	2.0	监理大纲、规划等文件齐全的，得2.0分，每缺一项扣0.5分；不规范的，每项扣0.2分	
4.2	项目监理单位人员应按要求到岗到位并具有相应的资质证明	1.0	监理人员到岗到位，资质符合要求的，得1.0分；不符合的，得0分	
4.3	项目监理单位应做好项目进度控制工作，包括工程进度计划，实施及报审表，工程开、停、返、复工令审核等	2.0	相关文件资料完整、手续齐全的，得2.0分，每缺一项扣0.5分；不规范的，每项扣0.2分	
4.4	项目监理单位应做好项目安全控制工作，发现安全隐患应及时通知建设及施工单位，出具工程安全不合格项目通知、安全事故报告及处理意见等，并督促施工单位及时完成整改	2.0	相关文件资料完整、手续齐全的，得2.0分，每缺一项扣0.5分；不规范的，每项扣0.2分	

（续表）

序号	标准内容	规定分值	评分细则	备注
4.5	项目监理单位应做好项目质量控制工作，发现质量问题应及时通知建设及施工单位并出具工程质量不合格项目通知、质量事故报告及处理意见、工程总体质量评价意见报告等并督促施工单位及时完成整改	2.0	相关文件资料完整、手续齐全的，得2.0分，每缺一项扣0.5分；不规范的，每项扣0.2分	
4.6	项目监理单位应做好项目造价控制工作，严格核实现场工作量，做好价格变更审查、支付审批等工作，发现项目总体造价出现异常情况时应及时通知建设单位并提供相关资料及建议	2.0	相关文件资料完整、手续齐全的，得2.0分，每缺一项扣0.5分；不规范的，每项扣0.2分	
5	合同管理制	2.0		
5.1	依法合规及时与工程设计、施工、监理、设备、材料购货等合法中标单位签订合同	1.0	相关合同依法合规签订、资料齐全的，得1.0分；不符合的，得0分	
5.2	严格按照国家合同管理法执行，存在涉及异议和合同变更等其他情况时应由建设单位、监理单位及合同甲乙双方共同审议	1.0	若存在合同变更的需求时，建设单位、监理单位及合同甲乙双方共同开会审议并出具会议纪要的，得1.0分；不符合的，得0分	
6	资本金制	2.0		
6.1	严格按照国家电网公司的综合计划批复金额执行	2.0	项目投资计划按国网公司批复的金额完成的，得2.0分；不符合的，得0分	
三	跟踪审计工作开展情况	6.0		
1	跟踪审计单位应协助建设、监理单位开展项目建设前期阶段包括设计方案、招标、项目开工前期手续、施工单位进场前手续的审查工作并要求跟踪审计单位出具建设前期阶段审计意见书	2.0	相关文件资料完整、手续齐全的，得2.0分，每缺一项扣0.5分；不规范的，每项扣0.2分	
2	跟踪审计单位应在工程施工期间对工程管理、施工进度、工程材料、变更洽商等事项进行审计并就各阶段审计情况出具审计意见书	2.0	相关文件资料完整、手续齐全的，得2.0分，每缺一项扣0.5分；不规范的，每项扣0.2分	

（续表）

序号	标准内容	规定分值	评分细则	备注
3	跟踪审计单位应在工程竣工后对竣工决算书进行审计并出具审查意见书	2.0	相关文件资料完整、手续齐全的，得2.0分；不符合的，得0分	
四	安全文明施工管理	29.0		
1	落实安全生产规章制度	3.0		
1.1	业主项目部应按要求落实公司小型基建安全职责，做好安全标准化管理、工程分包安全管理、安全风险管理及安全检查工作	1.0	未按要求做好相关工作的，每项扣0.1分；内容不符合国家、行业、公司现行规定的，每项扣0.1分；实施记录不符合要求的，每项扣0.1分	
1.2	监理项目部应按要求落实公司小型基建安全职责，定期召开监理例会，开展安全教育培训、做好安全审查备案、安全巡视和旁站工作并建立安全工作奖惩等机制	1.0	未按要求做好相关工作的，每项扣0.1分；内容不符合国家、行业、公司现行规定的，每项扣0.1分；安全管理体系运转不流畅，实施记录不符合要求的，每项扣0.1分	
1.3	施工项目部应按要求落实公司小型基建安全职责，做好施工安全管理工作，定期开展安全教育培训、安全检查工作，施工前做好安全施工技术交底工作并建立安全工作奖惩等机制	1.0	未按要求相关工作的，每项扣0.1分；内容不符合国家、行业、公司现行规定的，每项扣0.1分；安全管理体系运转不流畅，实施记录不符合要求的，每项扣0.1分	
2	明确安全责任	1.0		
2.1	建设管理单位应按规定与施工、监理单位签订安全协议并明确安全工作目标和工作责任	1.0	未按规定与施工、监理单位签订安全协议的，扣0.5分；安全工作目标和工作责任不明确的，扣0.5分	
3	施工分包管理	2.0		
3.1	严格按规定做好施工分包管理工作，从严审核分包单位各项信息，确保安全可靠	1.0	出现使用发生严重问题的分包单位、分包未签订合同、分包对象为个人、分包单位无资质、安全生产许可证过期等分包严重问题之一，每项不符合的扣0.5分	

（续表）

序号	标准内容	规定分值	评分细则	备注
3.2	严格按规定确保施工分包申请，人员、机械入场审核流程运转；分包合同、安全协议签订的规范性；分包人员培训、考试；台帐、保险和“考勤”以及安全防护用品配备、安全交底、分包作业监督等符合要求	1.0	施工分包申请，人员、机械入场审核流程运转；分包合同、安全协议签订的规范性；分包人员培训、考试、台账、保险和“考勤”以及安全防护用品配备、安全交底、分包作业监督等，每发现1处不符合要求扣0.1分	
4	人员资格管理和安全教育培训	2.0		
4.1	施工现场特种作业人员必须持证上岗	1.0	全体特种作业人员做到持有效证件上岗的，得1分；不符合的，得0分	
4.2	严格按要求组织岗前安全培训教育和考试工作	1.0	按要求组织岗前安全培训教育和考试的，得1分；不符合的，得0分	
5	项目安全管理策划	3.0		
5.1	业主项目部应按要求编制安全管理总体策划方案，项目安全管理目标必须符合项目安全管理规定，发现主要管理措施无针对性、未根据新的小型基建安全管理要求及时修订完善	1.0	未编制安全管理总体策划方案的，扣0.4分；项目安全管理目标不符合国网公司相关规定的，扣0.4分；主要管理措施无针对性、未根据新的小型基建安全管理要求及时修订完善的，扣0.2分	
5.2	施工项目部应按要求编制施工安全管理及风险控制方案，确保安全目标响应建设管理单位安全目标要求并具有针对性	1.0	未编制施工安全管理及风险控制方案的，扣0.5分；安全目标未响应建设管理单位安全目标要求、针对性不强等，扣0.5分	
5.3	监理项目部应按要求编制施工安全监理工作方案并规范设置安全旁站点，确保安全目标响应建设管理单位安全目标要求并具有针对性	1.0	未编制施工安全监理工作方案，扣0.5分；安全旁站点设置不明确，扣0.2分；安全目标未响应建设管理单位安全目标要求、针对性不强等，每处扣0.1分	
6	安全应急管理	1.0		
6.1	应按规定制定现场应急预案并定期进行演练	1.0	项目未制定现场应急预案，扣0.1分；应急预案制定不全，每项扣0.1分；操作性不强（组织机构、人员分工、联系方式不明确，应急物资、现场医疗急救药品未配备等），每项扣0.1分（最多扣0.5分）；未进行演练，扣0.5分	

（续表）

序号	标准内容	规定分值	评分细则	备注
7	施工安全风险管理	3.5		
7.1	项目应严格按要求执行国家电网公司施工安全风险识别、评估及控制办法	1.0	未执行相关工作的，扣 0.5 分；工作开展不规范的，每项扣 0.2 分；设计单位及三个项目部未按规定履行职责的，每项扣 0.3 分	
7.2	项目应严格按要求编制施工组织设计、专项施工方案、专项技术措施等；重要临时设施、重要施工工序、特殊作业、危险作业项目，应按要求编制专项安全技术措施	1.0	施工组织设计、专项施工方案、专项技术措施等编审批不规范的，每项扣 0.2 分；重要临时设施、重要施工工序、特殊作业、危险作业项目未按要求编制专项安全技术措施的，每项扣 0.2 分	
7.3	项目应严格按照审批的方案施工	1.0	发现有关键性的内容不符合，扣 0.2 分；一般项目不符合，每项扣 0.1 分	
7.4	施工前应进行安全交底	0.5	未进行安全技术交底，每次扣 0.2 分；未全员签字，扣 0.1 分	
8	安全监督检查	7.0		
8.1	项目建设管理单位应严格按规定定期开展日常安全监督检查活动和上级布置的专项安全检查活动	0.5	未按规定定期开展日常安全监督检查活动的或上级布置的专项安全检查活动的，扣 0.1 分；有活动通知，但无活动记录，每次扣 0.1 分	
8.2	监理项目部应严格按规定对工程关键部位、关键工序、危险作业项目实施旁站监理	0.5	未按规定实施旁站监理的，每次扣 0.1 分	
8.3	施工项目部应严格按规定至少每月组织一次安全检查，发现问题应及时整改做好相关闭环工作	0.5	未按规定组织安全检查的，缺少一次扣 0.1 分；发现问题整改未闭环，每次扣 0.1 分	
8.4	施工现场规定位置应按要求配置合格的安全防护设施，并确保配置齐全（安全围栏、安全网、孔洞盖板等）、摆放规范，对应区域应设置安全警示标示（危险警示牌、安全标示牌等）	1.0	配置不合格的，每类扣 0.1 分；配置不齐全的，每处扣 0.1 分；摆放不规范的，每处扣 0.1 分，未设危险警示（警告）牌、安全标示牌或设置不规范、数量不足，每处扣 0.1 分	

（续表）

序号	标准内容	规定分值	评分细则	备注
8.5	建筑脚手架应合规、规范搭设确保安全；投入使用前必须经验收签证并挂牌	1.0	建筑脚手架搭设不合格、不规范（杆件、扣件、拉杆和斜撑、间距、立杆支垫、脚手板等），每类扣0.1分；脚手架未经验收签证或挂牌就投入使用，扣0.1分	
8.6	施工现场应按规设置项目施工图牌及标识标志；对设备、材料、易燃易爆和有毒有害物品分类存放并明确标识；现场应做到工完料尽场地清，垃圾分类存放并及时清理	1.0	未按规定设置项目施工图牌及标识标志；设备、材料、易燃易爆和有毒有害物品未分类存放或标识不清楚；现场未做到工完料尽场地清，垃圾分类存放未及时清理，每发现一处扣0.1分	
8.7	施工现场（材料棚、食堂、宿舍、易燃品库等地）应按要求配备必要且有效的消防器材，并定期进行检查填写记录表，发现过期或失效的应及时更换；氧气、乙炔的搬运、存放、使用应严格安规要求执行	1.0	必要且有效的消防器材的，每处扣0.1分；未定期检查消防器材或无检查记录表的，每件扣0.1分；氧气、乙炔的搬运、存放、使用不符合安规要求，每处扣0.1分	
8.8	基坑开挖放坡、积土堆放、深基坑支护应符合要求；现场应做好排水措施，确保无积水	0.5	基坑开挖放坡、积土堆放、深基坑支护不符合要求的，每处扣0.1分；现场无排水措施，有积水的，每处扣0.1分	
8.9	现场使用的施工机械应经有关部门检验，并取得安全准用证；施工机械安全防护装置应齐全且符合要求；现场应悬挂操作规程；吊装区域必须设置围栏并设专人监护	1.0	施工机械未经有关部门检验，没有取得安全准用证；施工机械安全防护装置不齐全或不符合要求；现场未悬挂操作规程；吊装区域设置围栏并设专人监护，每项扣0.1分	
9	施工用电管理	3.0		
9.1	施工现场用电应符合“三级配电两级保护”“一机一闸一箱”要求；配电箱应选择安装在合适的位置，箱内装置应合规；接地或接零保护应符合要求	1.0	不符合“三级配电两级保护”“一机一闸一箱”要求；配电箱位置不合适，箱内装置不合规；接地或接零保护不符合要求的，每处扣0.2分	
9.2	施工现场照明应符合要求，地下施工必须使用安全电压照明系统	1.0	现场照明不符合要求；地下施工未使用安全电压照明系统，每项扣0.2分	

（续表）

序号	标准内容	规定分值	评分细则	备注
9.3	电缆架设或埋设必须符合规范要求，发现电线老化、破损的应及时妥善处理	1.0	电缆架设或埋设不符合规范要求，电线老化、破损未妥善处理，每处扣 0.2 分	
10	文明施工管理	2.5		
10.1	现场应按规定设置工程项目施工“五牌一图”	0.5	未按规定设置“五牌一图”的，每处扣 0.1 分	
10.2	现场设备、材料、工具、模板应定置堆放，堆放整齐、分类规范标识并符合安全文明施工要求	0.5	未定置堆放，或堆放不整齐、不符合安全文明施工要求的，每处扣 0.1 分；未按规定标识或标识不规范的，每处扣 0.1 分	
10.3	现场应做到工完场清，垃圾或废料应妥善堆放并及时处理	0.5	未做到“工完、料尽、场地清”的，每处扣 0.1 分，存在垃圾或废料乱扔乱放现象的，每处扣 0.1 分	
10.4	现场个人防护用品应妥善保管，规范堆放并定期进行检测，确保安全可靠	0.5	个人防护用品保管不善（随意堆放、不防潮、未定期检验等），每处扣 0.1 分	
10.5	现场起重区域必须设置围栏并设专人负责监护	0.5	发现未设置围栏、无专人负责监护、起重物下方有人逗留或穿行、高处作业人员随意抛掷物件的，每类扣 0.1 分	
11	办公生活区管理	1.0		
11.1	施工作业区必须与办公、生活区明显隔离；临时建筑物必须符合管理规定	0.2	施工作业区与办公、生活区未明显隔离，扣 0.1 分；临时建筑物不符合管理规定，扣 0.1 分	
11.2	现场食堂、办公、生活区应保持整洁、卫生，食堂服务人员应具备健康体检证	0.5	食堂、办公、生活区不整洁、不卫生，食堂炊事员无健康体检证，每处扣 0.1 分	
11.3	现场办公生活应做到规范用电并制定完善防冻保暖、防暑降温、防煤气中毒等措施	0.3	办公生活用电不规范的，每处扣 0.1 分；防冻保暖、防暑降温、防煤气中毒等措施不完善，扣 0.2 分	

（续表）

序号	标准内容	规定分值	评分细则	备注
五	质量管理	21.0		
1	工程质量策划管理	5.0		
1.1	设计、施工、监理合同中应明确质量总体目标	1.0	未明确质量目标的，扣1分	
1.2	业主项目建设管理纲要、监理规划、施工项目管理实施规划中应编制工程标准工艺实施控制策划章节	1.0	未编制的，每项扣0.2分；存在、编制时间不符合要求、编审批不规范、质量目标不明确或不规范等，每处扣0.2分	
1.3	业主项目部应组织开展工程创优策划专题会并按要求开展质量监督检查工作	1.0	未组织开展工程创优策划专题会得，扣0.5分；未按要求开展质量监督检查工作的，扣0.5分	
1.4	应及时组织相关单位学习公司小型基建质量管理相关文件并将相关要求传达（或转发）至工地	1.0	未组织学习、未及时传达（或转发）到工地，每份扣0.5分	
1.5	严格按要求编制定期质量巡视检查计划，开展相关巡视检查工作，发现质量问题的应及时记录并进行通报	1.0	未编制定期质量巡视检查计划，扣0.5分；缺质量检查通报或记录，对照质量检查计划每缺少一份扣0.5分	
2	设计质量管理	0.5		
2.1	现场应严格按要求进行设计交底并做好相关记录工作	0.5	未进行设计交底，扣0.1分；设计交底未包含创优、标准工艺应用、强条执行、质量通病防治等内容，扣0.1分；设计交底记录不完整，每项扣0.1分	
3	质量管理过程记录	3.5		
3.1	严格按要求建立项目质量检查验收、质量教育培训等台账	0.5	未建立相关台账的，每缺一项扣0.1分	
3.2	施工项目部及开展小型基建质量文件传达、学习活动并做好相关记录	0.5	无小型基建质量文件传达、学习记录的，每份扣0.1分	
3.3	严格按要求组织技术交底，确保全员参加并签字留痕	0.5	未按要求组织技术交底，每次扣0.2分；未做到全员签字或存在代签现象，每份扣0.1分	

（续表）

序号	标准内容	规定分值	评分细则	备注
3.4	严格按要求建立钢筋和水泥台账	0.5	台账每缺一项扣 0.2 分，台账不规范每项扣 0.1 分；原材料质量证明文件和复检试验记录不完备或记录不规范，每类扣 0.1 分	
3.5	隐蔽工程（抽查钢筋、验槽、回填土等）检查记录、签证书等资料应规范、齐全	0.5	相关资料不齐全或记录不规范的，每项扣 0.1 分	
3.6	严格按质量管理规定开展质量活动	1.0	未按规定开展质量活动的，每缺一次扣 0.5 分；未对质量缺陷进行闭环管理，每项扣 0.5 分	
4	工艺标准推广应用	0.5		
4.1	严格按要求配置标准工艺系列成果，开展标准工艺宣贯、培训及应用情况检查工作	0.5	未按要求配置标准工艺系列成果，缺少一项扣 0.1 分；未开展标准工艺宣贯、培训工作，扣 0.1 分；未开展标准工艺应用检查，扣 0.1 分	
5	质量通病防治	3.5		
5.1	业主项目部应在施工图编制前下达工程质量通病防治任务书	1.0	未在施工图编制前下达的，扣 0.5 分；内容缺项、签字不全，每缺一项扣 0.1 分	
5.2	建设、监理、设计单位应按要求分别制定质量通病防治措施、监理质量通病防治控制措施、质量通病防治设计措施	1.0	未制定的每缺一项扣 0.2 分；编制日期不符合要求的，每项扣 0.1 分，审批手续不全的，每缺一项扣 0.1 分	
5.3	严格按要求对质量通病防治内容进行技术交底；施工项目部应对质量通病防治工作进行阶段性总结	0.5	未对质量通病防治内容进行技术交底，每缺一项扣 0.1 分；施工项目部应对质量通病防治工作进行阶段性总结，每缺一次扣 0.1 分	
5.4	严格按要求执行数码照片管理办法	1.0	未执行数码照片管理办法或有弄虚作假问题的扣 0.5 分；主题不明确、数量不足、未按要求分类整理、不规范或不满足要求，每处扣 0.1 分	

（续表）

序号	标准内容	规定分值	评分细则	备注
6	工程工艺管理	8.0		
6.1	主要材料出厂资料及试验资料、隐蔽工程验收记录、工程质量验评记录、安全检验资料及主要功能检查记录应资料齐全，规范保存	2.0	相关资料每缺少一份扣0.5分	
6.2	应保证施工现场混凝土表面平整、边角顺直，砌体墙面平整、灰缝平直，墙面、楼面、地面平整，线缝平直、美观	2.0	混凝土表面不平整、边角不顺直，砌体墙面不平整、灰缝不平直，墙面、楼面、地面不平整，线缝不平直、不美观，每处扣0.5分	
6.3	屋面防水应符合规范，无积水、渗水情况；内外装饰、安装施工应做到质量可靠、工艺美观并符合设计要求；室内外照明及管线、器具等应符合设计要求；设备安装应规范、美观；火灾报警、消防系统安装应规范并符合设计要求	2.0	每发现一处不符合要求的扣0.5分	
6.4	施工过程措施应到位、技术规范且不出现违反施工规范的现象	2.0	施工过程措施不到位、技术不规范，违反施工规范现象，每处扣0.5分	
合计	总得分为各项内容所得分之和			

第三章 物业安全管理

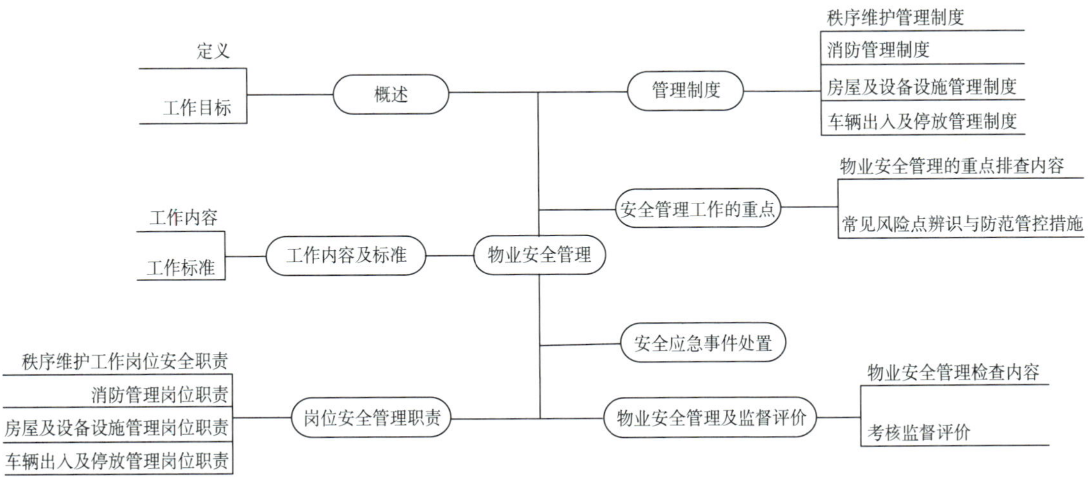

第一节 概述

一、定义

物业的安全管理是指后勤服务企业采取各种措施和手段，保障业主的人身和财产安全，维护正常的生活和工作秩序的一种管理工作。其主要工作内容包含服务区域内的秩序维护管理、消防管理、房屋及设备设施管理以及车辆出入及停放管理。

物业安全管理包括“防”与“保”两个方面，“防”是预防灾害性、伤害性事故发生；“保”是通过各种措施对万一发生的事故进行妥善处理。“防”是防灾，“保”是减灾。两者相辅相成，缺一不可。

二、工作目标

1. 保障业主单位正常的工作、生活秩序

通过维护业主单位工作、生活和交通秩序，保证业主单位有一个良好的秩序环境以及业主有一个安全舒适的工作、生活氛围。

2. 保障业主单位人身及财产安全

通过物业安全管理各项工作的落实，防止业主单位被盗以及工作人员人身受到外来侵害，防范火灾，减少或杜绝业主单位治安案件以及消防事故发生。

3. 保障设备、设施正常运转

通过房屋设备与设施管理的策划、措施的制定、方法的实施等，保证设备、设施的正常运营，为业主创造良好的办公环境；加强设备、设施日常巡检和安全管理，指导业主正确使用相关设备、设施，保证业主办公及使用安全。

4. 实现房屋设备、设施保值、增值目标

根据房屋设备、设施特性及要求进行科学养护，延长业主的房屋设备、设施使用年限；加强维修成本管理、维修资金和维修定额管理，合理安排开支，降低维修成本；开展技术和管理创新，提升房屋设备、设施健康水平，实现保值、增值。

5. 实现绿色低碳化管理目标

加强设备、设施科学管理，合理安排设备、设施运行方式，降低能源消耗，强化设备、设施日常保养，杜绝跑、冒、滴、漏；严格按照相关标准和规范，对运行、检修过程中产生的废弃物进行科学处置，防止发生二次污染。

第二节　物业安全管理工作内容及标准

一、工作内容

1. 秩序维护

秩序维护是指后勤服务企业采取各种措施和手段，保护业主和使用人的人身、财产安全，维持正常工作和秩序的管理活动。秩序维护的主要内容包括出入管理、安全巡查、车辆停放、钥匙和门禁管理、安防监控、治安事件应急处置等。

2. 消防管理

消防管理是指后勤服务企业采取有效措施，防止火灾发生，以及在火灾发生时采取应急措施，以最大限度地减少火灾损失的管理活动。消防管理主要内容包括防火巡查、防火检查、消防器具管理、消防监控以及消防应急处置。

3. 房屋及设备设施管理

房屋及设备设施管理是指后勤服务企业根据物业服务合同的约定，对物业设备、设施的使用、维修、保养、运行及更新实施的管理。其目的是确保设备设施的完好率和正常使用，实现资产的保值、增值，最大限度地满足业主和使用人对设备、设施使用的需要。房屋及设备设施管理的主要内容包括房屋维修和设备设施运行维修。

4. 车辆出入及停放管理

车辆出入及停放管理是指对物业区域内车辆出入进行管理，并对物业区域内车辆交通进行疏导、车辆停放检查等。

二、工作标准

(一) 秩序维护工作标准

1. 熟练掌握业主/物业使用人的基本情况，主要包括：姓名、楼号、座号等。

2. 熟练掌握各种报警、监控、对讲、电梯、电脑及电子门锁等设施、设备的操作规程。

3. 按规定进行巡逻，善于发现可疑人员，并能及时正确处理各种突发事件，无业主被盗、被抢案件发生。

4. 工作环境整洁，各种表格、记录完好无缺；不因失职出现业主/物业使用人被盗、被抢等治安及刑事案件。

5. 登记有效证件每人次不超过 60 秒钟，不出现失误。

6. 及时发现和消灭火灾隐患，不因失职而出现火灾事故。

7. 接到业主/使用人的报警应在 3 分钟内赶到现场并报告上级。

8. 处理各种违章时应文明礼貌、及时有效，不许与业主或使用人、客人发生争吵、打架等不文明行为。

9. 不许损坏业主/使用人的私有财产。

10. 不出现公共设施久坏失修、“长明灯”、垃圾堆积等现象。

(二) 消防管理工作标准

1. 熟悉消防法律法规。

2. 掌握消防安全职责、制度、操作规程、灭火和应急疏散预案。

3. 掌握本单位、本岗位的火灾危险性和防火措施。

4. 熟练掌握有关消防设施、器材的操作使用方法。

5. 出现火灾能迅速报警、能够扑救初起火灾、能够组织人员疏散逃生。

6. 消防的各种设施、设备必须确保完好、有效，定期进行测试。

7. 消防自动报警装置每年组织检查测试 1～2 次，自动灭火喷淋管道每年排放污水 1 次。

8. 消防水泵每月自动或手动启动检测 1 次。

9. 消防总控制联动系统每年会同工程人员启动运行检查 1 次。

10. 消火栓每月放水检查 1 次，各部位水带箱中的水带和水枪每季度检查 1 次。

11. 放置在各部位的灭火器按规定期限更换药剂。

(三) 房屋及设备设施管理工作标准

1. 房屋本体建筑安全。

2. 设备设施正常、安全运行，满足业主、使用人的正常使用需求。

3. 设备设施技术资料齐全，满足设备技改、大修资料需求。

4. 房屋及设备设施巡视检查记录齐全、完整、清晰。

5. 房屋及设备设施维修、改造档案资料完整、清晰。

(四) 车辆出入及停放工作标准

1. 保障物业区域内交通畅通、有序，不出现交通堵塞的现象。

2. 确保挡车器常态处于关闭状态，如遇蓝牙扫描故障，能迅速安全开启挡车器。

3. 熟练掌握车主的姓名、楼号、体貌特征等。

4. 车辆停放有序，不出现乱停、乱放车辆的情况。

5. 车场、车库设施设备完好无损，照明良好，不因看管不力而出现车辆损坏、交通事故、丢失车辆等事件。

第三节　岗位安全管理职责

一、秩序维护工作岗位安全职责

1. 秩序维护经理（主管）岗位职责

（1）制订安防、消防的工作计划与目标，并组织实施。

（2）开展日常的检查、指导、监督、考核工作。

（3）加强队伍建设，掌握队员的思想状态。

（4）制订秩序维护员的业务培训计划，定期组织员工培训。

（5）组织安全检查、训练、演习工作。

（6）熟悉和掌握服务区内安防、消防设施、设备的性能与操作。

（7）按照上级规定管好警用器材。

（8）参与服务区内事故的调查与处理工作。

（9）配合安全部门开展相关防控工作。

2. 秩序维护班长岗位职责

（1）主持班组工作，带领和督导全班人员履行岗位职责。

（2）组织召开班务会，及时传达上级指示，并具体落实执行。

（3）协调本班与其他班组之间的工作关系和本班人员之间的关系。

（4）熟悉各岗位的工作职责、任务、程序，掌握各岗位的业务技能。

（5）加强队伍建设，及时了解队员的思想状态，抓好并落实班组的各项培训工作。

（6）处理本班值勤过程中发生的一般性问题。

3. 门卫岗位职责

（1）审核进入人员的出入证件，防止闲杂人员进入管理区域。

（2）熟知服务区内业主的相关办公信息（姓名、职务、办公电话、车牌号）。

（3）熟练使用相关管理系统，为来访人员及车辆做好进、出登记工作。

（4）按规定查验物品、出门证。

（5）协助处理信访接待工作。

（6）详细记录值班中发生的各种情况与处理结果。

（7）负责本岗位区域的环境卫生，确保整洁。

4. 中控室值班员岗位职责

（1）负责区域内的监视工作，发现可疑、不安全迹象及时通知秩序维护员并及时上报。

(2) 按规定检查中控室各系统的运行情况，发现设备故障及时报修。

(3) 做好消防值班记录和交接班手续，处理消防报警及电话接警工作。

(4) 严格执行安保安防控制室管理制度，制止无关人员进入、逗留。

(5) 严格保密监控情况，不得向无关人员泄露监控内容，禁止擅自消除、查阅录像内容或故意调整监控时钟、隐瞒监控情况。

(6) 熟练掌握日常及突发情况下各种问题的处理方法和程序。

(7) 按规定记录工作日志。

(8) 做好中控室环境卫生。

5. 巡逻员岗位职责

(1) 监视服务区内人员、车辆的活动情况，维护服务区秩序，防止事故发生。

(2) 巡查服务区内公共部位设施、设备的完好情况。

(3) 对服务区内的可疑人员、物品进行盘问、检查。

(4) 对服务区内非机动车进行引导，保证停车秩序良好。

(5) 验证和处置服务区域内的火警、匪警。

(6) 回答访客的咨询，必要时为其导向。

(7) 定时巡查，对服务区内违反规定影响正常办公秩序的行为进行劝阻和制止，发现异常情况应立即采取应急措施并及时报告。

(8) 协助处理相关安全秩序问题。

二、消防管理岗位职责

1. 消防安全责任人的职责

法人单位的法定代表人或者非法人单位的主要负责人是单位的消防安全责任人，对本单位的消防安全工作全面负责。单位消防安全责任人应当履行下列消防安全职责：

(1) 贯彻执行消防法规，保障单位消防安全符合规定，掌握本单位的消防安全情况；

(2) 将消防工作与本单位的生产、科研、经营、管理等活动统筹安排，批准实施年度消防工作计划；

(3) 为本单位的消防安全提供必要的经费和组织保障；

(4) 确定逐级消防安全责任，批准实施消防安全制度和保障消防安全的操作规程；

(5) 组织防火检查，督促落实火灾隐患整改，及时处理涉及消防安全的重大问题；

(6) 根据消防法规的规定建立专职消防队、义务消防队；

(7) 组织编制符合本单位实际的灭火和应急疏散预案，并实施演练。

2. 消防安全管理人的职责

单位可以根据需要确定本单位的消防安全管理人。消防安全管理人对单位的消防安全责任人负责，实施和组织落实下列消防安全管理工作：

(1) 拟订年度消防工作计划，组织日常消防安全管理工作；

(2) 组织制定消防安全制度和保障消防安全的操作规程并检查督促其落实；

(3) 拟订消防安全工作的资金投入和组织保障方案；

（4）组织实施防火检查和火灾隐患整改工作；

（5）组织实施对本单位消防设施、灭火器材和消防安全标志的维修保养，确保其完好有效，确保疏散通道和安全出口畅通；

（6）组织管理专职消防队和义务消防队；

（7）在员工中组织开展消防知识、技能的宣传教育和培训，组织灭火和应急疏散预案的实施和演练；

（8）单位消防安全责任人委托的其他消防安全管理工作；

（9）消防安全管理人应当定期向消防安全责任人报告消防安全情况，及时报告涉及消防安全的重大问题。未确定消防安全管理人的单位，消防安全管理工作由单位消防安全责任人负责实施。

3. 消防安全员职责

（1）认真贯彻“预防为主，防消结合”的方针，贯彻落实逐级防火责任制，监督检查执行情况，广泛开展防火安全教育。

（2）按时参加公司组织的卫生、消防检查，并在节假日、重大活动前重点检查，发现隐患及时提出改进措施，责成有关部门消除隐患。

（3）及时发现重大火险隐患，确定重点防火部位。要将重大火险隐患作为重要环境因素加以控制和管理。严格控制明火作业以及生活、生产等用火用电情况。

（4）组织对重点工种、区域、设备设施的防火知识培训。

（5）掌握物业管理区域内生活区、办公区、仓库、原料摆放处等的分布情况做到心中有数。

（6）以预防为主，做好现场的巡查工作，对现场的安全、消防、卫生工作负主要责任。

（7）追查火灾事故原因及责任者，协助领导搞好调查处理工作，及时总结经验教训。

（8）掌握物业管理区域内消防器材、设施的分布、配备情况。负责消防器材的维护保养工作，做到心中有数，配备合理，数量足，有事能用。

（9）清楚并熟练运用公司的应急响应预案。

（10）建立消防设备台账，做到字迹清楚、数据真实可靠。

4. 兼职消防安全员职责

（1）负责各自管理范围的安全管理工作。对安全领导小组负责，落实实施安全生产规章制度。

（2）制定防止伤害、防止火灾、防止职业危害的措施，并对物业管理区域内所属危险岗位、危险设备的安全操作进行监督管理。

（3）常对管理区域内用水、用电、用气、电梯安全运行等进行检查，发现事故隐患及时组织人员处理，重大问题应以书面形式及时上报，一旦发生事故应及时上报公司安全领导小组，并即刻组织现场抢救，参与伤亡事故的调查、处理工作。

（4）协助消防管理人、消防安全员对业主、使用人的安全生产、安全管理做好培训、宣传、教育工作。

（5）就物业区域内施工场地的消防安全情况进行监督。

（6）组织实施防火检查和火灾隐患整改工作。

（7）组织实施本单位消防设施、灭火器材和消防安全标志的维护保养工作，确保其完好有效，确保疏散通道和安全出口畅通。

（8）单位消防安全管理人、消防安全员委托的其他消防安全管理工作。

三、房屋及设备设施管理岗位职责

1. 房屋及设备、设施经理职责

（1）根据后勤服务企业工作计划安排，全面完成设备、设施管理的各项任务。

（2）组织制定房屋设备、设施管理规章制度。

（3）组织制订房屋设备、设施的维修、运行、保养及备品、备件计划。

（4）监督检查考核各项规章制度和工作计划的实施。

（5）负责设备、设施管理的安全工作。

（6）掌握房屋使用状况及主要设备的运行技术状况，发现问题应及时组织处理。

（7）了解员工的技术水平和思想状况，制订培训计划，组织员工开展安全教育、专业技术知识、技能和相关业务培训。

（8）参照基本建设程序和相关规定，组织实施房屋及设备、设施维修工作。

（9）做好相关业务的协调工作。

2. 房屋设施维修主管岗位职责

（1）制订并组织落实房屋设施使用、维修、保养及备品、备件计划。

（2）组织落实房屋设施维修相关规章制度。

（3）组织实施房屋维修工作，做好质量、进度、安全、结算等工作。

（4）熟悉房屋及主要设施的使用状况，发现问题应及时处理。

（5）对房屋设施维修日常工作进行协调、监督、考核。

（6）落实培训计划，开展员工安全教育、专业技术知识、技能和相关业务培训。

（7）遇到紧急突发事件时应协同其他部门共同处理。

（8）配合做好房屋设施维修的技术档案资料管理工作。

（9）配合做好相关业务的协调工作。

3. 设备运行维修主管岗位职责

（1）制订并组织落实设备运行、维修、保养及备品、备件计划。

（2）落实设备管理各项规章制度及工作票签发许可管理。

（3）对设备运行维修工作进行监督、检查和考核。

（4）熟悉设备的运行状况，发现问题及时处理。

（5）落实培训计划，对员工进行安全教育、专业技术知识、技能和相关业务培训。

（6）按规定组织实施设备运行维修工作，做好质量、进度、安全、结算等工作。

（7）遇到紧急突发事件时应协同其他部门共同处理。

（8）配合做好设备运行维修的技术档案资料管理工作。

（9）配合做好相关业务的协调工作。

4. 设备运行维修班长岗位职责

（1）负责所辖范围内设备的运行维修和保养及定期检测工作。

（2）根据后勤服务企业规章制度，带领班组员工做好班组日常管理工作，并做好相应记录。

（3）熟悉设备工作的状态，及时发现设备存在的问题，提出解决方案，配合调查分析和消缺。

（4）开展能耗分析和节能工作。

（5）安排对防护工具定期进行强制性检测，配合对所管辖设备的定期检测。

（6）对员工进行岗位培训、安全教育。

（7）协助相关部门及时处理突发事件。

5. 房屋设施维修班长岗位职责

（1）负责所辖范围内房屋设施的使用、维修和保养及定期检测工作。

（2）根据后勤服务企业规章制度，带领班组员工做好班组日常管理工作，并做好相应记录。

（3）按质量、进度、安全等相关要求做好房屋设施维修工作。

（4）熟悉房屋设施的状态，及时发现存在的问题，提出解决方案，配合调查分析和消缺。

（5）开展能耗分析和节能工作。

（6）对员工进行岗位培训、安全教育。

（7）协助相关部门及时处理突发事件。

6. 值班电工岗位职责

（1）负责所管辖范围内变配电系统的正常运行和使用。

（2）监视所辖区域各路负荷及机房的运行情况。

（3）严格执行交接班制度，不得擅自离岗。

（4）认真填写值班记录。

（5）遵守安全操作规程，防止事故发生。

（6）熟练掌握事故和故障时的紧急处理办法，及时妥善处理隐患或故障。

（7）配合相关部门对设备和工具进行定期检测。

（8）参加岗位培训、安全教育。

（9）做好值班室内环境卫生。

7. 维修电工岗位职责

（1）负责所管辖范围内用电设备的正常运行、使用和维修保养。

（2）按照相关制度和服务流程，及时完成电器设备安装、检修、保养工作，并做好维修、巡检记录。

（3）配合值班电工工作，完成应急维修和保障工作。

（4）遵守安全操作规程，防止事故发生。

（5）配合相关部门，对设备、工具进行定期检测。

（6）参加岗位培训、安全教育。

（7）做好包干区内的卫生。

8. 电梯运行维修工岗位职责

（1）负责所管辖范围内电梯设备的正常运行和维修保养工作。

（2）熟悉电梯操作规程、性能、构造和使用方法。

（3）配合、监督电梯维保单位完成电梯保养任务，并根据合同对外委单位提出考核建议。

（4）配合技术监督部门对电梯进行年检。

（5）遵守安全操作规程，防止事故发生。

（6）及时处理应急停机故障，配合排除故障。

（7）参加岗位培训、安全教育。

9. 弱电运行维修工岗位职责

（1）负责所管辖范围内弱电系统的正常运行和维修保养工作。

（2）及时完成设备运行维修工作，并做好相关记录。

（3）熟悉事故处理程序，遇到突发事件时应协同其他部门及时处理。

（4）执行设备管理制度，协助班组长做好班组日常工作。

（5）遵守安全操作规程，防止事故发生。

（6）配合相关部门，对设备、工具进行定期检测。

（7）参加岗位培训、安全教育。

（8）做好包干区内卫生。

10. 空调、暖通运行维修工岗位职责

（1）负责所管辖范围内空调、暖通设备正常使用、运行、维修和保养工作。

（2）及时完成空调、暖通设备运行维修工作，并做好相关记录。

（3）熟悉事故处理程序，遇到突发事件时应协同其他部门及时处理。

（4）执行设备管理制度，协助班组长做好班组日常工作。

（5）遵守安全操作规程，防止事故发生。

（6）配合相关部门，对设备、工具进行定期检测。

（7）参加岗位培训、安全教育。

（8）做好包干区内卫生。

11. 综合维修工职责（含泥瓦工、木工、油漆工等工种）

（1）负责房屋及附属设施日常维修和养护管理工作。

（2）按质量、进度、安全等相关要求完成房屋设施维修工作，并做好相关记录。

（3）遇到突发事件时配合其他部门及时处理，遇到重大问题及时请示汇报。

（4）配合做好房屋修理相关资料的归档工作。

（5）参加岗位培训、安全教育。

12. 给排水运行维修工岗位职责

（1）负责管辖区域内的给排水系统设备的日常运行、维修、保养工作。

（2）及时完成给排水系统设备运行维修工作，并做好相关记录。

（3）遵守安全操作规程，防止事故发生。

（4）熟悉事故处理程序，遇到突发事件时应协同其他部门及时处理。

（5）参加岗位培训、安全教育。

（6）保持泵房（站）及包干区内的卫生、通风良好。

四、车辆出入及停放管理岗位职责

车辆管理员岗位职责：

（1）检查出入车辆的有效停车证件，引导车辆按车位有序整齐停放。

（2）检查停车场的照明灯具、交通标志、消防设施，发现问题及时报修，及时清理地面障碍物。

（3）按时巡逻，如发现车辆门、窗未关好或车辆漏油、鸣警报等情况，须立即联系车主，跟进处理完毕。

第四节　安全管理制度

一、秩序维护管理制度

（一）出入管理制度

1. 人员出入管理制度

（1）所有人员凭工作证或临时出入证进入。

（2）凡会见业主的来访人员应在门岗接待处与业主联系，取得会见同意后，来访人员凭借有效身份证件登记后方可进入。严禁携带危险物品进入服务区。

（3）门岗接待人员待来访人员离开时须将门禁卡或临时通行证收回。

2. 物品出入管理制度

（1）大宗物品出门，需出具出门许可证。

（2）秩序维护员根据许可证上开具的物品、数量、型号等信息进行核对，无误后签字放行。

（3）外来人员携带物品进入，须进行物品登记查验，确认后方可放行。

（二）安全巡查管理制度

（1）秩序维护员每日定时与不定时对服务区进行安全巡查。

（2）秩序维护员巡查过程要严格按照巡查路线的要求进行。

（3）巡查过程中应做到看、听、闻、摸、记，以确保巡查质量。

（4）巡查过程如发现问题须及时处理。

（5）对服务区内的施工单位进行监管跟进，对野蛮施工或因施工原因影响正常办公秩序的进行协调处理。

（6）巡查需携带相关巡更设施，巡查完毕后及时将巡查数据导出，并备份留存。

（三）对讲机使用管理制度

1. 使用规定

（1）对讲机是秩序维护员用于通信联络的专用工具，必须爱惜使用，不得外借他人。

（2）发现对讲机有损坏或通信失灵，持机人应立即上报，严禁自行拆修。

（3）严格按规定频率使用，严禁乱按或乱调其他频率，禁止转借他人或将天线拆下。

（4）严格按对讲机充电程序充电，以保障电池的性能、寿命和使用效果。

（5）无特殊情况，对讲机不得离身，以防丢失。

（6）交接班时要讲明对讲机使用状况，交接时当场查验，发现损坏或通信失灵，立即报告当值班长。

（7）如发现损坏、丢失，将视情况追究当事人的责任，并予以赔偿。

2. 对话要求

（1）呼方简明扼要地将情况讲清楚。

（2）呼叫对方时首语是“×号呼叫×号，收到后请回答”。

（3）接收方收到后，应回答“×号收到，请讲”。

（4）通话时应使用规范用语，严禁粗言秽语、开玩笑或谈与工作无关的事情。

（5）对重大突发事件应设置专用交流用语，避免因对讲机通话造成人员恐慌。

（四）钥匙、门禁卡管理制度

（1）物业公共区域的门锁钥匙（门禁卡）应统一由安防控制室管理。同时，安防控制室受业主委托，负责物业内部会议室、办公室、设备机房等备用门锁钥匙（门禁卡）的管理。

（2）钥匙（门禁卡）须放在专用钥匙柜中，并做好分类、编号，钥匙柜应设置双锁，柜门钥匙由安保监控人员及当值班长共同保管，不得随意开启。

（3）后勤服务部门及业主因保洁、维修等工作需要临时开门时，应出示相关部门的通知（或工作联系函），由安保人员启用相应钥匙（门禁卡），并做好旁站监督工作。

（4）后勤服务部门及业主因工作需要借用钥匙（门禁卡）时，需填写申请单，并得到归口部门的许可。

（5）紧急情况下（如火灾、漏水）如需动用钥匙（门禁卡）时，安保监控人员应请示当值班长同意方能启用，启用后做好相关记录。

（6）定期做好钥匙（门禁卡）使用档案的汇总、整理，钥匙柜应定期进行检查、盘点，原则上每月 1 次，防止出现遗失和错乱，检查时需 2 人在场。

二、消防管理制度

1. 安防控制室管理制度

（1）安防控制室实行 24 小时值班制度。

（2）安防控制室负责对接到的信息进行综合处理，及时汇报当值班长，由当值班长调度、安排相关人员执行。

（3）安防控制室值班人员负责监控设备的操作，如发现报警信号或可疑情况应第一时间处理；如发现监控设备故障，应立即通知巡逻员加强对盲区的防范，同时通知维修人员维修，并做好相关记录。

（4）调阅录像需报批，查阅人对查阅内容有保密义务。

（5）安防控制中心对钥匙、门禁进行分类整理、统一保管，所有钥匙、门禁须入柜存放，钥匙柜须设置双锁，钥匙由监控人员及当值班长共同保管。

（6）安防控制室值班人员严格遵守保密制度，不得泄露监控内容。

（7）杜绝闲杂人员进入，如因工作需要进入安防控制室，需详细填写登记表，工作完成后不得逗留。

（8）交接班应将交接的设备、物品、交班人、接班人等情况及时、完整、准确地填写于交接登记本。

（9）安防控制室值班期间，严禁吸烟、吃零食、看报纸（杂志）或占用消防电话接打私人电话、利用电脑上网及做其他与工作无关的事。

2. 消防监控室管理制度

（1）消防监控室实行 24 小时值班制度。

（2）消防监控室操作管理人员应持“建（构）筑物消防员职业技能操作证”上岗。

（3）消防监控室操作管理人员应能熟练掌握消防设施、设备操作技能和常见故障处理方法。

（4）消防监控室每班应不少于 2 人值班，严禁脱岗。

（5）消防监控室应密切监控高位消防水箱、消防水池、气压水罐等消防储水设施水量，发现异常及时通知相关人员处理，并做好相关记录。

（6）消防监控室值班人员接到火警信号后，必须立即通知相关工作人员进行确认，如有火情须按火灾应急预案处置。

（7）交接班应将交接的设备、物品、交班人、接班人等情况及时、完整、准确地填写于交接登记本。

（8）消防监控室内人员严禁吸烟、吃零食、看报纸（杂志）、占用消防电话接打私人电话、利用电脑上网及做其他与工作无关的事。

3. 防火巡查制度

（1）防火巡查人员由专职或兼职人员担任。

（2）防火巡查每天最少进行 1 次。

（3）各部门的防火巡查，由各部门组织在岗的防火责任人、员工检查服务区岗位上的消防安全状况和安全操作执行情况。

（4）防火巡查人员应当及时纠正违章行为，妥善处置火灾隐患；无法处置时，应当立即报告。

（5）发现初起火灾应当立即报警，并及时扑救。

（6）防火巡查内容如下：

① 用火、用电有无违章情况；

② 安全出口、疏散通道是否畅通，安全疏散指示标志、应急照明是否完好；

③ 消防设施、器材和消防安全标志是否在位、完整；

④ 常闭式防火门是否处于关闭状态，防火卷帘下是否堆放物品、影响使用；

⑤ 消防安全重点部位的人员在岗、在位情况；

⑥ 其他消防安全情况；

⑦ 防火巡查人员应填写巡查记录，巡查人员及其主管人员应当在巡查记录上签名。

4. 防火检查管理制度

（1）防火检查每周 1 次，重大节日和火灾易发季节应做好对防火重点部位的检查。

（2）各单位必须进行每日防火巡查，值班人员每日防火巡查不少于 4 次。防火巡查主要内容包括有无违章用电、用火情况；安全出口、疏散通道是否畅通，有无上锁和堆放杂物，安全疏散指示标志、应急照明是否完好；常闭式防火门是否处于关闭状态，防火卷帘下是否堆放物品，影响使用；消防设施、器材和消防安全标志是否在位、完整；消防安全重点部位的人员在岗在位情况等。

（3）防火巡查人员发现违章作业（含外包队伍、临时性用工）应及时制止；发现火灾隐患，应及时妥善处置，无法当场处置时应及时报告；发现初起火灾，立即报警并及时扑救。

（4）公众聚集场所在营业结束时，及时对营业现场进行检查，消除遗留火种。

（5）防火巡查应当填写巡查记录，巡查人员及其主管人员应当在巡查记录上签名。

5. 消防器具管理制度

（1）消防器具必须放置在明显、便于取用、不易遭到碰撞的固定地点，并应有统一编号和醒目的存放标志，建立消防器具台账。在室外配置的消防器具，应存放在消防箱内，避免日光暴晒和雨淋。

（2）消防安全标志的设置应按照 GB 15630—1995《消防安全标志设置要求》执行。

（3）灭火器的配置、外观等应按要求每月进行 1 次检查并做好记录。

（4）人员密集的公共场所、锅炉房、地下室等场所配置的灭火器，应每半月进行 1 次检查。

（5）日常巡检发现灭火器被挪动、缺少零部件或灭火器配置场所的使用性质发生变化等情况时，应及时处置。

（6）手提式、推车式干粉、二氧化碳灭火器出厂期满五年强制报废，悬挂式灭火装置维修、报废期限根据有关规定执行。

（7）灭火器有下列情况之一者，必须报废：

① 筒体严重锈蚀（锈蚀面积大于或等于筒体总面积的 1/3，表面产生凹坑）的灭火器；

② 筒体明显变形、机械损伤严重的灭火器；

③ 器头存在裂纹、无泄压机构的灭火器；

④ 没有生产厂名称和出厂年月的（含铭牌脱落，或虽有铭牌，但已看不清生产厂名称或出厂年月钢印无法识别的）灭火器；

⑤ 被火烧过的灭火器。

（8）消防桶、锹、斧等专用工具应按标准配齐，发现锈蚀破损的应及时维护或更换。

（9）配置有正压式消防空气呼吸器的单位，应有《使用、检查、维护保养规程》，并在存放现场有使用程序说明，每年进行 1 次正确使用呼吸器的培训和实际训练。

（10）正压式消防空气呼吸器应每月进行 1 次全面检查和维护，并做好记录。其内容如下：

① 空气瓶避免碰撞、划伤和敲击，应避免高温烘烤和高寒冷冻及阳光下暴晒；

② 空气瓶要按气瓶上规定的标记日期使用，定期进行检验，每 3 年进行 1 次水压试验检验，合格后方可使用；

③ 空气瓶内的空气不能全部用尽，应留有不少于 0.05 兆帕的剩余压力；

④ 瓶头阀拆下维修后重新装上空气瓶时，要经过 28～30 兆帕的气密性检验，合格后方可使用；

⑤ 减压器在使用过程中不要随意拆卸，当安全阀漏气时，应对减压器的镗室压力和安全阀进行重新检验；

⑥ 空气呼吸器不使用时，面罩应放置在包装箱内，存放时不能处于受压状态，并应存放在清洁、干燥的室内，不能受到阳光暴晒和有毒气体及灰尘的侵蚀。

（11）一般情况下严禁拆卸供给阀。出现故障维修时，按原样装好，检验合格后方可使用。

（12）消防过滤式自救呼吸器应定期检查面具各部件是否完好、无损，检查气密情况。面具应储存在干燥、通风、清洁的地方。撕破真空包装袋，视为呼吸器已失效不能再使用，呼吸器储存期为 3 年。

（13）消防器材的管理、使用、维修等必须建立台账，确保相关信息及时完整、准确。

三、房屋及设备设施管理制度

1. 日常巡检制度

（1）设备专业运行维修人员负责管理区域内系统设备的巡检任务。

（2）设备专业运行维修人员每日上班第一个小时为设备巡检时间，除急修外，在此期间一般不得安排其他工作。

（3）巡检时应随身携带常用工具，发现问题应尽早解决，如问题一时无法解决，应及时记录，向班组长和专业管理人员汇报，专业管理人员根据轻重缓急，安排计划，统一处理。

（4）巡检时必须细致认真，做到“看、听、摸、闻、问、测”，仔细检查，不放过任何事故隐患和缺陷。

（5）在巡检过程中，视情况完成设备日常保养，包括清洁、润滑、紧固、调整、防腐等工作，杜绝“跑、冒、滴、漏”现象。

（6）在规定时间内不能全部完成巡检的，可定日分区域进行，但所有设备的检查周期不得影响设施正常运行。

（7）班组长应检查本班组其他运行维修人员的巡检质量。

（8）认真填写巡检记录，按规定履行签字手续。

2. 特别巡检制度

（1）洪水、暴雨、大雪等极端气候造成外部电网断电、波动或其他供电故障，大规模冲击性上访事件、重大接待或其他事件，应组织进行特别巡检。

（2）特别巡检小组由专业主管、管理人员、各班组长及业务骨干组成。

（3）当出现台风、洪水、暴雨、大雪等极端气候时，特别巡检小组对楼宇各露天平台的雨水排水沟管、移动物件、可能坠落物件、幕墙石材、幕墙玻璃、地下室各集水坑水泵及控制箱、各线缆管道出入口、污水处理设施、防洪设施、轻型棚顶等设施进行巡检，同时组织员工对各类器材设备、备品材料、扫雪防滑器材工具进行发放备用。

（4）当出现外部电网断电、波动或其他供电故障时，特别巡检小组对楼宇配电房各供电设备、设施，楼内供、配电设备，精密空调及冷却水供电设备，高层设备，楼宇内大功率用电设备进行特别巡检。

（5）当出现可能涉及严重影响办公区域正常秩序时，特别巡检小组对楼宇内监控设备、报警通信设施设备、楼层各自动门、门禁系统、紧急锁门、电梯等进行特别巡检。

（6）当有重大接待或其他事件时，特别巡检小组对电梯、接待用会议室及设备等进行特别巡检。

（7）特别巡检中发现问题立即组织人员解决。

3. 房屋设施维修管理制度

（1）维修施工按照合同约定或工作计划组织实施。

（2）维修工程应参照基本建设程序和相关规定组织实施，后勤服务企业应验证施工单位资质证书、工商营业执照、企业安全生产许可证、主要管理人员和特殊工种人员证书等。

（3）维修施工单位对工程的施工质量、进度和安全负责。

（4）维修施工单位应当组建施工现场项目管理机构，按项目责任制组织实施，项目主要管理人员一般不得擅自更换。

（5）维修施工单位在施工前应对施工人员进行安全教育与业主签订《安全协议书》并缴纳安全履约保证金，对作业人员进行安全文明施工书面交底，并签字认可。后勤服务企业负责监督管理。

（6）维修施工单位管理人员对施工作业人员进行现场安全培训，监督并实施成品保护。

（7）后勤服务企业按照约定和制度要求监督施工单位落实文明施工措施。

（8）施工现场应落实消防安全责任制，遵守动火、用电、用气、使用易燃易爆材料等各项安全管理制度和操作规程。

（9）安全交底责任人必须对交底内容实施动态检查，及时制止违章作业行为，发现违章作业行为者，应立即制止并停止作业，经教育整改合格后方可重新作业。

（10）发生质量问题或者验收不合格的工程项目或工序，应当及时返修整改，直至验收合格。

（11）工程完成施工应清理现场，并及时撤离相关施工作业机械、材料和人员，做到“工完、料尽、场地清”。

4. 变配电系统运行维修管理制度

（1）变配电房值班室应配备专业运行维修人员值班管理，运行维修人员应持有国家能源监管部门颁发的电工进网作业许可证。

（2）高压电的倒闸操作等较复杂的操作尽可能在白班进行，且尽量不影响正常办公，并通知技术主管、专业工程师、安全管理人员等到场监督指导操作。

（3）任何供电事故必须立即采取相应措施，以缩小事故范围，并及时、如实、准确地向上级有关部门进行汇报，尽快恢复供电。

（4）凡遇高压开关跳闸，必须尽快检查负荷异常情况，可见的开关、电缆及电缆头接触情况，变压器、电容器、电流互感器等设备状态，并将检查结果汇报给上级有关部门并做好相关记录。

（5）运行维修人员应熟悉所管设备的供电区域。遇到全面停电、采用临时自备发电送电时应有明确的预案，优先给因断电而可能发生严重事故的设备供电。

（6）开关室、变压器和发电机室等供电设备及室内环境必须保持清洁、干燥，有渗水、漏雨现象必须及时汇报，尽早修复。

（7）变配电房停送电应严格遵照 GB 26860—2011《电力安全工作规程　发电厂和变电站电气部分》，按倒闸操作制度进行。

（8）变配电房的巡视要做到“一看、二闻、三测温”，观察各种设备、仪表和指示灯是否正常和有无异常，发现问题要及时查明原因，立即处理解决。

（9）严禁将食品带进变配电房内，防止小动物进入而威胁供电设备的安全运行。

（10）配电房设备巡视维护检查工作，应遵守以下规定：

① 单独巡视维护时不得移开或越过遮拦进入设有遮拦的高压设备。

② 巡视维护高压设备时，不得进行任何其他操作。

③ 高温季节重点检查变压器温度是否超过规定值、通风冷却设备是否正常。

④ 大雨时检查门窗、屋顶、墙壁有无漏、渗水现象。

⑤ 冬季重点检查防止小动物进入室内的措施有无缺陷。

⑥ 雷击后检查绝缘设备有无闪络痕迹，检查保护器的动作情况，并将动作情况填入专用记录簿。

⑦ 备用设备、新设备、设备检修投入运行后，检查有无异声、接点是否有发热现象。

⑧ 高峰负荷期间重点检查各路负荷是否超过规定值。

（11）保持室内整洁、干净，防止尘埃积聚而引起放电现象，造成短路。

（12）检查变配电房各类消防设施、设备是否完好有效，防火封堵是否完好，值班人员能正确使用灭火器具和灭火设备，遵守在电气设备上进行灭火时的安全规定。

（13）电气设备应按规定期限，由相关有资质单位进行预防性电气试验，试验报告均应妥善保管。

（14）每半月对应急发电机进行 1 次例行保养，并试运行，记录有关参数。

（15）定期检查排烟系统是否畅通，排风、送风扇是否完好，风道是否畅通，机房照明灯及应急灯是否完好有效。

（16）发电设备维保单位定期检查电池液位，如液位不够，应加电解液、测量比重、及时充电，并做好记录；定期拆洗滤清器，检查机油的油质情况；定期更换水箱的冷却水，测量发电机的绝缘电阻。

（17）维保单位人员维修时必须由相关人员全程跟踪监护，直至设备完成修理、调试并投入使用，运行维修人员做好相关记录。

5. 设备机房运行维修管理制度

（1）机房及机房内设备、设施由该系统设备运行维修人员进行日常管理。

(2) 无权限人员不得入内，其他人员进入机房须经上级批准，由相关人员陪同入内并办理好出入登记手续。

(3) 严格执行机房巡检制度，认真填写巡检记录。

(4) 当发现异常或事故时，按参照预案进行处置，并上报主管，做好相关记录。

(5) 维保单位检修设备，必须由相关人员全程跟踪监护。

(6) 未经培训的人员不得触动操作机房内各系统设备设施。

(7) 在机房内不得大声喧哗，不得使用机房内系统控制电脑，不得接用临时电器设备。会议机房未经许可不得打印、刻录会议内容，严禁向外泄露会议内容。

(8) 运行维修人员在交接班前应将交代的事项总结在交接班记录本内，并整理好各项记录，交接清楚。

(9) 接班人员因故未到，交班人员应坚守岗位，并立即报告上级领导，听候安排。

(10) 接班人员应听取交班人的介绍，按交班的具体内容、规定的巡视路线进行检查、巡视；接班人员在接班时产生疑问，应向交班人询问清楚，并重新巡视确认。

(11) 发生故障时，不得交接班，应在检修工作完毕、事故处理结束后进行交接班。

(12) 交接班工作必须交、接两清，在交接班记录本上签字完成交接工作。

(13) 机房内保持良好的照明、通风、温度、湿度要求及良好卫生状态，设备、地面、墙壁无积尘、水渍、油渍，机房内不得堆放杂物。

(14) 机房内消防设施和防火封堵应完好、有效，配有相应灭火器，机房内严禁烟火。

(15) 变配电房要符合“四防一通风”(防火、防雨雪、防汛、防小动物侵入及保持良好通风) 要求。

(16) 机房内应急照明设施完好有效，防止小动物进入的设施完好有效。

(17) 二次供水机房内的生活水箱、水池的检查孔应加锁，钥匙由值班人员管理。

(18) 机房内运行维修人员图片、操作运行证件、健康证（二次供水)、各项管理规章制度及规程应上墙，并悬挂整齐。

6. 锅炉设备运行维修管理制度

(1) 直热、蒸汽、蓄热锅炉设备由专业运行维修人员（持证）对该系统进行操作、巡查、维护、记录、管理，并协调、配合维保单位对系统实施维护保养。

(2) 直热、蒸汽、蓄热锅炉设备运行前应检查供电、供水炉体、水泵及锅炉安全附件等系统是否正常。

(3) 检查控制系统、显示数据是否正常，在确保无异常的情况下，逐组投送加热器电源，并根据气温调整设备运行状态。

(4) 运行时定时检查水位计、温度计、压力表等指示是否正常。

(5) 运行时定时检查设备电动、手动阀门运行是否正常，有无“跑、冒、滴、漏”现象。

(6) 蒸汽锅炉运行中注意锅炉和软水箱水位，使其保持在正常水位的范围内，不得在高于最高安全水位或低于最低安全水位时运行，检查锅炉补水泵是否运行正常。

(7) 直热、蒸汽、蓄热锅炉设备发生故障时，必须判断故障原因，必要时切断加热电源，组织检查维修，并立即通知维保单位处理。

（8）直热、蒸汽、蓄热锅炉设备停用时应组织保养，检查炉体、加热组件、控制系统、水泵、管道及控制阀门，适时外送相关部门校验安全阀、压力表等安全附件。

7. 空调、暖通系统运行维修管理制度

（1）冰蓄冷空调系统

① 设备专业运行维修人员负责冰蓄冷设备、各类水泵、风机盘管、变风量机组、管道阀门等的操作、巡查、维护保养、记录、管理，配合维保单位对系统实施维护保养工作。

② 运行维修人员应在冰蓄冷设备启动后注意观察各处压力、温度、电流声响、振动是否正常，检查上、下位机指示与各控制柜的指示是否正常，检查水泵、管道接头和阀门有无“跑、冒、滴、漏”现象，按照润滑“五定”（定点、定质、定量、定期、定人）要求加注润滑油脂，每两小时抄表 1 次，做好相应记录。

③ 运行维修人员应根据气温变化及负荷情况，适时调节空调出水温度，达到节能目的。

④ 运行维修人员配合维保单位按设备维修保养计划进行维修保养，对维修保养情况做好相应记录。

⑤ 设备如发生故障应立即组织处理，如不能自行处理解决，应立即通知维保单位处理。

（2）中央空调冷水机组

① 开机运行时巡回检查所有运行设备，如发现异响、异味、“跑、冒、滴、漏”等异常现象应及时处理，按照润滑“五定”要求加注润滑油脂，做好相应记录。

② 每两小时巡视观察冷水机组运行参数，发现偏差应及时处理，根据具体情况及时调整机组设定温度及辅助设备，以满足用户需求，并尽量使机组经济运行，减少能源浪费。

③ 春、秋换季保养时，做好冷冻水泵、冷却水泵、过滤器、各类阀门等的保养、清洗工作。

（3）中央空调冷冻水、冷却水系统

① 中央空调水系统由有资质的专业水处理厂家进行维护保养，设备专业运行维修人员配合。

② 专业水处理厂家每月进行 1 次现场检查冷冻水（蒸汽锅炉每周 3 次）、取样化验分析，并提供水质监测报告；每月进行 2 次对冷却水取样分析，根据每月水质取样分析结果不定期对冷冻水、冷却水进行加药、保养处理，添加阻垢剂、缓蚀剂、杀菌灭藻剂，指导对冷却水系统进行排污处理。

③ 不定期对锅炉水、蓄冰槽水进行水质分析，根据分析结果提出处理意见，并进行相应处理。

（4）中央空调冷却塔

① 设备专业运行维修人员负责中央空调冷却塔的操作、巡查、维保、记录、管理，配合维保单位对系统实施维护保养工作。

② 运行维修人员定期对风机轴承、电机轴承加注润滑油脂，并调整润滑电动机座螺

栓，检查风机转动是否有阻碍。

③ 每年检测电动机绝缘 1 次，对冷却塔钢架构件、管道阀门等进行 1 次油漆保养工作。

④ 每半年清理 1 次水过滤器，检查并调整风机传动带张力。

⑤ 每月检查设备运行状况，清理进风罩、风机、进风导流板、换热器、冷水盘上的所有碎渣、树叶和灰尘等。

⑥ 每周检查补水阀运行状况，检查设备是否有异常的噪声或振动，检查风机轴承座，检查电动机电压和电流。

⑦ 每日检查冷却塔的运行水位，如有必要，调节补水阀，检查浮球控制的补水阀，确保补水阀能自由动作。

⑧ 冬季运行时，定期检查集水盘，确保电加热正常有效，检查各类管道的保温层是否完好。

⑨ 若冬季不使用冷却塔设备，应排放冷却水以防管道冻裂，做好相关保养，及时做好相应记录。

（5）中央空调末端设备

① 设备专业运行维修人员负责中央空调末端设备的操作、巡查、维护保养、记录、管理，配合维保单位对系统实施维护保养工作。

② 每年 1～2 次（视系统水质情况）拆洗全部水过滤器，每季抽检末端水过滤器，发现堵塞现象，需全部拆卸清洗，并重新检查水质。

③ 每年 2 次检查中央空调新风机组风机、风机盘管叶轮的腐蚀情况，清扫叶轮表面，检查电动机的振动及噪声。

④ 每年 2 次检查中央空调新风机组、风机盘管冷凝水积水盘，并清洗干净，疏通冷凝下水管道。

⑤ 每月清洗中央空调新风机组过滤网 1 次，除去表面污垢、积灰，必要时进行消毒处理。

⑥ 每月检查各种手动阀门、电动调节阀运行状态以及有无渗漏现象。

⑦ 按照“五定”要求给轴承加注润滑油脂，每周检查调整风机传动皮带。

⑧ 每年 2 次清除加湿膜积垢，必要时采用化学除垢清洗。

⑨ 做好各类相关记录。

（6）机房精密空调

① 设备专业运行维修人员负责精密空调的操作、巡查、维护保养、记录、管理，配合维保单位对系统实施维护保养工作。

② 定期检查温度、湿度传感器的工作状态，定期检查压缩机噪声、振动及发热等情况，注意管道有无结霜现象，检查风扇及电动机工作情况。

③ 定期检查空调室外机组冷凝器是否清洁，检查冷凝器的翅片有无变形、破损等状况，检查风扇运行时是否有异常噪声及振动。

④ 定期检查蒸发器翅片盘管是否清洁、膨胀阀是否有结霜的现象出现以及蒸发器排水系统是否畅通。

⑤ 定期检查加湿系统上水和排水电磁阀的工作情况，检查蒸汽加湿状况。

⑥ 定期清洗冷凝器、蒸发器的翅片。

⑦ 定期检查冷却水压力差，适时清洗水冷精密空调冷却水过滤器。

⑧ 定期检查空气过滤器状况，根据现场情况安排清洗或更换。

⑨ 按照设备润滑“五定”要求给相关轴承加注润滑油脂，做好空调设备的清洁卫生工作。

⑩ 配合维保单位对精密空调设备实施定期检查及维保工作，发现隐患及时处理，做好相关记录。

⑪ 如遇报警立即检查故障指示及代码，并分析报警原因，及时排除故障。

（7）分体（VRV）空调

① 设备专业运行维修人员负责分体（VRV）空调的操作、巡查、维护保养、记录、管理，配合维保单位对系统实施维护保养工作。

② 如遇报警立即检查故障指示及代码，并分析报警原因，及时排除故障。

③ 定期检查温度、湿度传感器的工作状态。

④ 定期检查压缩机噪声、振动及发热等情况，注意管道有无结霜现象。

⑤ 定期检查空调室外机组冷凝器是否清洁，检查冷凝器的翅片有无变形、破损等状况，检查风扇运行时是否有异常噪声及振动。

⑥ 检查蒸发器翅片盘管是否清洁，膨胀阀是否有结霜的现象出现，以及蒸发器排水系统是否畅通。

⑦ 定期清洗冷凝器、蒸发器的翅片，定期检查清洗空气过滤网状况。

⑧ 定期检查室外机安装支架是否牢固。

⑨ 做好空调设备的清洁卫生工作。

⑩ 配合维保单位对分体（VRV）空调实施定期检查及维护保养工作，发现隐患及时处理，做好相关记录。

8. 消防控制室设备运行维修管理制度

（1）设备运行人员负责消防控制室内火灾自动报警与控制系统、消防广播等消防设备的日常运行管理，维修人员负责对该系统实施维护保养并协调、配合维保单位对该系统实施维护保养工作。

（2）火灾自动报警与控制系统、消防广播等消防设备维修后必须恢复原来状态，不得随意更改原器件、线路，维修过程记录在案。

（3）火灾自动报警与控制系统、消防广播等消防设备的主机不得装入、使用其他无关软件及用于其他工作。

（4）火灾自动报警与控制系统、消防广播等安防设备的故障维修一般不超过 8 小时，若遇超时无法解决的故障，应将故障原因、解决时间上报并限期解决。

（5）凡是夜间发生的、不影响业主生活工作的、不会产生严重后果的火灾自动报警与控制系统、消防广播等安防设备故障，可以由白班运行维修人员维修解决。

（6）设备运行维修人员定期检查火灾自动报警与控制系统、消防广播等消防设备，发现故障及时处理，无法解决时应立即联系设备维保单位处理解决。

（7）维保单位人员维修时必须由相关人员全程跟踪监护，直至设备完成修理、调试并投入使用。

（8）设备人员每月配合维保单位检查火灾自动报警与控制系统、消防广播等相关设备，发现隐患及时处理，并做好相关记录。

9. 消防设备运行维修管理制度

（1）火灾自动报警与控制系统、气体灭火系统、喷淋系统、消火栓系统防排烟系统、正压送风系统、防火卷帘门装置等消防系统设备，应由经过专门培训的设备运行维修人员负责对该系统实施维保，并协调、配合消防维保单位对该系统实施维护保养。

（2）设备运行维修人员定时对各消防系统设备进行巡检，发现故障应立即协调消防维保单位检查处理，做好相关记录。

（3）设备运行维修人员定期对消防供水管道、湿式报警阀、稳压泵、喷淋头、消火栓箱、灭火剂储存容器、选择阀、液体单向阀、高压软管、集流管、阀驱动装置、管网与喷嘴等部件进行外观检查，上述部件不得有机械损伤，表面应无锈蚀，保护涂层应完好，铭牌应清晰，手动操作装置的防护罩、铅封和安全标志应完好，做好相关记录。

（4）设备运行维修人员定期对火灾自动报警与控制系统主机、声光报警、消防喷淋水泵、湿式报警阀、正压送风装置、防排烟系统、防火卷帘门等消防设备进行启动、运行试验，做好相关记录。

（5）设备运行维修人员定期检查气体灭火系统气体存储钢瓶及启动钢瓶的压力（不应小于设计储存压力的 90%），低于规定压力时立即联系维保单位进行填充或更换，做好相关记录。

（6）设备运行维修人员定期清除烟感、温感等传感器内灰尘，检查、清理喷淋头及气体喷嘴，做好相关记录。

（7）消防系统须按照规定要求，由消防维保单位人员和设备运行维修人员共同进行定期检查、试验，发现故障立刻处理解决，做好相关记录。

（8）消防系统须按照规定要求，定期由消防维保单位人员、设备专业相关人员和设备运行维修人员共同进行消防系统的联动试验，发现故障应立刻处理解决，做好相关记录。

（9）消防系统应聘请专业消防检测机构进行消防系统的检测，并出具正式检测报告。

（10）各消防系统设备维修后必须恢复原来状态，不得随意更改原器件、线路，维修过程记录在案。

（11）消防维保单位人员维修时必须由相关人员全程跟踪监护，直至设备完成修理、调试并投入使用。

（12）消防系统设备的主机不得进行其他工作，不得装入和使用其他无关软件。

（13）各楼层应急灯、疏散指示灯应完好、有效，不得私自拆除、移位和取用。

10. 安防系统运行维修管理制度

（1）设备运行维修人员负责该系统的巡查及维护保养工作，并协调、配合维保单位对该系统实施维护保养。

（2）巡更、周界报警等安防系统应由经过专门培训的人员负责使用、管理和维护，无关人员不得随意触动。

（3）巡更、周界报警等安防系统主机不得进行其他工作，不得装入和使用其他无关软件。

（4）运维人员应熟悉巡更报警系统的报警信号、各报警点位置之间的对应编排及巡更路线，按时进行报警点布防和撤防工作。

（5）设备运行维修人员定期检查巡更、周界报警等安防系统主机、末端机构，发现故障应及时处理，无法解决立即联系设备维保单位处理解决。

（6）维保单位人员维修时必须由相关人员全程跟踪监护，直至设备完成修理、调试并投入使用。

（7）设备运行维修人员每月配合维保单位检查相关设备，发现隐患应及时处理，并做好相关记录。

11. 楼宇自控系统运行维修管理制度

（1）楼宇自控系统由设备运行维修人员负责日常运行管理，设备运行维修人员负责对该系统的数据传输、直接数字控制（DDC）箱、传感器和末端控制装置等实施巡查及维护保养，并协调、配合维保单位对该系统实施维护保养。

（2）楼宇自控系统应由经过专门训练培训的人员负责使用、管理和维护，无关人员不得随意触动。

（3）楼宇自控系统主机不得进行其他工作，不得装入和使用其他无关软件。

（4）设备运行维修人员定时检查系统各功能模块的运行情况，检查系统自检报警提示情况，发现故障及时通报设备维保单位进行检查和维修。

（5）设备运行维修人员定时检查楼宇自控系统的 DDC 箱、传感器及末端控制机构，发现故障应及时处理，无法解决时应立即联系设备维保单位处理解决。

（6）维保单位人员维修时必须由相关人员全程跟踪监护，直至设备完成修理、调试并投入使用。

（7）设备运行维修人员每月配合维保单位检查楼宇自控系统及数据传输、DDC 箱、传感器和末端控制装置等相关设备，发现隐患应及时处理，并做好相关记录。

12. 给排水设备运行维修管理制度

（1）设备运行维修人员负责给排水设备、设施的运行操作、巡查监控、维保单位的操作跟踪及维修保养。

（2）操作人员必须定期体检并持有卫生防疫部门颁发的“健康证”。

（3）设备专业技术主管负责给排水设备的综合管理包括技术资料、档案的收集、保管，维保单位的联系，水池（箱）的定期清洗，水质的检验，拟定、发布停水通知，负责提供与市政自来水管网同水质的自来水。

（4）设备运行维修人员应在给排水设备启动、运行时，检查水压、电流声响、振动及水泵控制柜的各类指示。

（5）各生活水泵、冲洗泵、消防泵、喷淋泵、稳压泵及污水处理设施应置于自动状态。

（6）设备运行维修人员按照润滑“五定”要求加注润滑油脂。

（7）各主用设备和备用设备每月轮换 1 次。

（8）消防泵、喷淋泵每月进行启动试验（之前须经电气测绝缘合格后方可进行试泵）。

（9）二次供水系统每年至少清洗 1 次。

（10）清洗专业公司必须有相应的法人资格、营业执照和有关部门颁发的资质证书，清洗人员必须持有卫生防疫部门颁发的“健康证”。

（11）设备运行维修人员负责跟踪监护并记录清洗、消毒二次供水系统的全过程。

（12）清洗完成后由疾病预防控制中心按要求抽取水样、检测，并出具“水质检测报告”，交档案资料室存档。

（13）在特殊、恶劣天气及洪涝灾害时期加大巡检密度，极端情况下关闭污水总进水阀门，暂停使用。

（14）污水井、雨水井等因堵塞造成排水不畅、漫水时，工程专业维保人员应立即组织疏通。

（15）屋面天沟、大楼周围排水明沟及窨井每季进行检查、清理及疏通。

（16）污水处理设施每季进行 1 次清渣。

（17）定期从污水处理设施出水口提取水样，送环保相关部门检测，“水质检测报告”交档案资料室存档。

（18）做好相关检查、保养及维修记录。

13. 电梯运行维修管理制度

（1）设备运行维修人员负责电梯日常运行、巡查，发现问题应及时处理或联络电梯维保单位处理；督促电梯维保单位定期进行维修保养；督促电梯维保单位联系电梯年检、年审；维保人员必须经技术监督部门的培训并持证上岗。

（2）维保单位负责电梯的维修保养工作，及时处理电梯故障，确保电梯的各项技术性能，保障电梯安全、高效运行，按合同要求对电梯做周、月、季、年检查和保养，详细记录维护保养情况。

（3）安保专业负责监控电梯的运行状况，实行电梯 24 小时运行监控，同时通过视频监控观察轿厢内状况，如发现乘客吸烟、哄闹、打斗或损坏电梯部件等情况，用对讲电话及时制止，严禁易燃、易爆等危险品和超长超重等物品进入电梯，记录每班运行情况。

（4）严禁电梯超载运行，严禁客梯运送货物。

（5）如电梯发生故障困人，监控室值班人员用对讲电话安慰被困人员并迅速通知相关维保人员，相关维保人员应在接报后最短时间内到达现场，按照《电梯困人应急处理程序》执行。

（6）当电梯发生故障时，维保单位维修人员应在接报后 20 分钟内到达现场并投入维修。

（7）电梯机房内设备仅能由相关维保人员、电梯维保单位专业人员操作。

（8）电梯机房通风良好，机房温度应保持在 5～40℃，消防器材配备齐全，照明灯具完善，应急灯具有效，盘车工具和楼层匹配表挂于显著位置。

（9）每周对电梯机房、轿厢进行 1 次全面清洁。

（10）非专职或非指定人员不准动用货运电梯（升降吊篮）；货运电梯运行时除拉料人

员，其他人员一律不准乘坐；升降吊篮除运送生产物料外，不准载人。

（11）货运电梯（升降吊篮）由专业维保单位负责维保工作。

（12）料车进出轿厢（吊篮）做到勿碰门壁，运行时井道/轿厢（吊篮）门必须关闭。

（13）货运电梯载重量不准超过额定标准。

（14）轿厢顶（吊篮顶）上部除电梯固有设备外，不得放置他物，不允许利用轿顶（吊篮顶）装运长物件。

（15）上班前做好检查试运行，轿厢（吊篮）上、下停层安全保险装置必须完好；应急开关供检查或维修时使用，平时不准动用。

（16）轿厢（吊篮）内保持清洁卫生。

14. 停车管理系统及立体车库运行维修管理制度

（1）设备运行维修人员负责停车场管理系统及立体车库的日常操作管理，负责日常检查维护，并协调配合维保单位对该系统实施维护保养工作。

（2）操作人员需经过专业技术及安全技术培训，熟悉系统操作和设置，严格按系统操作说明书进行操作，防止不当操作造成系统主机和软件损坏；立体车库操作人员在取得技术质量监督部门颁发的相关资格证书后，方能上岗操作，无关人员不得随意触动设备。

（3）停车管理系统主机不得进行其他工作，不得装入和使用其他无关软件。

（4）立体车库设备运行时，操作人员应监视操作过程，不得离开操作现场，严格执行立体车库交接班制度。

（5）设备运行维修人员每天对系统、立体车库进行检查和维护，做好日常巡检记录。

（6）设备运行维修人员每月配合维保单位检查停车管理系统设备和立体车库，发现隐患应及时处理，并做好相关记录。

（7）停车场管理系统设备、立体车库出现故障后，设备运行维修人员应及时检查维修，无法解决的故障应立即通知维保单位。

（8）维保单位人员维修时必须由相关人员全程跟踪监护，直至设备完成修理、调试并投入使用。

（9）立体车库设备由专人负责安全管理工作。

（10）立体车库内严禁烟火，不得进行车辆维修、清洁等作业，停放的车辆不得携带易燃、易爆等危险品，车库内不得有人员逗留、堆放杂物。

（11）立体车库内消防器材应配备齐全，保持车库内的清洁，各项管理规章制度、规程及警示牌齐全、上墙，并悬挂整齐。

（12）未经技术质量监督行政部门颁发相关合格证书，立体车库严禁投入使用。

15. 音、视频设备运行维修管理制度

（1）音、视频设备由弱电专业运行维修人员负责维护操作、巡检、维护记录及管理，按要求进行相应的维护保养及清洁卫生工作。

（2）无关人员不得触碰音、视频设备或进行操作。

（3）每日上班后（无会议时）对会议室内音、视频设备进行开机检查，确保会议设备随时处于完好状态；同时检查室内环境，包括灯光照明、空调新风装饰装修、会议桌椅、

会场卫生等，发现问题应及时处理或报修。

（4）定期检查楼层会议室音响，投影仪，室内外视频显示屏等设备，并做简单保养。

（5）设备运行维修人员每月配合维保单位检查音、视频设备，发现隐患应及时处理，并做好相关记录。

（6）对检查中发现存在故障的设备，应及时更换备件或调换备用设备，同时与维保单位联系进行修理。

（7）维保单位人员维修时必须由相关人员全程跟踪监护，直至设备完成修理、调试并投入使用。

（8）各种规格和长度转接插件及线缆要分类摆放，以保证需要时可立即取用。

（9）每月配合维保单位检查音、视频设备，发现隐患应及时处理，并做好相关记录。

16. 工器具使用管理制度

（1）员工正式上岗时，由员工根据工种填写“领料单”，经部门主管批准后，领取1套个人使用工具。

（2）工具属公共财产，严禁用作私人用途，不得私自借与他人使用；个人所领用、借用的工具遗失、损坏应当按规定赔偿。

（3）爱惜工具，应该按照使用功能合理使用工具，不得乱扔、乱放、乱丢。

（4）使用仪器、仪表应注意其特性指标，轻拿、轻放，防止损坏。

（5）工具每次使用后应及时清点，以防遗失，并保持清洁，分门别类摆放整齐。

（6）公用工具借用时须在“工具借用登记表”上按有关规定做好登记，原则上当天借用应当天归还，特殊情况需经有关领导批准。

（7）对于大型的工具、设备，使用前应认真检查，不得带故障隐患使用，使用时严格执行操作规程，确保安全。

（8）公用工具使用完毕应进行检查，保持清洁，归还原处，摆放整齐。

（9）对有持证操作要求的工具（如电焊机、气焊等），应由持相关操作证人员负责按有关操作程序使用。

（10）公用工具应定期按照相关要求进行保养。

17. 备品、备件库管理制度

（1）设备、设施的备品、备件应设置专门仓库放置。

（2）仓库应建立相应台账和物料卡片，每月对备品、备件进行1次盘点，做到账、卡、物一致。

（3）仓库内备品、备件均需按不同类别、性能、特点和用途分类存放、标识。

（4）所有备品、备件入库必须由仓库管理人员和采购人员共同确认，名称、数量不一致及不合格物品不予入库。

（5）备品、备件领用凭“领料单”办理物品的出库手续。

（6）仓库内保持干净、整洁、干燥、通风，充分做好防潮、防水、防破损等措施。

（7）仓库内严禁烟火，必须配置相应消防器材。

（8）仓库须定期检查，做到备品、备件整齐、整洁、摆放合理、标识清晰；各项管理规章制度、规程应上墙，并悬挂整齐；库内无其他无关物品。

四、车辆出入及停放管理制度

1. 地下停车库管理制度

（1）车辆进出车库，应关闭远光灯，禁止鸣笛，限速 5 公里/小时。

（2）车辆应停放在车位内，不得占用公共通道或他人车位，应避让公共设施、障碍物和其他车辆，防止划伤、碰伤车辆。

（3）车库车位设计停放的车辆为家用、商用小型车辆，车辆高度不得超过 2 米。禁止超长超高大型车辆及货运卡车进入车库。

（4）车辆应及时清洁，不洁车辆不得入库，漏油和严重污染车辆不得进入车库。

（5）地下车库禁止洗车、修车、学车、练车和试刹车，严禁无证驾驶。

（6）车库内不允许有危害公共卫生的行为，禁止倾倒垃圾和有毒物品，严格控制噪声源。

（7）车库内严禁烟火，进入车库不得携带易燃易爆、有毒有害和放射性物品。进出车库时要严格按车库规定路线行驶，不得堵挡道路和车辆出入口。

（8）车主自行负责车辆安全及车内物品的安全，妥善保管车钥匙、车辆证件，车内不放现金和贵重物品。离开时应关好车窗玻璃，锁好车门及车锁同时开启车辆防盗装置。

（9）不能改变车库车位的使用用途，不能占用公共部位和公共设施，不准在车位上搭建安装原有设施以外的设施。

（10）车库出入口为单行道，须按指示驶入、驶出。人员要走相近的行人通道，严禁走机动车坡道。在地下车库通行时应靠右行走，注意行驶车辆，保证安全。

（11）未成年儿童不得进入地下车库，家长应承担教育监管责任，如因未成年儿童进入车库而发生伤害及致他人车辆或公共设施设备损坏的，由家长承担责任。

（12）要支持配合物业服务提供企业对物业提供的维修服务，接受物业服务提供企业执行物业管理制度的合理合法行为。

2. 机动车辆出入、停放制度

（1）所有机动车辆需凭车辆出入证进入，按指定位置停放。

（2）外来车辆原则上禁止进入服务区域，如因工作需要必须进入的，在得到业主的接见许可后，办理停车手续并停放到指定区域。

（3）所有车辆进入服务区禁止鸣笛，不得违规停车。

（4）需在拐弯处设置指示标识，定期对道路标识进行检查，发现缺损应及时报修。

第五节　安全管理工作的重点

一、物业安全管理的重点排查内容

物业安全管理重点排查内容为秩序管理安全排查、消防安全排查、房屋及设备设施安全排查、车辆出入及停放安全排查。

1. 秩序维护重点排查内容

秩序维护排查主要从安全宣传教育、人员管控、重点区域防恐、应急预案等方面进行，重点排查内容及检查要点见表3-1所列。

表3-1 秩序维护重点排查内容及要点

序号	检查项目	检查要点	发现问题	整改措施
1	安全宣传教育	加强安全工作教育动员，充分利用各种宣传渠道，组织安全知识讲座		
		教育培训使员工掌握内保基本常识，不断提高安全意识和防范能力		
2	人员管控	加强对安保人员背景审查，防止可疑人员上岗		
		严格规定胸卡佩戴规范，保安严格核对胸卡有效性		
		严格执行访客登记、电话与被访者确认、签字核对进出时间制度		
		督促项目责任人对项目组人员落实执行项目组文明办公规定和岗位消防安全责任		
		公共区域有保安人员巡更，调通、信通部分机房有人值守		
3	重点区域防恐	电子巡查系统配置使用情况（即系统信息采集点或巡查点装置牢固和隐蔽地安装在重点部位及巡查路线上，监控中心应具有对巡查时间、地点、人员和顺序等数据显示、存储、查询和打印）		
		调度室和各机房安装门禁系统，权限只对部门内部工作人员开放，进出随手关门，保安定期巡查		
		重点部位入口处配置消防器材、应急灯、毛巾、口罩、空气呼吸器等，主要出入口处配置防尾随装置		
4	应急预案	建立反恐应急预案，根据人员变动及时调整各级应急领导小组，健全完善组织机构		
		应急队伍、应急物资、装备配备情况		
		定期组织开展反恐怖防范应急演练		

2. 消防管理重点排查内容

消防管理排查主要从安全宣传教育、义务消防队伍建设、安全疏散通道、消防系统设备、应急预案等方面进行，重点排查内容及检查要点见表3-2所列。

表3-2 消防管理重点排查内容及要点

序号	检查项目	检查要点	发现问题	整改措施
1	安全宣传教育	举办消防安全知识讲座、挂横幅、张贴标语或LED屏幕滚动发布等，宣传做好消防安全工作的意义和要求		
		员工掌握消防基本常识，做到“三懂”“三会”（即懂本岗位的火灾危险性、懂消防安全措施、懂灭火方法；会正确报火警、会扑救初期火灾、会组织人员疏散），特别是对新入职的员工，及时开展消防安全教育，坚持消防安全培训不合格不得上岗，不断提高全员安全意识和防范能力		
		单位深化“四个能力”建设情况（即检查消除火灾隐患能力；扑救初期火灾能力；组织疏散逃生能力；消防宣传教育能力）		
2	义务消防队伍建设	成立一支有组织、有纪律、服从命令、听从指挥、消防技术过硬的义务消防队伍		
		定期组织培训，加强消防知识学习		
		熟悉本单位的平面和立体建筑结构，水、电源、消防器材装备布局		
		熟悉本区域的防火、灭火、人员安全疏散方案		
3	安全疏散通道	保证疏散通道、安全出口畅通，不得将安全出口上锁或堵塞及堆放杂物		
		安全疏散指示标志、应急照明设置规范，无损坏		
		消防车道畅通，不在消防车道上停放车辆，妨碍消防车通行		
4	消防系统设备	消控中心、水泵房、电房等各类安全设施完好		
		电器设备、线路完好，消防电源（发电机）状态完好		
		消防控制中心24小时值班制度，操作员经培训持证上岗，能熟练操作，有每日值班登记、消控设备运行情况登记、消防公司每月检测记录和维保记录，消防控制设备不得设置密码		

（续表）

序号	检查项目	检查要点	发现问题	整改措施
		消防系统设备维护保养的承包单位资格的审查，具有消防系统维护保养的经验、所需的设备及技术力量		
		安全出口处的防火门应向疏散方向开启，事故照明灯装在距地面 50 厘米的墙上，不定期对疏散指示标志、应急照明设施进行检查，火灾自动报警系统和自动喷水灭火系统定期检查和维护，确保其完好有效，并做记录		
		建立消防设备日常巡查制度，做好日常的检查和记录		
		火灾自动报警系统（探测器，手报装置，消防电话，消防控制室对室内消火栓系统控制、对自动喷水灭火系统的控制、对防烟排烟控制、对应急广播控制、对电梯迫降控制、对气体灭火系统控制、对非消防电源控制）		
		自动喷水灭火系统（消防水箱、喷淋泵、喷头、接合器）；室内消火栓系统（消火栓、接合器、消防泵）；防火分隔（防火墙、防火卷帘）		
		安全疏散与消防电梯（疏散楼梯/疏散出口、前室、消防电梯、疏散走道）		
		室外消火栓，消防水源（消防水池、取水设施），排烟系统（排烟口、风机、报警联动排烟机）		
		正压送风系统（风口、风机、报警联动送风机、防烟楼梯间风压、前室风压）		
		气体灭火系统（喷头、贮瓶设施、防护区、手动启停装置）		
		灭火器（铅封完好；压力表指针在绿色区域；定期检查记录）		
5	应急预案	建立灭火和消防应急疏散预案，根据人员变动及时调整各级应急领导小组，健全完善组织机构		
		定期组织实地灭火和应急疏散演练		

3. 房屋及设备设施管理重点排查内容

房屋及设备设施管理排查主要从电梯系统设备、空调暖通系统设备、锅炉设备、电气系统设备、防雷系统设备、排污泵、户外设备等方面进行，重点排查内容及检查要点见表 3 - 3 所列。

表 3－3　房屋及设备设施管理重点排查内容及要点

序号	检查项目	检查要点	发现问题	整改措施
1	电梯系统设备	电梯轿厢内张贴《安全检验合格》《保养单位服务热线》《电梯安全使用守则》，严禁使用超过有效期的电梯		
		建立健全特种设备安全管理制度，从事电梯作业人员及相关管理人员经特种设备安全监督管理部门考核合格，取得国家统一格式的特种作业人员证书		
		建立电梯安全技术档案，一梯一档		
		建立电梯三角钥匙管理制度，由专人管理		
		建立电梯日常巡查制度，做好日常的检查和记录		
		委托有电梯保养资格的厂家或厂家委托的有电梯保养资格的公司进行电梯保养，电梯一般每 15 天检修保养一次，每年年检 1 次		
		机房应有气体类灭火器（一台梯配备一个或以上）		
		建立电梯事故应急救援预案		
2	空调暖通系统设备	委托有保养资格的厂家进行设备保养		
		按月、季、半年、年周期对空调机、风冷冷凝器、压缩机、加湿器部分、电气控制部分等设备进行定期检查		
		空调外机要安装在离窗户较远的地方，空调机周围不得堆放易燃物品，窗帘不能搭在挂式空调机上；空调必须使用专门的电源插座和线路，不能与照明或其他家用电器合用电源线；空调要安装一次性熔断保护器		
		空调使用寿命一般为 10～12 年，超龄服役危害大，对于老空调机，应请专业人员检查，查看线路是否老化；定期清洗冷凝器、蒸发器、过滤网、换热器，擦除灰尘，防止散热器堵塞		
3	锅炉设备	由专业运行维修人员（持证）对系统进行操作、巡查、维护、记录、管理，并协调配合维保单位定期对系统实施维护保养		
		设备运行时定时检查水位计、温度计、压力表、补水泵以及电动、手动阀门运行正常，无“跑、冒、滴、漏”现象		

（续表）

序号	检查项目	检查要点	发现问题	整改措施
4	电气系统设备	电气系统设备保养必须严格依照《电力建设安全工作规程》《电气设备安全操作、维护规程》《电力建设施工及验收技术规范》以及电工工作人员的安全职责等执行		
		日常做好电气设备的巡查，定期对电气设备检修及试验，确保设备正常运行		
		紧急情况的应急方案及现场处理流程，备用电源自动投入装置		
5	防雷系统设备	办公调度大楼的防雷装置安全检测周期是否到期		
		如即将到期是否提前做好向相关防雷装置安全检测机构提出定期检测的工作		
6	排污泵	转换开关处于自动位置		
		转换开关自动起停、完好可用		
		控制柜上锁，电源正常，状态指示灯正常完好		
		水流向标识正确		
		排水管是否严重锈蚀，是否有孔洞、破裂		
		止回阀功能正常		
		泵启动后，积水坑内污水能顺利排出		
7	户外设备	线缆进出管孔洞封堵完好，是否存在雨水倒灌		
		换气、通风设施是否存在雨水进入损坏设备的风险		
		各类电箱牢固并关闭，车棚和垃圾桶牢固		
		对办公区域立式灯箱、旗杆、屋顶广告等户外广告设施、高空易坠牌匾、楼顶花盆等堆放物、房屋破旧空调外机、遮阳雨棚、水塔等户外设施进行检查，确保安全、牢固		
		重要设备房及水浸风险大的场所（如电梯前室、地下室入口、设备房门口、屋面）存放足够的沙袋等挡水物资，或铺设挡水坎		

4. 车辆出入及停放管理重点排查内容

车辆出入及停放管理排查主要从车辆管控方面进行，重点排查内容及检查要点见表3－4所列。

表3－4　车辆出入及停放管理重点排查内容及要点

序号	检查项目	检查要点	发现问题	整改措施
1	车辆管控	严格管控地下车库停放秩序		
		地面停车区域的车辆应具有同意停放的标识牌，否则不予停放		
		严格管控访客车辆，访客车辆停放在来访登记处口缓冲区，来访人员登记、发卡后，车辆进入来访车辆停放区，保安人员登记发放临时停车证，车辆凭临时停车证出门		
		货车进出须打开车厢检查后放行，物品核对出门条无误后放行		
		严格管控地下车库停放秩序		

二、常见风险点辨识及防范管控措施

1. 秩序维护风险点辨识及防范管控措施

秩序维护安全管理工作风险点主要存在于人员、物品、车辆出入检查，防盗、防爆、防恐，安全保卫及巡逻，重点区域安防管理等方面，具体辨识及防范管控措施见表3－5所列。

表3－5　秩序维护风险点辨识及防范管控措施表

序号	工作内容	风险分析	防控措施
1	人员出入	1. 来访人员未登记	1. 建立来客来访人员联系登记制度，来客来访人员凭有效证件示明身份，述明所访部门、人员及事由，然后由门岗或接待员电话联系相关部门及受访人员，在征得同意后方可办理进入手续； 2. 在特殊时期及重要时间节点、重大活动、会议接待期间来客来访人员要由受访部门派专人到门卫室接领； 3. 将生产、办公区人员出入管理列入保安人员履职考核细则； 4. 对身份不明、叙述不清来访事由的人员，门岗在严禁其进入的同时，要及时向保安工作负责人进行报告

（续表）

序号	工作内容	风险分析	防控措施
		2. 因各类纠纷而产生的外来人员滋事、上访等安全事件	1. 对因纠纷发生的人员寻衅滋事行为，安保人员在制止其违法行为的同时，立即向驻地公安机关报警，由公安机关负责处置； 2. 对群体上访事件的处理在及时与信访部门联系的同时，要向管片公安部门通报情况，安保人员负责做好现场秩序维护； 3. 对于单位内部发现影响安全与稳定的线索、信息要逐级向主管部门领导汇报，提前做好预控措施的准备工作，严禁事态激化； 4. 稳定上访者情绪并立即向职能部门和单位领导实时汇报现场情况，维护好现场秩序
2	物品出入检查	1. 员工携带物品进出未登记	1. 制定物品出入管理制度，员工非随身携带的个人物品，要填写“物品带离单”由其工作所在部门负责人签字并加盖公章后安保负责人签字交门岗查验； 2. 门岗根据“物品带离单”所填写物品名称、数量，经查验无误后留单放行，每日班后应将“物品带离单”交回安保主管部门，以便存档备查
		2. 外来人员携带工具、器械等物品进出未登记	1. 外来人员主要泛指合同维保项目内及工程施工、临修人员，其携带的工器具及备品、备件等物品，在进入生产、办公场所时，要列详细物品清单，由门岗按所列工器具名称、数量与实物比对无误后放行，同时，当值门岗应在清单上签字确认； 2. 当所承接项目完成后，外来人员需携带工器具离场时，项目甲方责任部门应在原物品清单上由负责人签注意见并加盖公章，当值门岗应凭原始清单对物品名称、数量与实物进行查验，并在清单上签字放行，物品清单班后交安保主管部门存档备查； 3. 在特殊时期及重要时间节点，如重大活动、会议、接待期间，对进入生产、办公的包装封闭物品，无论是职工还是外来人员携带必须经门岗开箱（包）进行危险源检查
3	防盗、防爆和防恐等	1. 未建立防盗、防爆和防恐等安全组织体系及制度	1. 建立完善的治安安全防控制度，建立防爆（燃）危险化学物品进入生产、办公区安全检查制度，建立防爆（恐）事件应急方案及应急程序； 2. 按照安全防控工作“四同时”的原则，制订年度员工培训计划，按时按期组织员工进行安全教育学习

（续表）

序号	工作内容	风险分析	防控措施
		2. 安全应急预案落实不到位	1. 每年组织全体保安人员进行至少 1 次以上的治安（防恐）突发事件应急处置演练，通过演练获取治安（防恐）应急预案的修订依据，通过理论—实践—再理论—再实践的过程，确保各项应急预案的制定科学、合理、实用
		3. 未开展防盗、防爆和防恐日常安全检查	1. 制订年度治安防恐工作培训计划并落实计划的完成，提升全体员工居安思危的全防范意识； 2. 对治安、反恐安防工作落实到具体部门，具体工作责任落实到人，建立部门内部的履职考核机制并落实签订多级年度员工安全工作目标考核责任书； 3. 按照驻地公安机关反恐等级标准，配备齐全符合反恐要求的器材、装备和应急处置备勤人员； 4. 在特殊时期、重要时间节点上，提升治安（防恐）等级标准，加大安保人员巡逻、检查、备勤力度，满足单位内部的治安（防恐）预控及各类突发事件应急处置要求
4	安保巡逻	1. 巡逻不到位	1. 建立完善的安保巡逻检查制度并分白班、夜班、节假日、特殊日期、重要节点、重大会议、重要活动、接待期间的巡逻检查时间、线路、重点做出明确规定； 2. 建立电子巡更系统，将巡逻检查中发现可疑动态、安全隐患能及时通过画面传回主控室； 3. 每班安保巡逻检查人数 2 人或 2 人以上； 4. 利用巡更系统，合理布置巡更点
		2. 巡逻发现问题处理不及时	1. 建立完善责任考核机制，对履职能力差的安保人员进行处罚； 2. 实行安全责任连带机制，发生因巡逻检查不到位引发安全后果问题时，要分别对当值安保人员、代班班长、安保工作负责人予以追责； 3. 保安人员巡视与中控室监控同时进行此项工作
		3. 巡逻记录填写不规范	1. 明确巡逻记录填写监管职责，当值安保人员作为填写人，带班安保人员作为监管人，双方均应在巡逻记录上签字； 2. 落实巡逻记录督查责任制，安保工作负责人为巡逻记录检查人，发现记录填写不清、不规范、有空缺将追究检查人责任

（续表）

序号	工作内容	风险分析	防控措施
5	重点区域安防管理	1. 重点区域物防不到位，无安全门和安全窗等设施	1. 对单位内部确定的重点要害部门（位）按公安机关安防要求，建立档案并由分管公安机关进行每年一审； 2. 按照技防、物防、人防的安防管理要求，必须配置“三铁一器”并列为安全巡检重点
		2. 重点区域监控有死角及覆盖不全面	1. 对确定的重点要害部门（位）确保视频监控全覆盖无死角，同时要安装红外线入侵报警系统； 2. 在监控系统管理上设置系统设防后的入侵视频画面弹出并进行报警程序； 3. 重点要害部门（位）视频探头全部为无补充光源的高清摄像头； 4. 如果重点区域视频监控损坏，立即委派保安人员临时接管对重点区域的蹲守，直至视频监控恢复功能后方可撤离保安人员
		3. 人员随便进出重点区域	1. 对因生产、工作需要进出重点要害部门（位）的人员实行出入授权管理； 2. 严格实行人员授权手续办理程序； 3. 在确定的重点要害部门（位）内部至少设立 2 名以上的部门安全员，负责对出入人员实行动态监管

2. 消防管理风险点辨识及防范管控措施

消防管理风险点主要存在于建筑物本体消防安全、消防安全检查、重点防火部位管理、动火管理、易燃易爆品管理、消防器材管理等方面，具体辨识及防范管控措施见表 3-6 所列。

表 3-6　消防管理风险点辨识及防范管控措施表

序号	工作内容	风险分析	防控措施
1	建筑物本体消防安全	1. 消防管理制度不健全	1. 建立健全消防管理制度； 2. 建立健全消防安全责任制； 3. 建立健全消防安全操作规程； 4. 建立健全消防教育培训制度； 5. 建立健全消防设施设备的定期维护制度；

（续表）

序号	工作内容	风险分析	防控措施
			6. 建立健全火灾应急预案； 7. 建立健全防火检查、巡查制度； 8. 建立健全消防安全疏散设施管理制度； 9. 建立健全消防（控制室）值班制度； 10. 建立健全火灾隐患整改制度； 11. 建立健全专职（志愿）消防队的组织管理制度； 12. 建立健全消防安全工作考评和奖惩制度
		2. 未明确单位消防安全管理人	1. 根据需要确定单位消防安全管理人，具体负责管理单位的消防安全工作，消防安全管理人对本单位消防安全责任人负责，并组织实施和落实相关工作，定期向消防安全责任人报告消防安全情况，及时报告涉及消防安全的重大问题； 2. 未确定消防安全管理人的单位，要由单位消防安全责任人负责实施消防安全管理工作
		3. 未成立义务消防队伍	1. 成立一支有组织、有纪律、服从命令、听从指挥、消防技术过硬的义务消防队伍； 2. 定期组织培训，加强消防知识学习； 3. 熟悉本建筑的平面和立体建筑结构，以及水、电源、消防器材装备布局； 4. 熟悉本区域的防火、灭火、人员安全疏散方案
		4. 安全疏散设施、通道不畅通	1. 疏散楼梯、安全出口数量、疏散楼梯间设置形式应符合标准，避难层不得堆放杂物或擅自改变用途； 2. 疏散走道、安全出口、疏散楼梯的宽度应符合要求，不得占用、堵塞、封闭疏散通道、安全出口； 3. 应急照明、疏散指示标志和楼层指示标识的设置位置、数量、照度应符合标准； 4. 疏散走道内部装修材料应符合标准； 5. 消防电梯设置应符合要求
2	消防安全检查	1. 消防安全检查制度不完善	1. 建立消防设备日常巡查制度，做好日常的检查和记录； 2. 建立防火巡查制度、防火检查制度、火灾隐患整改制度、电源管理制度； 3. 火灾自动报警系统和自动喷水灭火系统定期检查和维护，确保其完好有效，并做记录

（续表）

序号	工作内容	风险分析	防控措施
		2. 消防安全检查不到位	1. 火灾隐患的整改情况以及防范措施的落实情况； 2. 安全疏散通道、疏散指示标志、应急照明和安全出口情况； 3. 消防车通道、消防水源情况； 4. 灭火器材配置及有效情况； 5. 用火、用电有无违章情况； 6 消防安全重点部位的管理情况； 7. 易燃、易爆危险物品和场所的防火防爆措施落实情况，以及其他重要物资的防火安全情况； 8. 消防（控制室）值班情况和设施运行、记录情况； 9. 防火巡查情况； 10. 消防安全标志的设置情况和完好、有效情况
3	重点防火部位管理	重点防火部位管理不规范	1. 落实消防安全责任制，明确重点防火部位和防火责任人； 2. 定期对员工进行消防宣传教育； 3. 定期组织防火检查，及时消除火灾隐患； 4. 保障疏散通道和安全出口的畅通； 5. 建立巡查记录，及时发现和消除火灾隐患； 6. 制定相应的灭火和应急疏散预案； 7. 立牌管理，每个防火重点部位必须设立“消防重点部位”指示牌和“禁止烟火”警告牌和消防安全管理牌，做到“二明确”和“五落实”
4	动火管理	动火作业不规范	1. 禁止在具有发生火灾、爆炸危险的场所吸烟、使用明火； 2. 因施工等特殊情况需要使用明火作业的，应当按照规定事先办理审批手续，采取相应的消防安全措施，作业人员应当遵守消防安全规定； 3. 进行电焊、气焊等具有火灾危险作业的人员和自动消防系统的操作人员，必须持证上岗，并遵守消防安全操作规程
5	易燃易爆品管理	易燃、易爆物品使用不规范	1. 进入生产、储存易燃易爆危险品的场所，必须执行消防安全规定。禁止非法携带易燃易爆危险品进入公共场所或者乘坐公共交通工具； 2. 储存可燃物资仓库的管理，必须执行消防技术标准和管理规定； 3. 确定易燃易爆品和场所的管理责任部门和责任人； 4. 明确危险物品的存储方法和存储数量； 5. 确定具体的防火措施和灭火方法

（续表）

序号	工作内容	风险分析	防控措施
6	消防器材管理	1. 灭火器失效； 2. 灭火器数量配置不符合要求； 3. 灭火器规格类型不符合要求； 4. 灭火器设置位置不符合要求	1. 确保灭火器铅封完好，压力表指针在绿色区域，定期检查记录； 2. 定期检查检测消防设施器材（要求灭火器3年检测1次，每月检查1次，并更换检查标签）； 3. 从事灭火器维修工作的技术、维修操作和检验人员，经考试合格，持证上岗； 4. 按照消防相关法规检查灭火器的配置数量，每个防火分区不少于2具，每个配置点不多于5具； 5. 灭火器的类型要与灭火场所要求的相匹配，同一防火分区不应有不相容的灭火器； 6. 测量灭火器到防火分区最不利点的距离，检查是否满足保护范围
		1. 未建立消防器材和消防设施台账； 2. 消防器材和消防设施台账不健全	1. 建立健全消防器材和消防设施台账； 2. 消防设施、消防器材应定点存放、定人保养、定期检查，并将检查情况记录存档

3. *房屋及设备设施风险点辨识及防范管控措施*

房屋及设备设施风险点主要存在于房屋主体和设施设备的管理方面。具体辨识及防范管控措施参见表3－7和表3－8。

表3－7　房屋主体安全管理风险点辨识及防范管控措施表

序号	工作内容	风险分析	防控措施
1	地基基础	1. 沉降观测数据超过规范要求	1. 定期进行沉降观测； 2. 沉降超过规范时，请有资质的单位检测
		2. 墙体勒脚破损或严重腐蚀脱落	定期检查
2	主体结构	1. 出现非收缩性裂缝	1. 定期巡视； 2. 裂缝大小超过规范时，请有资质的单位检测
		2. 钢筋外漏	定期检查
		3. 梁柱打孔、承重墙开洞	1. 加强管理，原则上禁止梁柱打孔、承重墙开洞； 2. 如有特殊原因需经原建筑设计单位同意后实施
		4. 楼梯踏步缺损	1. 定期巡视； 2. 裂缝大小超过规范时，请有资质的单位检测

（续表）

序号	工作内容	风险分析	防控措施
3	建筑屋面	1. 屋面落水管堵塞	定期检查、清理、疏通
		2. 防水层破坏	1. 加强监管，非上人屋面不允许上人； 2. 上人屋面不允许进行打孔等可能对屋面造成损坏的操作
		3. 采光顶屋面玻璃爆裂	1. 定期巡视； 2. 裂缝大小超过规范时，请有资质的单位检测
		4. 屋面瓦片实用面有缺角、裂缝或小水槽断裂，瓦片 3 张连续搁起	定期检查
		5. 金属屋面锈蚀、渗漏	1. 定期巡视； 2. 定期对钢结构进行防腐保养
4	建筑外立面	1. 铝塑板松动	定期巡视
		2. 幕墙玻璃爆裂	定期巡视
		3. 外立面起鼓	定期巡视
		4. 外墙砖空鼓	定期巡视
		5. 石材有掉落趋势	定期巡视
		6. 雨棚钢结构锈蚀，玻璃爆裂	1. 定期巡视； 2. 定期对钢结构进行防腐保养
5	围墙	1. 围墙开裂、倾斜、风化	定期巡视
		2. 铁艺围栏锈蚀	1. 定期巡视； 2. 定期对钢结构进行防腐保养
		3. 塑钢围栏连接件锈蚀	1. 定期巡视； 2. 定期对钢结构进行防腐保养
6	场坪道路	1. 道路凹陷起拱开裂	定期巡视
		2. 路面井盖损坏缺失	1. 定期巡视； 2. 做好备品备件管理
		3. 减速带损坏	1. 定期巡视； 2. 做好备品备件管理
		4. 路牙石损坏	定期巡视
7	室外附属	1. 喷泉设备漏电	定期进行设备检查
		2. 非机动车车棚钢结构锈蚀	1. 定期巡视； 2. 定期对钢结构进行防腐保养
		3. 非机动车车棚玻璃顶爆裂	定期巡视

（续表）

序号	工作内容	风险分析	防控措施
8	楼地面	1. 石材、瓷砖地面起翘破损	定期巡视
		2. 地毯架空地板松动	定期巡视
		3. 静电地板松动	定期巡视
		4. 塑胶地板起翘	定期巡视
9	墙面	石材、瓷砖墙面装饰材料有脱落趋势	定期巡视
10	隔墙	玻璃隔墙无防撞标识或标识不明显	定期巡视
11	吊顶	1. 吊顶变形、弓凸	定期巡视
		2. 吊顶上的灯具、空调出风口等松动	定期巡视
12	门窗	1. 推拉窗轨道磨损严重	定期检查
		2. 平开窗连接件损坏	定期检查
		3. 电动门失控，防撞标识不明显、漏电	1. 定期检查； 2. 防撞标识清晰； 3. 确保与消防系统联动
		4. 玻璃爆裂	定期巡视
13	栏杆扶手	1. 楼梯栏杆扶手松动缺损、锈蚀	1. 定期检查； 2. 定期防腐
		2. 栏杆扶手间距超出规范标准，栏杆高度低于标准	定期检查
14	白蚁防治	疑似出现白蚁损坏情况	定期消杀
15	门头灯箱宣传栏	结构部分锈蚀	1. 定期巡视； 2. 定期对钢结构进行防腐保养
16	使用功能改变	1. 增加水箱、中央空调主机、冷库等自重较重设备	1. 加强管理，原则上禁止增加水箱、中央空调主机、冷库等自重较重设备； 2. 如果必须增加，由原建筑设计单位进行加固设计，加固施工完成后实施
		2. 普通房间改密集架档案室	1. 加强管理，原则上禁止普通房间改密集架档案室； 2. 如果必须改造，由原建筑设计单位进行加固设计，加固施工完成后实施

表 3－8 设备设施安全管理风险点辨识及防范管控措施表

序号	工作内容	风险分析	防控措施
1	变配电设备	1. 巡视、检查不规范	1. 按规定路线进行巡视，巡视时不得进行任何其他操作，单独巡视时不得移开或越过遮拦进入设有遮拦的高压设备； 2. 做到“一看、二闻、三测温”，观察是否正常和有无异常，“五防”措施是否符合要求，发现问题及时查明原因，立即处理解决； 3. 大雨时检查门窗、顶、墙壁有无漏、渗水现象，集水井排水系统是否正常； 4. 备用设备、新设备、设备检修投入运行后，应检查有无异声、接触点是否有发热现象
		2. 误操作	1. 严格遵守《电业安全工作规程》中有关倒闸操作的相关要求； 2. 根据指令任务填写合格的操作票； 3. 操作中应严肃认真、集中思想，不准闲谈或做与操作无关的事，对命令有疑问时，应及时停止操作，汇报上级部门，待确认无误后再行操作； 4. 操作时应使用合格的并在有效期内安全的工器具。雷电时，一般不进行倒闸操作，禁止就地进行倒闸操作； 5. 单人操作时不得进行登高或登杆操作； 6. 当发生人身触电事故时，可以不经许可，即行断开有关设备的电源，但事后应立即报告调度（或设备运行管理单位）和上级部门； 7. 操作结束后应在操作票上加盖“已执行”章并归档
		3. 触电	1. 严格按照《电业安全工作规程》作业； 2. 电工作业人员要持证上岗，定期开展系统培训并考试合格； 3. 严格执行“两票三制”； 4. 正确安装漏电保护装置，定期进行试跳确保装置完好； 5. 使用合格并在有效期内的安全工器具； 6. 穿戴合格的防护用具
		4. 意外停电	1. 关注停电信息，安排好负荷、转移切换或增设临时供电方案； 2. 编制应急供电方案，确保重要部位供电； 3. 加强设备巡视检查，及时消缺，提高设备可靠性； 4. 对重要部门和场所的用电设置可靠备用电源； 5. 及时通知重要部门和场所的相关停电信息

（续表）

序号	工作内容	风险分析	防控措施
2	防雷及接地	防雷及接地失效	1. 定期进行防雷及接地设施、设备的检查、检测和维护保养； 2. 及时对失效的防雷及接地设施进行修复； 3. 请相关专业单位进行检测，并确定在合格范围内； 4. 雷击后检查绝缘设备有无闪络痕迹，检查保护器的动作情况
3	电梯设备	1. 巡视、检查不规范	1. 电梯安全管理人员负责电梯日常运行巡查，发现问题及时处理或报电梯维保单位处理； 2. 每天做好电梯的检查和试运行工作； 3. 消控室（门卫）应对电梯运行实行 24 小时监控，如发现异常情况，应及时制止。严禁易燃、易爆等危险品和超长超重等物品进入电梯； 4. 严禁电梯超载运行，严禁客梯运送货物； 5. 如电梯发生故障困人，应及时对被困人员进行安慰，并迅速启动《电梯困人应急救援方案》； 6. 电梯机房通风良好、温度合适，消防器材配备齐全，照明灯具完善，应急灯具有效，应急救援工具完好无缺
		2. 设备维护保养不规范	1. 制定相关设备管理制度，不超过 15 天进行一次例行的电梯维护保养； 2. 督促相关外协单位对电梯特种设备进行全面检查、维护保养； 3. 加强对维护保养工作人员培训力度，按期完成维护保养的内容； 4. 维护保养人员必须持证上岗
		3. 设备运行不规范	1. 制定电梯特种设备安全管理运行使用规范，严格按电梯特种设备的相关运行管理制度执行； 2. 制定设备运行的开、停时间； 3. 制定电梯操作运行规范； 4. 加强对电梯使用人员的培训； 5. 严格控制设备房的环境（温度、防尘）要求； 6. 应配备相应的电梯安全管理员； 7. 严禁电梯带故障运行； 8. 加强对电梯设备运行的记录并进行分析，发现问题及时进行消缺

（续表）

序号	工作内容	风险分析	防控措施
		4. 应急救援管理不规范	1. 编制电梯应急救援方案； 2. 组织相关人员定期进行学习、培训和演练； 3. 及时进行总结，提高应急救援的规范性、可靠性和安全性
		5. 电梯使用不规范	1. 制定电梯安全使用规范制度； 2. 在轿厢内张贴电梯安全使用规范； 3. 利用公共媒体、宣传栏内播放、张贴电梯使用规范宣传片、图片等，加强对使用人员的培训、教育； 4. 客货两用梯分开运行
		6. 年检不及时	1. 定期进行年检，并取得特种设备检验合格证； 2. 按每年进行 1 次年检的要求进行年检
4	设备运维	1. 巡视、检查不规范	1. 加强对制冷、制热等主设备、附属设备及相应的末端设备等的巡视、检查； 2. 应在制冷、制热设备启动后注意观察各设备参数是否正常； 3. 定期检查有无“跑、冒、滴、漏”现象，按照润滑“五定”（定点、定质、定量、定期、定人）要求加注润滑油脂； 4. 依照顺序正确掌握主机、冷冻泵、冷却泵、冷却塔风机的开停机顺序； 5. 每年进行一次电机绝缘检测，每半年清理 1 次水过滤器，不定期检查并调整风机传动带张力，每天检查补水阀运行状况； 6. 每年春、秋 2 次检查冷凝水积水盘，并进行疏通、清洗； 7. 每月清洗过滤网 1 次并进行消毒处理； 8. 定期检查电磁阀的工作情况、蒸汽加湿状况，定期清洗冷凝器、蒸发器的翅片； 9. 如遇报警应立即检查故障指示及代码，及时排除故障
		2. 设备维护保养不规范	1. 制定相关设备管理制度，定期对设备进行巡查、检查和维护保养； 2. 加强对设备的运行检查、维护保养和检修工作； 3. 加强对维护保养工作人员进行培训的力度，按期完成维护保养内容

（续表）

序号	工作内容	风险分析	防控措施
		3. 设备运行不规范	1. 严格按相关设备运行管理制度执行； 2. 制定设备操作规范及开、停顺序； 3. 严格控制机房的环境温度； 4. 按照“勤听、勤看、勤摸、勤分析”的四勤要求，加强对设备的巡视、检查，严禁设备带故障运行； 5. 加强对设备运行的数据分析，及时发现问题并进行消缺； 6. 加强对设备运行人员的培训教育
		4. 空气污染	1. 加强对室内空气的监测； 2. 定期清洗过滤网； 3. 开启空气净化系统； 4. 减少与外界的空气交换
		5. 压力容器管理不善	1. 制定压力容器相关管理制度； 2. 操作人员必须取得特种设备操作证； 3. 严格按压力容器的规程制度进行管理和操作； 4. 设备定期进行年检并取得合格证书
5	冰蓄冷空调系统	1. 巡视检查不规范	1. 加强对冰蓄冷设备、附属设备及末端设备的巡视、检查； 2. 应注意在冰蓄冷设备启动后观察各处参数、指示是否正常，检查有无“跑、冒、滴、漏”现象； 3. 按照“勤听、勤看、勤摸、勤分析”的“四勤”要求与规定巡视、检查设备； 4. 设备如发生故障应立即组织处理
		2. 设备维护保养不规范	1. 制定相关设备管理制度，定期对设备进行巡查、检查和维护保养； 2. 督促对设备进行运行检查、维护保养和检修工作； 3. 加强对维护保养人员进行培训，按期完成维护保养内容； 4. 按照润滑“五定”（定点、定质、定量、定期、定人）要求加注润滑油脂
		3. 运行前检查不规范	1. 制冷主机开机前，应在停止运行期间检查各类参数是否正常，并检查主机润滑油油位； 2. 检查控制系统运行参数是否正常； 3. 检查控制柜电源参数指示是否正常，柜内元器件是否正常； 4. 检查冷却塔水位、补水浮球阀等是否正常，电机、风机运行时噪声、温升及振动是否异常； 5. 检查系统各电动阀门是否运行正常； 6. 检查蓄冰槽及蓄冰量等情况

（续表）

序号	工作内容	风险分析	防控措施
		4. 设备运行不规范	1. 制冷系统依照规定启动设备的顺序进行； 2. 根据环境要求及时调整运行参数，正确操作设备规范顺序； 3. 遇有设备故障时，应立即停机； 4. 定期交替使用备用冷冻水泵、冷却水泵、冷却塔
		5. 停机操作不规范	依照设备停机规范顺序操作
6	中央空调主机组	1. 巡视检查不规范	1. 加强对中央空调主机、附属设备及末端设置各巡视、检查管理制度要求； 2. 应在中央空调主机启动后，观察设备各参数是否正常，检查有无“跑、冒、滴、漏”现象； 3. 按照“勤听、勤看、勤摸、勤分析”的“四勤”要求，按照规定对设备进行巡视、检查。发现参数有偏差应及时处理； 4. 设备如发生故障应立即组织抢修
		2. 设备维护保养不规范	1. 制定相关设备管理制度，定期对设备进行巡查、检查和维护保养； 2. 督促对设备进行运行检查、维护保养和检修工作； 3. 按照润滑“五定”（定点、定质、定量、定期、定人）要求加注润滑油脂； 4. 春、秋季两次保养时，做好对冷冻水泵、冷却水泵、过滤器、各类阀门等的保养、清洗工作； 5. 加强对维护保养人员的培训，按期完成维护保养内容
		3. 运行前检查不规范	1. 开机前应检查主机在停止运行期间的参数，检查主机润滑油油位； 2. 检查控制系统运行是否正常； 3. 检查控制柜电源参数指示是否正常，柜内元器件是否正常； 4. 检查冷却塔水位、补水浮球阀等是否正常，电机、风机运行时是否异常； 5. 检查水系统电动阀门是否运行正常，位置是否正确； 6. 检查末端设备状况
		4. 设备运行不规范	1. 规范制冷系统启动顺序操作； 2. 根据环境要求及时调整运行参数，正确操作设备； 3. 如发生设备故障时，应立即投用备用系统，并立即组织抢修； 4. 定期交替使用冷冻水泵、冷却水泵、冷却塔等设备
		5. 停机操作不规范	依照设备的开、停机操作规范顺序进行操作

（续表）

序号	工作内容	风险分析	防控措施
7	中央空调冷冻水、冷却水系统	1. 巡视检查不规范	1. 加强应对中央空调冷冻水、冷却水系统设备和附属设备的巡视、检查； 2. 启动后应注意观察各参数是否正常，检查上下位机指示、各控制柜的指示是否正常，检查水泵、管道接头和阀门有无“跑、冒、滴、漏”现象，按照润滑“五定”（定点、定质、定量、定期、定人）要求加注润滑油脂； 3. 每两小时巡视观察冷冻水、冷却水系统设备运行参数，发现偏差及时处理； 4. 设备如发生故障应立即组织处理，如不能自行处理解决，应立即通知维保单位处理
		2. 设备维护保养不规范	1. 制定相关设备管理制度，定期对设备进行巡查、检查和维护保养； 2. 督促对设备运行检查、维护保养和检修工作； 3. 按照润滑“五定”（定点、定质、定量、定期、定人）要求加注润滑油脂； 4. 春、秋季两次换季保养时，做好冷冻水泵、冷却水泵、过滤器，各类管道，阀门等的保养和清洗工作； 5. 加强对维护保养人员进行培训，按期完成维护保养内容
		3. 运行前检查不规范	1. 主机开机应检查停止运行期间参数，检查主机润滑油油位； 2. 检查控制系统运行参数是否正常； 3. 检查控制柜电源参数指示是否正常，柜内元器件是否正常； 4. 检查冷却塔水位、补水浮球阀等是否正常，电机、风机运行时是否异常； 5. 检查水系统各电动阀门运行是否正常； 6. 检查末端设备状况
		4. 设备运行不规范	1. 按照“勤听、勤看、勤摸、勤分析”的“四勤”要求，按照规定对设备进行巡视、检查； 2. 请专业水处理厂家进行水系统维保； 3. 定期对冷冻水、冷却水取样并进行化验分析，并根据情况进行水处理； 4. 不定期对锅炉水、蓄冰槽水进行水质分析，根据分析结果进行相应的水处理； 5. 遇有设备不能正常运行时，及时调整相关参数。设备故障时，应立即投用备用系统，并及时进行抢修； 6. 定期交替使用冷冻水泵、冷却水泵、冷却塔等主备用设备
		5. 停机操作不规范	依照关机的规定顺序操作

（续表）

序号	工作内容	风险分析	防控措施
8	中央空调冷却塔系统	1. 巡视检查不规范	1. 严格执行对冷却塔系统设备及附属设备的巡视、检查； 2. 定期检查设备运行状况，清理进风罩、风机、进风导流板、换热器、冷水盘上的所有碎渣、树叶和灰尘等； 3. 定期检查补水阀运行状况，参数是否有异常等； 4. 定期检查冷却塔的运行水位，确保补水阀能自由动作； 5. 检查有无“跑、冒、滴、漏”现象，按照润滑“五定”（定点、定质、定量、定期、定人）要求加注润滑油脂； 6. 设备如发生故障应立即组织处理，及时组织抢修
		2. 设备维护保养不规范	1. 制定相关设备管理制度，定期对设备进行巡查、检查和维护保养； 2. 督促对设备进行运行检查、维护保养和检修工作； 3. 应定期对风机轴承、电机轴承加注润滑油脂，润滑电机座，调整螺丝，检查风机转动是否有阻碍； 4. 每年检测电机绝缘，对冷却塔钢架构件、管道阀门等进行防腐保养工作； 5. 定期清理过滤器，检查并调整风机传动带张力； 6. 春、秋季两次保养时，做好设备及附属设施的保养、清洗工作； 7. 加强对维护保养人员的培训，按期完成维护保养内容
		3. 运行前检查不规范	1. 检查冷却塔水位、补水浮球阀等是否正常，设备参数是否异常； 2. 检查冷却水系统各电动阀门是否正常运行； 3. 检查集水盘、管道等过滤器是否堵塞，各类管道的保温是否完好
		4. 设备运行不规范	1. 按照“勤听、勤看、勤摸、勤分析”的“四勤”要求与规定，进行巡视、检查； 2. 请专业水处理厂家进行冷却系统水处理； 3. 每月对冷却水取样分析 2 次，根据分析结果不定期对冷却水进行处理； 4. 遇有设备故障时，应立即组织抢修； 5. 定期交替使用冷却水泵、冷却塔等设备； 6. 冬季运行时，定期检查集水盘，确保电加热正常有效，检查各类管道的保温层是否完好； 7. 若冬季不使用时，应放空冷却水

（续表）

序号	工作内容	风险分析	防控措施
9	中央空调末端设备	1. 巡视检查不规范	1. 加强对末端设备的巡视、检查； 2. 对末端水过滤器进行抽检清洗，并及时处理水质； 3. 定期检查风机、风机盘管叶轮的清扫情况，并检查电机的振动及噪音； 4. 定期检查并清扫冷凝水积水盘； 5. 定期检查手动阀门运行状态，是否有渗漏； 6. 设备如发生故障应立即组织处理
		2. 设备维护保养不规范	1. 制定相关设备管理制度，定期对设备进行巡查、检查和维护保养； 2. 督促对设备运行检查、维护保养和检修工作； 3. 定期拆洗全部水过滤器，并处理水质； 4. 每月 1 次清洗过滤网并进行消毒处理； 5. 按照润滑“五定”（定点、定质、定量、定期、定人）要求给轴承加注润滑油脂，检查并调整风机传动皮带； 6. 定期清除加湿膜积垢； 7. 加强对维护保养人员进行培训，按期完成维护保养内容
10	机房精密空调	1. 巡视检查不规范	1. 加强对精密空调的巡视、检查； 2. 定期检查温度、湿度传感器、风扇、压缩机噪音、振动及发热等情况，管道有无结霜现象； 3. 定期检查冷凝器是否清洁，翅片有无变形、破损等状况，风扇是否有异常噪声及振动； 4. 定期检查蒸发器翅片盘管是否清洁，膨胀阀有无结霜现象，以及蒸发器排水系统是否畅通； 5. 定期检查加湿系统电磁阀的工作情况，检查蒸汽加湿状况； 6. 定期清洗冷凝器、蒸发器的翅片； 7. 定期检查冷却水压力差，适时清洗水冷精密空调冷却水过滤器； 8. 定期检查清洗空气过滤器； 9. 如遇报警情况立即检查故障指示及代码，应及时排除故障
		2. 设备维护保养不规范	1. 制定相关设备管理制度，定期对设备进行巡查、检查和维护保养； 2. 督促对设备进行运行检查、维护保养和检修工作； 3. 按照润滑“五定”（定点、定质、定量、定期、定人）要求给轴承加注润滑油脂，做好清洁卫生工作； 4. 对设备进行定期检查及维保工作，发现隐患应及时处理； 5. 加强对维护保养人员的培训，按期完成维护保养内容

（续表）

序号	工作内容	风险分析	防控措施
11	分体（VRV）空调	定期检查维护不规范	1. 加强对分体（VRV）空调的巡视、检查； 2. 定期检查运行参数是否正常； 3. 定期检查压缩机噪音、振动及发热等情况，注意管道有无结霜现象； 4. 定期检查并清洗冷凝器，检查翅片有无变形、破损等状况，检查风扇是否异常； 5. 检查并清洗蒸发器翅片盘管，注意膨胀阀是否有结霜，排水系统是否畅通； 6. 定期检查安装支架是否牢固； 7. 做好空调设备的清洁卫生工作； 8. 如遇报警情况立即检查故障指示及代码，及时排除故障
12	地下（人防）工程通风设备	1. 开机检查不规范	1. 启动前应检查有无故障记录及设备运行特别提示，并按记录要求执行； 2. 检查电源的电流、电压是否正常，通风阀门是否处于开启状态； 3. 先点动试机，确认风机叶轮旋转方向与箭头指示方向相一致
		2. 运行不规范	1. 启动风机，并观察和检查风机运转情况，确认设备处于完好运行状态，严禁带故障运行； 2. 空调设备启动前，应检查制冷系统、冷却系统、润滑系统，一切正常后，方可开启空调设备；停机时应先停运空调设备，后停运通风机
		3. 巡查、巡检不规范	1. 应定期巡查设备运行情况，包括压力、风量等； 2. 若发现振动、异响、异味、电机过热等异常情况和故障时，应立即组织抢修； 3. 如因自动保护装置动作造成停机，排除故障后，方可再次启动； 4. 设备运行中不得进行检修，对无逆止装置的通风机，停机后应待风道回风消失方可进行检修； 5. 严禁在通风机和通风管上放置或悬挂任何物件
		4. 维护保养不规范	1. 制定相关设备管理制度，定期对设备进行巡查、检查和维护保养； 2. 督促对设备的运行检查、维护保养和检修工作； 3. 按照润滑“五定”（定点、定质、定量、定期、定人）要求给轴承加注润滑油脂，定期检查调整风机传动皮带； 4. 定期做好机房及设备的清洁工作； 5. 加强对维护保养人员的培训，按期完成维护保养内容

（续表）

序号	工作内容	风险分析	防控措施
13	供热采暖设备	1. 运行启动作业不规范	1. 蓄热、直热锅炉设备启动前应阅读前一班运行记录，检查锅炉在停止运行期间压力、温度等显示数据，检查安全组件状况； 2. 检查控制系统运行是否正常，各运行数据显示是否在正常范围内；柜内元件是否正常工作； 3. 检查各水泵、各电动阀门是否运行正常； 4. 检查锅炉设备供水和软化水情况
		2. 设备运行操作不规范	1. 蓄热、直热锅炉设备运行时，按照（勤听、勤看、勤摸、勤分析）“四勤”要求，每 2 小时按规定线路巡查设备，记录各处数据参数； 2. 定期做安全阀排气试验； 3. 停用时，按顺序关闭直热、蓄热锅炉，10 分钟后关闭各水泵； 4. 主备用各循环水泵应定期轮换使用
		3. 空气污染	1. 加强对室内空气的监测； 2. 及时清洗过滤网； 3. 开启空气净化系统； 4. 减少与外界空气交换
14	建筑智能化设备	1. 会议设备运行异常，造成会议不能如期召开	1. 按顺序开启会议设备进行调试； 2. 开启投影机或液晶屏，投放指定会标或视频； 3. 按要求架设（增添）各外接设备、摄像调音设备、音响系统等，并调试到位； 4. 对易损设备如液晶升降屏、投影仪等进行重点检查。确保视频终端完好； 5. 会议设备调试后不得随意改动； 6. 对容易发现故障的设备适当准备备品备件，会议过程中发现故障应及时更换； 7. 会议结束后，关闭投影仪、电脑等视频终端，待投影仪灯泡完全冷却后切断电源，并对电池进行充电
		2. 大屏幕显示及楼宇音响错误、异常	1. 对于显示、播放内容严格执行审批制度； 2. 加强对屏显、音响设备的巡视，检查屏幕、扩音完好度、控制设备运行状态等，对易发现故障的设备适当准备备品备件
		3. 智能灯光照明控制系统无法开启或关闭照明灯	1. 如果只是偶尔出现该现象，那么可以轻微敲击该楼层控制继电器内的模块使其吸合或断开。如果经常出现，则通知维护人员到现场检查； 2. 对易发现故障的设备适当准备备品备件

（续表）

序号	工作内容	风险分析	防控措施
15	给排水设备运维	1. 启动前准备不充分	1. 在启动水泵前，先检查和确认水泵的进、出水阀门是否已经处于打开状态； 2. 检查控制柜电压表、信号灯等仪表指示是否正常； 3. 人工转动水泵轴确保灵活无阻滞，检查水泵机组是否有空气留存
		2. 频繁手动启动	1. 启动水泵的启动按钮，水泵启动时，注意观察启动电流，如果一次不能启动成功，可以再试启动两次，每次应间隔 3 分钟，如果三次未启动成功，停下来查找原因，排除故障后才能再启动； 2. 如果启动成功，水泵运转 5 分钟以上，同时观察运转时电流表指示，确定运转时有无异常情况（如异常声响，异常气味等），并检查运转时水泵漏水是否严重
		3. 设备巡检不到位	1. 检查电机、控制柜有无异常气味，电机温升是否正常，变频器散热通道是否顺畅； 2. 控制面板有无告警指示灯提示，电压表、电流表、压力表指示是否在额定范围内，是否满足供水压力要求； 3. 水池、水箱水位是否正常，闸阀、法兰连接处是否漏水； 4. 主供水管上闸阀的井盖、井裙是否完好，闸阀是否漏水，标识是否清晰；止回阀、浮球阀、液位控制器是否动作可靠； 5. 楼层给水设备、排水设备（含卫生洁具）是否完好无损；临时接驳用水情况是否符合规范、有人管理； 6. 排水井是否有堵塞现象，排水泵是否运转正常，井内是否有垃圾及泥沙等
		4. 设备损坏造成人员伤害	1. 日常巡视着重关注水房、卫生间等给排水设备较为集中的区域的设备完好程度，是否有由漏液造成的地滑、损坏、尖锐等部位；排水井盖是否有丢失、损坏； 2. 发现后，立即将设备隔离、退役、更换
16	停车设施及立体车库	1. 设备运行、操作和现场管理不规范	1. 立体车库设备运行时，操作人员应监视操作全过程，不得离开操作现场； 2. 各类停车场所严禁烟火，室内车库不得进行车辆维修、清洁等作业； 3. 车辆内不得携带易燃、易爆等危险品。驾乘人员不得在立体车库内逗留，堆放杂物； 4. 设施设备出现故障后，应立即通知维修

（续表）

序号	工作内容	风险分析	防控措施
		2. 设备维护保养不到位	制定相关设备管理规程，定期对设备进行巡查、检查、维护保养，并由相关人员全程跟踪监护，直至设备完成修理、调试并投入使用
		3. 年检不及时、不合格	1. 未经技术质量监督行政部门颁发相关合格证书的立体车库严禁投入使用； 2. 立体车库每两年进行 1 次年检； 3. 购买立体车库必要的车损险或责任险
		4. 消防管理不到位	1. 制定相关消防管理制度，加强消防巡查； 2. 按规定配置相应的消防设备和消防器材； 3. 定期对消防设施、设备进行检查、维护保养； 4. 每年对消防设施进行 1 次年度检测； 5. 配备相应的义务消防员，并于每年组织不少于 1 次的消防演练

4. 车辆出入及停放风险点辨识及防范管控措施

车辆出入及停放风险点主要存在于车辆出入、停放管理和停车设施及立体车库管理。具体辨识及防范管控措施参见表 3－9。

表 3－9　车辆出入及停放风险点辨识及防范管控措施表

序号	工作内容	风险分析	防控措施
1	车辆出入、停放管理	1. 车辆出入未登记	1. 出入生产办公区的车辆一律凭授权经牌照电子识别系统识别放行，并由保安人员监督按位停放； 2. 特殊时期及重要时间节点设置电动阻车器防止强行冲卡； 3. 重要来宾车辆进入，事前接待部门凭“工作联络单”告知综合服务中心并注明来宾车辆数、车型、牌照号、大约进入时间等内容，由综合服务中心通知门岗放行； 4. 在对保安人员履职考核细则中明确对车辆出入、停放的考核标准； 5. 利用视频监控系统，监控门岗渎职行为，一经发现此类情况立即把该车清理出本院
		2. 车辆登记信息不详细	1. 在对授权允许进入生产、办公区的车辆信息进行录入时，内容应包括：车辆型号、颜色、牌照号、驾驶人姓名、工作部门、联系电话等信息，在留存电脑资料的同时，建立纸质版档案； 2. 利用视频监控系统，监控门岗渎职行为。一经发现此类情况立即把该车清理出本院

（续表）

序号	工作内容	风险分析	防控措施
		3. 车辆出入速度过快	在设置限速标识和减速带的同时，制定文明行车守则，以制度化管理来规范、约束司驾人员行为
		4. 车辆停放随意	1. 在重大活动、会议、接待期间提前实行进入车辆限停、停车位预控并不堵塞消防安全通道。保安人员现场疏导，确保车辆停放有序、行车道路畅通； 2. 制定车辆停放管理制度，形成驾驶人本人、所在工作部门、公司保安人员三方问责的管理机制
2	停车设施及立体车库	1. 设备运行、操作和现场管理不规范	1. 立体车库设备运行时，操作人员应监视操作全过程，不得离开操作现场； 2. 各类停车场所严禁烟火，室内车库不得进行车辆维修、清洁等作业； 3. 车辆内不得携带易燃、易爆等危险品。驾乘人员不得在立体车库内逗留、堆放杂物； 4. 设施设备出现故障后，应立即通知维修
		2. 设备维护保养不到位	制定相关设备管理规程，定期对设备进行巡查、检查、维护保养，并由相关人员全程跟踪监护，直至设备完成修理、调试并投入使用
		3. 年检不及时、不合格	1. 未经技术质量监督行政部门颁发相关合格证书的立体车库严禁投入使用； 2. 立体车库每两年进行1次年检； 3. 购买立体车库必要的车损险或责任险
		4. 消防管理不到位	1. 制定相关消防管理制度，加强消防巡查； 2. 按规定配置相应的消防设备和消防器材； 3. 定期对消防设施、设备进行检查、维护保养； 4. 每年对消防设施进行1次年度检测； 5. 配备相应的义务消防员，并于每年组织不少于1次的消防演练

第六节　安全应急事件处置

1. 消防控制系统应急预案（表 3-10）

表 3-10　消防控制系统应急预案

为了更好地管理和使用消防控制系统，保证应急消防的需要，特制定本消防控制应急预案。

一、火灾消防事故处置领导小组

组长：综合服务中心负责人。

成员：综合服务中心专责、设备主人、119 消防急救、维保联系人。

二、火灾报警和接警

一旦发生火警，要迅速将火灾信息传到消防控制室，报警方式通常有以下两种：

① 烟感探测器报警：消防控制室值班员应立即通知门卫到现场确定是否发生火灾。

② 手动报警：发现者应就近按动火灾报警按钮，并立即向消防控制室或门卫讲清着火点、部位、目前状况等，在确保安全情况下可采取措施控制火势蔓延。

1. 消防控制室或门卫要迅速准确地记录火灾信息，确认起火后，立即拨打 119 报警。报警时一定要讲清发生火灾的地址、起火部位、燃烧物质、有无被困人员、有无爆炸情况及其他火灾有关情况，并留下报警人姓名和电话号码。及时派人到路口等候消防车的到来并做好向导工作。

2. 报警后，消防控制室或门卫应及时通知安全综合服务中心主任，夜间同时告知值班领导。

3. 火灾消防事故处置领导小组要立即察看现场情况，统一指挥灭火救灾。要及时召集力量（义务消防员及其他工作人员等），确定现场灭火指挥人，布置救人、抢救物资、灭火、供水、送风排烟等任务，并检查执行情况。

三、组织灭火

1. 组织人员查看火情，掌握火势发展情况，并随时向指挥组汇报。

2. 根据火势，指挥切断电源，保证消防用水及消防泵正常。

3. 组织指挥人员在确保安全情况下灭火、抢救伤员及疏散物资，关闭着火层防火门，防止火势蔓延。

4. 消防人员到场后，协同配合灭火抢救。

四、火灾情况通报

1. 根据火灾的发展情况，可利用消防应急广播说明情况，疏散路线，并稳定人员情绪。

2. 通报的次序为：着火层、着火层以上各层、有可能蔓延的着火层以下的楼层。

五、疏散和救护

1. 根据建筑特点和周围情况，事先划定供疏散人员集结的安全区。

2. 疏散责任到人，由楼层义务消防员和引导员在疏散路线上分段指明方向，并查清是否还有人留在着火或应疏散的区域内。

3. 组织医护人员在安全区及时对伤员进行处理或送医院救治。

4. 灾后现场清理，由相关人员详细检查不留死角，确保无遗漏人员。

5. 认真清理着火区所有物品，将损坏物品逐项登记，如实上报有关部门。

2. 监控系统故障应急预案（表 3－11）

表 3－11 监控系统故障应急预案

为了应急处置可能发生的公司监控系统停运，造成重大事故，确保在事故发生时，能够做到及时、迅速、高效、有序地应急处理事故造成的危害，最大限度地减少人员伤亡、财产损失，依据国家有关法律、法规，特制定本公司监控系统故障预案。 一、组织机构 组长：综合服务中心负责人。 成员：综合服务中心专责、设备主人、售后联系人、维保联系人。 二、使用范围 日常巡视中发现的所有关于视频监控系统设备故障报警及隐患情况，用户反馈发现的重要设备故障及隐患情况，适用于本预案。 三、等级分类 故障处理预案按故障大小、严重程度及影响的范围，划分为 A、B、C 三类。 A 类预案的启动条件：监控系统瘫痪，大部分视频图像出现问题，录像停止，监控主机无法正常运行； B 类预案的启动条件：视频监控系统中出现设备故障，影响个别视频图像的调看，如摄像机故障，录像机故障，报警主机故障等； C 类预案的启动条件：不影响整个视频系统正常使用的其他问题，如用户反映的图像管辖范围，预置位位置规范问题、个别监控终端故障或监控主机故障（如键盘、鼠标、显示器等）等。 四、预案内容 1. 故障处置流程 故障等级为 A 级时，值班人员须立即报专业技术人员，并由专业技术人员现场进行故障处理，无法确认故障原因及无法处理故障时，应上报部门经理，由部门经理判断故障原因，现场解决问题，并根据故障严重情况，确认是否交由施工厂家进行维修，现场值班人员应服从专业技术人员领导，配合相关维护工作。 故障等级为 B 级时，值班人员须立即报专业技术人员，并由专业技术人员现场进行故障处理，无法确认故障原因及无法处理故障时，应上报部门经理，由部门经理判断故障原因，现场解决问题。 故障等级为 C 级时，值班人员须立即报专业技术人员，并由专业技术人员现场进行故障处理，并在故障处理后，整理故障原因及处理方案并上报部门经理。 2. 故障应急响应时间 A 类故障响应时间：24 小时内解决，需要厂家现场进行维修的，应在 1～3 日内解决，需要更换主机、电源等重大硬件，且需要 3 天以上时间时，应立刻启用备用监控设备，恢复主要监控区域的监控功能和报警功能。 B 类故障响应时间：无须上报的故障当天内必须解决，上报问题应在 1～2 天内解决。 C 类故障响应时间：硬盘录像机外围硬件故障，应立刻进行更换，图像及预置位调整应配合相关人员在当天解决。 五、预案实施 以上预案自签发之日起生效，各部门需严格遵守，违反者按照公司违纪处理规定执行。

3. 中央空调故障应急预案（表 3－12）

表 3－12 中央空调故障应急预案

为保证公司中央空调设备安全可靠运行，正确处理中央空调运行中各种突发事件，减小事故造成的影响和避免人身伤害事故的发生，根据相关中央空调主机厂家的操作规程，特制定本预案。 一、中央空调故障应急小组 组长：综合服务中心主任。 成员：综合服务中心专责、设备主人、售后联系人、维保联系人。 二、应急处置程序 1. 巡查发现运行中的空调机组故障，应马上停止该机运行。 2. 发现故障的巡查或维修操作人员将情况报告给综合服务中心负责人及二级机构负责人。 3. 设备主人或维修操作人员能及时处理的，及时处理；处理不了的，第一时间联系维保单位进行维修。 4. 设备保养单位接到维修电话通知后，应迅速组织技术人员赶到现场维修。 5. 维修完成后，综合服务中心组织现场分析会作出维修报告，由维修操作人员和设备确认存档，并报公司备案。 三、安全注意事项 1. 维修空调需停电，应严格执行停、验、送电规定。 2. 维修空调需焊割，应严格遵守电、氧焊安全规定，并办理动火工作表及做好焊割现场灭火准备工作。 3. 维修空调需登高用梯时，严格遵守用梯相关规定。 4. 维修空调需登高作业时，应正确系好安全带。

4. 电梯故障应急预案（表 3－13）

表 3－13 电梯故障应急预案

为保证公司电梯设备安全可靠运行，减小事故造成的影响和避免人身伤害事故的发生，特制定本预案。 一、电梯故障应急小组 组长：综合服务中心主任。 成员：综合服务中心专责、设备主人、售后联系人、维保联系人。 二、事故接报处置程序 1. 值班人员接事故报告时应向报告人了解以下信息：故障电梯位置、是否困人、困在哪个楼层以及其他的重要信息，并做好记录。 2. 确认情况无误后，立即通知安全保卫部和维保单位立即赶到现场。 3. 接到电梯故障通知后，相关操作人员应立即携带电梯机房钥匙、电梯层门钥匙、通信工具和维修工具赶往现场进行处理。如有需要可要求增派人员协助。 三、故障处置程序，升降梯困人故障处理程序 1. 故障处理人员必须到达电梯机房与电梯轿厢所在楼层。

（续表）

2. 处理人员先切断升降机主电源，但必须保留轿厢照明。通过电梯机房的直线电话与被困者取得联系，告知被困者静候解救，切勿尝试自行设法离开。 3. 处理人员用电梯层门钥匙将电梯层门打开约30～40厘米，观察电梯轿厢所在位置。 4. 若轿厢位于平层位置上下600厘米范围内时，可直接打开层门协助被困者离开。 5. 由维保单位对电梯进行全面检查，消除隐患后方可恢复电源投入运行。 四、电梯故障事后处置程序 1. 故障处理完成后处理人应及时向公司领导汇报处理经过与设备现状。 2. 做好设备档案的故障登记工作。

5. 给排水系统应急预案（表3－14）

表3－14 给排水系统应急预案

一、目的 按照“安全第一，预防为主”的原则，加强对公司给排水系统安全管理，做好紧急情况下的应急、协调等工作并迅速、有效地处理，特制定本预案。 二、应急组织 组长：综合服务中心负责人。 成员：物业公司负责人、设备主人、维保单位。 三、应急预案 1. 管理区域发生给排水设施跑、冒、滴、漏水现象或水管爆裂泄水时，发现人或接报人立即通知物业公司和设备主人。 2. 设备主人第一时间至现场查看，明确故障点的位置，尽量查明故障原因。 3. 设备主人能够自行解决的故障，在做好防护措施的情况下，自行排除、解决故障。 4. 若是设备主人无法自行解决的故障，可迅速联系维保单位，维保单位在1小时内迅速到达现场，判断故障原因，及时查找故障点，采取措施排除故障。 5. 若主供水管道破裂，引起大量泄水时，给排水专业人员应立即关闭相连的供水管闸阀，如果仍不能控制大量泄水，则应关停相应的水泵设施。 6. 若设备主管联络故障，应立即报市政部门进行抢修。 7. 在市政供水部门抢修人员到达前，物业公司应组织设备主人及相关人员采取相应的措施，防止损失扩大。 8. 观察四周环境，给排水系统的故障是否影响周边的设施设备。如有浸水立即切断电源，防止电气短路或漏电。 9. 市政抢修人员到达现场后，设备主人应组织人员全力配合抢修工作。 10. 故障处理完成后，设备主人应组织维保单位分析故障原因，并做好记录。

6. 供电系统应急预案（表 3-15）

表 3-15　供电系统应急预案

一、目的 为保证公司供电安全，在遇到供电故障时最大限度地减少由于人的原因所造成的事故损失，做到临阵不乱、工作有序，特制定本预案。 二、应急组织 组长：综合服务中心负责人。 成员：物业公司负责人、设备主人、维保单位。 三、有关应急预案 （一）外线故障应急预案 1. 当外线故障导致主供电源停电时，设备主人要先认真检查真空开关的指示牌是否分闸，再检查电压和指示灯，当明确失压断电后，将主供电源进线柜真空开关退出，挂“有人工作，禁止合闸”指示牌。 2. 备用电源处于非自动位置，主供电源断电时不能自动合闸，检查备供电源进线柜之电表和指示灯、真空开关处，合上备供电源进线柜开关。 3. 检查变压器出线柜是否正常。 4. 检查低压受电柜，并合上低压总开关。 5. 向公司相关部门报修。 （二）内部故障应急预案 当高压柜真空开关、高压电缆或变压器出现故障时，应遵守以下应急处理程序： 1. 将故障柜的真空开关退出。 2. 将故障柜的低压总开关退出，挂“有人工作，禁止合闸”指示牌。 3. 将低压母联合闸，保证小区设施用电。 4. 事后召开事故分析会，分析事故发生原因和处理措施，并形成书面总结。

第七节　物业安全管理监督及检查

一、物业安全管理检查内容

物业安全管理检查主要从安全管理机构与职责、秩序管理、消防管理、房屋及设备设施管理、车辆出入及停放管理五个方面进行检查与评价。

二、考核监督评价

1. 公司成立监督评价领导小组，下设办公室，挂靠后勤部。由公司后勤分管领导担任领导小组组长，各相关部门负责人担任组员。

2. 监督评价工作每半年进行 1 次，评价小组由公司系统抽调专家组成，对被评价单位进行现场综合检查评价。

3. 现场检查评价工作内容：

（1）听取被评价单位的整体汇报，主要了解被评价单位物业安全管理整体情况等。

（2）抽查后勤设备“五个一”巡查管理、岗位安全培训、维修维保、技改大修、应急保障管理等资料。

（3）按照检查记录表内容（表 3－16）对现场进行全面的实地检查。

（4）对被评价单位整体情况、资料检查情况、管理情况（分四个方面）、应急保障情况进行总结，通过现场点评、书面评价等方式对被评价单位进行反馈。

表 3－16 物业安全管理检查记录表

检查类目	检查项目	检查标准描述	检查结果	检查得分	整改措施
安全管理机构与职责	安全管理机构设置	有完整的后勤安全管理组织机构			
		后勤安全设备主人责任体系健全			
		配备专职或兼职安全员			
	安全管理制度与职责	安全管理制度完整			
		各相关岗位安全职责明确			
		年度安全培训计划齐全并落实到位			
		需持证上岗人员证件齐全			
秩序管理	人员出入	来访人员登记信息完整，且经受访者同意			
		妥善处理来访人员出入登记			
	物资出入	员工携带物品进出登记完整			
		外来人员携带工具、器械等物品进出登记完整			
	防盗、防爆、防恐	建立防盗、防爆和防恐等安全组织体系及制度			
		安全应急预案完整、可操作			
		开展防盗、防爆和防恐日常安全检查，并做好记录			
	安保巡逻	巡逻到位			
		巡逻发现问题处理及时			
		巡逻记录填写规范、完整			
	重点区域安防	重点区域物防到位，安全门和安全窗等设施齐全、完整			
		重点区域监控无死角、全面覆盖			

（续表）

检查类目	检查项目	检查标准描述	检查结果	检查得分	整改措施
消防管理	安全疏散设施管理	所管区域每个防火分区的安全出口不得少于2个；常闭式防火门应保持关闭			
		平时需要控制人员出入，设有门禁系统的疏散门应有保证火灾时人员疏散畅通的可靠措施			
		疏散门向疏散方向开启，不得采用卷闸门、吊门、专门、侧拉门。安全出口、疏散门不得设置门槛，且在其14米内不得设置台阶			
		所管区域的各种疏散通道、封闭和防烟楼梯间等应设应急照明			
		消防水泵房等特殊位置也应该设置应急照明，保证应急照明能够有效使用			
		所管区域的疏散通道应当保持畅通，不得堆放货物或摆放桌椅作为休息区等；安全门不应设置门槛、台阶，并应向疏散方向开启			
	消防设施管理	所管区域在穿过建筑物或进入建筑物内院的消防车道两侧，不应设置影响消防车通行或人员安全疏散的设施。			
		常闭式防火门、消火栓、灭火器、消防报警按钮等消防器材、设施有明显标识			
		室内消火栓箱严禁上锁，箱内水带、水枪等设备完好、齐全			
		室外消火栓严禁埋压、圈占，周围2.0米范围内严禁设置影响正常使用的障碍物			
		灭火器应设置在位置明显和便于取用的地点，且不得影响安全疏散。灭火器的摆放应稳固，其铭牌应朝外			
		手提式灭火器宜设置在灭火器箱内或挂钩、托架上，其顶部离地面高度不应大于1.50米，底部离地面高度不宜小于0.08米			
		灭火器箱不得上锁，每50米须配置2具ABC干粉灭火器			
		公共区域内的消防管网、消防栓有水，能完好使用			

（续表）

检查类目	检查项目	检查标准描述	检查结果	检查得分	整改措施
		各类消防器材在存放期内能完好使用			
		消防监控系统正常维保并有相关记录和正常工作管理处所管区域的监控、消防警报系统。设施设备要完好，并有专人值班，值班记录完整			
房屋及设备设施管理	房屋管理	房屋“五个一”巡视记录完整			
		房屋使用平面布置动态更新			
		房屋技改、大修资料完整、清晰			
	设备设施管理	所有设备的后勤设备主人责任明确且签订责任书			
		各专业后勤设备主人安全管理制度完整			
		各专业后勤设备主人职责分工明确			
		设备“五个一”常态巡查落实到位，记录完整			
		设备年度维修维保计划完善并落实到位			
		设备未来3～5年技改大修计划动态更新			
		设备维修、维护、技改、大修记录完整、清晰			
车辆出入及停放管理	停车场管理	所管区域停车场安全设施的设置要符合要求			
		停车场标志、限速标志、禁止鸣喇叭标志等显著			
		在显著位置设置限高标志			
		设置值班岗亭、道闸、监控设备等封闭式安全管理设施；有完善的安全管理及维护制度			
	车辆管理	车辆出入登记完整			
		外来车辆信息登记齐全			
		车辆均保持停车线内停放，停放整齐			
		停放车辆车门、车窗均完好且处于关闭状态			

第四章　车辆安全管理

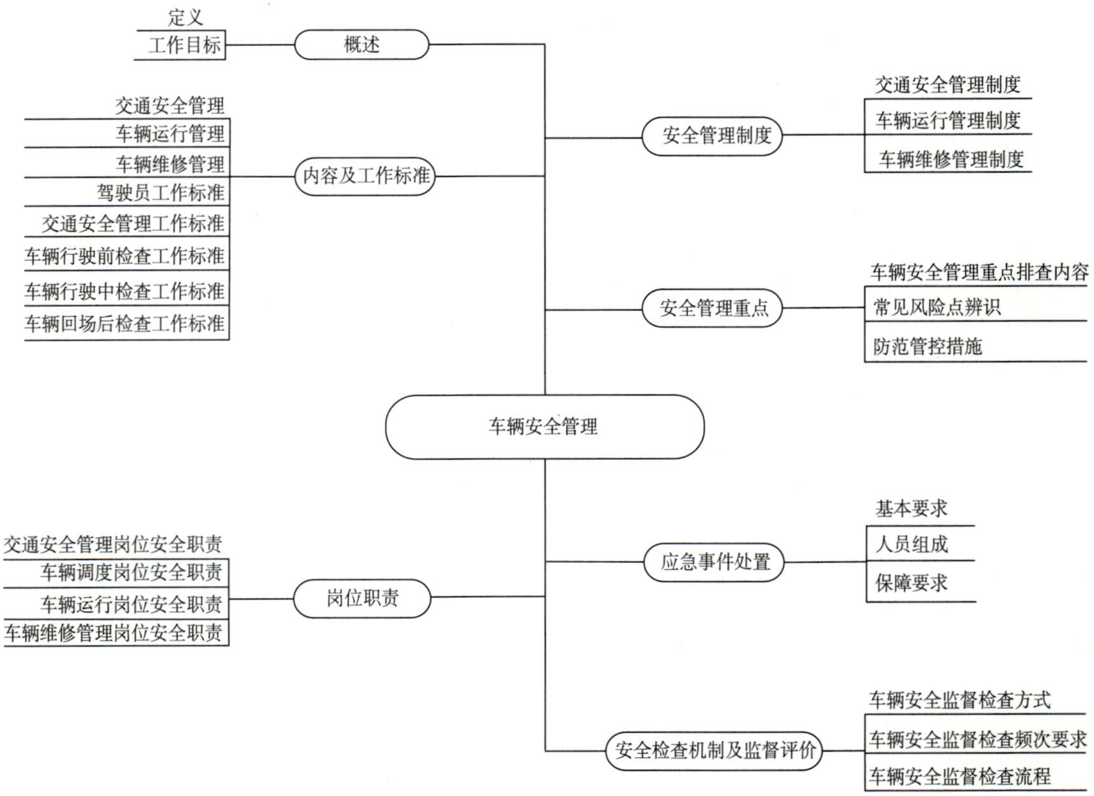

第一节　概述

一、定义

公务车辆安全保障通过遵循“安全第一、预防为主、综合治理”的方针，按照“谁使用、谁管理、谁负责”的原则，对车辆日常运行及维护实行全方位、全过程管理，为公司的生产经营管理工作提供交通服务保障，创造交通便利，提高工作效率。

二、工作目标

1. 为生产服务提供交通运输保障

通过合理配置、科学调度运行处置，为公司的生产经营管理等交通活动提供保障服务，实现“行车安全可靠、服务优质高效”的目标。

2. 实现车辆资产保值、增值

通过车辆科学调度、日常维护、单车核算、成本控制等管理工作，保证车辆安全运行，延长车辆使用时间，提高车辆资产寿命，降低车辆运行成本。

第二节　车辆安全管理内容及工作标准

一、工作内容

1. 交通安全管理

交通安全管理主要工作内容包括安全教育、安全检查、安全监督，落实安全管理责任制以及交通事故应急处置。

2. 车辆运行管理

车辆运行管理主要工作内容是根据用车情况，对车辆进行调度，并利用车载终端等设备，加强车辆日常运行监控（车辆调度管理、车辆申请、派车单制度）、车载终端管理、节假日车辆管理。

3. 车辆维修管理

车辆维修管理主要工作内容是根据车辆使用年限、车辆种类以及运行情况，制订车辆维护保养计划，并组织严格执行，保证车辆安全运行。

二、工作标准

（一）驾驶员工作标准

1. 出车准点率达到100%。
2. 驾驶员违章率0。
3. 有责任的服务投诉率0。
4. 参加安全活动到课率（含补课）100%。
5. 车辆日检查率100%。
6. 车辆监控终端开启率100%。
7. 行车路单乘车人签字率100%。
8. 行车日志准确率100%。
9. 定点停放准确率100%。
10. 车辆清洁合格率100%。

（二）交通安全管理工作标准

1. 年度工作计划完成率100%。
2. 安全思想教育到课率（含补课）100%。
3. 各项安全措施完成率100%。
4. 各类车辆安全台账合格率100%。
5. 驾驶员安全考试合格率（含补考）100%。
6. 违章、事故考核率100%。
7. 年度安全培训计划完成率100%。
8. 结案事故索赔率100%。
9. 违法、事故人员学习班举办率100%。

（三）车辆行驶前检查工作标准

1. 车辆整体清洁度

（1）驾驶室内无易燃、易爆物和杂物；顶棚平整美观，靠坐垫、脚垫摆放整齐；所有设施的外表整洁，无明显污垢。

（2）车辆外观清洁。

（3）发动机、底盘清洁、无油垢，反光镜调整适度，后视镜可直视车辆后侧尾部。

2. 发动机部分

（1）发动机无异常响声。

（2）润滑油、冷却液和玻璃清洗液符合标准。

（3）皮带张力符合标准。

3. 转向部分

（1）方向盘间隙符合标准。

（2）方向助力液压油符合标准。

（3）横直拉杆球头无松旷。

（4）前轴头无松旷。

（5）转向机构连接部分牢靠。

4. 制动部分

（1）制动液符合标准。

（2）踏板自由行程符合规定。

（3）油、气等无渗漏现象。

（4）手、脚制动制动力符合标准。

5. 传动部分

（1）传动轴万向节螺栓紧固可靠。

（2）轮胎（含备胎）固定牢靠；轮胎表面无扎伤、龟裂，气压符合标准。

6. 电气部分

（1）灯光、喇叭、雨刮器、后视镜完整、正常。

（2）各种仪表指示无误。

（3）电瓶电解液符合标准。

（4）电瓶搭线连接牢固，清洁、无氧化现象。

7. 其他

（1）各类证件齐全（车辆行驶证、驾驶证、车船税证明、营运证、保险卡、各类标贴、加油卡）。

（2）随车物品：警告牌、灭火器齐全有效，随车工具齐全、放置合理。

（3）随车设备完好（车辆监控终端设备、移动照明等设备）。

（四）车辆行驶中检查标准

1. 行车中要随时注意观察仪表工作是否正常，倾听发动机及底盘各部件的声响，如有异响，应在确保安全的前提下迅速将车停于紧急停车道或道路右侧安全的地方，开启双跳灯，放置安全警示标志，按规定向单位请示报修。

2. 长途行驶中（高速公路连续行驶 2 小时），应进入服务区检查车辆各部位有无漏油、漏气、漏水情况及轮胎气压是否正常。

（五）回场后检查标准

1. 检查车内是否有乘客遗留的物品。

2. 补充燃油、机油；填写行驶记录。

3. 将车辆停放在固定车位上，拉紧手制动器，清洁车内外卫生。

4. 关好车门，锁好门窗及后备厢。

第三节 岗位安全管理职责

一、交通安全管理岗位安全职责

1. 负责本单位的交通安全日常管理工作。

2. 落实交通安全措施，开展交通安全专项活动，实现年度安全目标。

3. 开展安全思想教育、岗位练兵、安全知识培训、安全考核等工作。

4. 参与道路交通事故的处理，建立事故档案。

5. 负责车辆保险及理赔工作。

6. 做好车场、车库、车辆的消防工作，建立消防器材台账，定期检查。

7. 组织开展车辆技术状况的监督、检查、鉴定工作，排查车辆设备的故障隐患，提出车辆大、中、小型维修建议。

8. 编制交通安全工作规划。

二、车辆调度岗位安全职责

（一）一级调度岗位安全职责

1. 根据需求，安排用车计划并科学调度。

2. 了解驾驶员的思想动态、身体状况、技术水平，并根据实际情况合理安排工作。
3. 做好应急抢修、重大活动、特殊驾驶环境（气象、路况等）、节假日等用车调度工作。
4. 对驾驶员做好出车前的安全提醒工作，督促其做好车辆检查工作。
5. 协助开展车辆日常维护保养及年度检验计划安排。
6. 协助车辆租赁、租借工作。
7. 建立车辆调度台账及相关记录。

（二）二级调度岗位职责

1. 根据工作任务和车辆状况，合理调度车辆。
2. 了解驾驶员的思想动态、身体情况、技术水平，合理安排工作。
3. 做好应急抢修、重点工作、节假日、夜间值班等用车调度。
4. 对驾驶员做好出车前的安全提醒工作，督促其做好车辆检查工作。
5. 协助本部门车辆的日常维护保养及年度检验计划安排。
6. 建立相应台账及记录。

三、车辆运行岗位安全职责

（一）车辆运行管理岗位安全职责

1. 做好车辆日常检查工作。
2. 检查、审核车辆运行记录、行车日志等台账。
3. 负责车辆定点停放管理。
4. 负责车辆管理系统日常维护工作。
5. 编制应急预案，并组织演练实施。
6. 做好车辆辅助器材的审核、配备、登记工作。
7. 办理通行证件等业务工作。
8. 编制并组织实施车辆年检、安全检测计划。
9. 制订并组织实施年度驾驶员技能培训计划。

（二）驾驶员岗位安全职责

1. 遵守道路交通安全法和相关规章制度，确保行车安全。
2. 服从车辆调度，提供驾驶服务，做好行车日志。
3. 负责所驾车辆的日常维护和清洁工作。
4. 做好车辆自查和例行保养工作，确保车况良好。对车辆事故、违章、损坏等异常情况及时进行汇报。
5. 参加本单位（班组）组织的各项安全、培训等活动。
6. 做好车辆随车物品的保管工作。

（三）车辆监控系统管理安全职责

1. 负责车辆日常监控管理。
2. 收集整理监控数据，建立车辆监控台账。
3. 开展车辆运行动态分析，做好车辆违章、违规的稽查工作并及时上报相关部门。

4. 做好监控系统的日常维护工作，确保监控系统处于正常运行状态。
5. 及时更新维护车辆监控系统相关信息。

四、车辆维修管理安全职责

1. 制订实施车辆的年检、维修、日常维护保养工作计划。
2. 参与重大维修服务项目的评审、重大维修及服务纠纷的处理。
3. 对报修的车辆进行技术鉴定，根据鉴定情况开具车辆托修单。
4. 审定维修现场车辆增加的维修项目，审核、结算车辆维修费用。
5. 审核车用物品、汽车配件的领用工作。
6. 建立、健全本单位车辆技术、维修档案。

第四节　安全管理制度

一、交通安全管理制度

1. 严格落实交通安全责任制，认真贯彻“安全第一、预防为主、综合治理”的方针，建立、健全交通安全管理网络，实行岗位安全责任制和目标管理。

2. 将交通安全作为本单位教育培训的重要内容，确保交通安全教育人员、时间、内容三落实。

3. 定期召开交通安全分析会议。

4. 车辆必须符合 GB 7258—2017《机动车运行安全技术条件》方可上路行驶。特种车辆必须符合国家定期检验的要求。

5. 机动车辆应严格执行国家关于车辆装载、报废等方面的法规。

6. 机动车装运易燃、易爆、剧毒等危险物品必须符合国家有关驾驶员、押运员、车辆装载、行驶、停放等方面的规定。

7. 机动车进行吊装等危险作业时，使用车辆单位应安排有资格的人员现场管理，确保操作规程和安全措施的落实。

8. 机动车辆进入或通过生产、施工区域时，车辆使用人须向驾驶员（含操作人）交代安全注意事项。

9. 驾驶员应坚持自查制度，即出车前、行驶中、回场后对车辆各部件和装载物品进行检查。

10. 对车辆定期进行检查、维修和保养，使车辆时刻保持良好状态，确保行车安全，杜绝带“病”车、故障车上路。

11. 驾驶员不得连续驾驶机动车超过 4 小时，途中停车休息时间不少于 20 分钟。

12. 严格控制机动车在恶劣天气中行驶，确因生产需要出车，必须落实安全行车防范措施。

13. 冬春季要加强对机动车辆进行检查、保养，特别是对油、水箱、车灯、雨刮器、制动进行保养；遇有雨雪、大雾天气要缓慢行驶，避免发生事故。

14. 行驶中发生交通事故，驾驶员应当首先做应急处理，然后迅速与交通管理部门和单位联系，依据交通事故处置预案及时妥善处理。

15. 有下列情况之一，驾驶员有权拒绝驾驶车辆。

(1) 受令违法、违章驾驶车辆。

(2) 实际行车路线明显不符合调度指令。

(3) 医院证明患有妨碍安全行车的疾病。

(4) 车辆存在严重故障，影响安全行车。

(5) 车辆手续不全。

(6) 装载物品不符合装载规定或装载危险品无专人押运。

二、车辆运行管理制度

1. 按照“谁使用、谁管理、谁负责”的原则，实行分级管理，逐级考核，责任到人。

2. 车辆使用按照流程在网上申请，通过审批后才可以用车；严禁公车私用。

3. 严格执行车辆回场停放制度，节假日期间除特殊工作需要外应停驶、封存。

4. 车辆管理部门负责车辆专业化管理，用车人对驾驶员负有行车安全监督和提醒的责任和义务。

5. 车辆应集中管理，统一调度，杜绝车辆配置到岗、配备到人，严禁分散管理使用。

6. 实行单车费用管理，建立单车运行台账，对车辆固定费用（车检费、保险费等）和车辆运行维修费用（修理费、过路过桥费、燃油费等）实行单车核算。

7. 不得对社会出租、出借车辆。不得借用、占用下属单位或其他相关单位车辆或向其摊派、转嫁车辆购置资金及各类相关运行费用。

8. 车辆应按期保养和年检，需要定期检验的特种车辆应按照国家、行业有关规定，由具备资质的机构按期进行检验，禁止使用超期车辆、检验不合格车辆和带“病”车辆。

9. 特种车辆应由有相应资质的人员驾驶操作，禁止无资质人员驾驶。

三、车辆维修管理制度

1. 根据规定确定车辆定点维修单位，并签订合同。

2. 驾驶员是车辆维修保养的直接责任人，应做好车辆的例行保养工作，即必须坚持“三检”（出车前、行驶中、回场后的检查）、保持“四清”（机油、空滤、燃油滤和电瓶的清洁）、防止“四漏”（漏水、漏油、漏气、漏电），以周为统计周期，建立单车“三检”记录表，并按月整理归档。

3. 新购车辆的初始保养、质保期内可享有的原厂保养需按照汽车制造商的规定到销售商指定地点进行保养。

4. 车辆维修时，应至少 2 人在现场，并对车辆维修全过程进行监督，确保维修单位按“车辆报修单”上所列项目和要求实施维修作业。

5. 车辆维修竣工由接车人、车辆维修专职人员共同进行验收，验收合格应取得维修厂出具的竣工出厂合格证，审核确认维修结算清单，并进行费用结算。

6. 车辆在异地发生故障时，驾驶员须及时报告，在确定维修范围和维修厂家后，方可进行维修。维修后更换的零配件需带回，送交维修专职验收。

7. 车辆轮胎原则上在行驶 6 万千米或 4 年后需更换，轮胎花纹深度磨至 1.6 毫米处时必须更换。更换或维修轮胎应填写“车辆报修单”，维修专职鉴定把关，到定点厂家进行更换。车辆班组应建立单车“轮胎更换记录卡”，及时记录、归档，以备核查。

8. 车辆在维修保养过程中更换的零配件、轮胎、蓄电池等，由车辆管理单位查验后统一处理。

9. 车辆维修专职人员应详细填写车辆技术档案，将每辆车维修保养等费用的发生情况录入车辆管理系统。

第五节　安全管理工作的重点

一、车辆安全管理的重点排查内容

（一）交通安全管理重点排查内容

1. 交通安全组织保障：车辆管理部门、交通安全监督部门、运维单位的交通安全职责是否明确；职责内容是否符合相关规定要求；交通安全管理（监督）网络是否健全。

2. 交通安全规章制度：是否制定了车辆安全管理工作规定并定期补充修订。

3. 交通安全管理例会制度：是否建立了交通安全管理例会制度；是否及时掌握督促检查所属车辆交通安全情况；是否及时总结，解决了存在的问题，以及严肃查处事故责任者。

4. 交通安全监督、考核、保障制约机制：是否建立了交通安全监督、考核、保障制约机制，实行“准驾证”制度，强化行车安全监护。

5. 委保、租赁单位资质审核：是否分别与出租车辆单位和委保单位签订合法、有效、责任明确的租赁合同和委保合同，明确安全约定条款；是否对租赁车辆实行安全许可制度。

6. 车辆配置管理：是否严格执行国家在装载、使用、购置、报废等方面的规定；对车辆使用条件、行驶范围和特殊要求是否清楚，更新、报废老旧车辆是否及时。

（二）驾驶人员及教育培训管理

1. 专（兼）职驾驶员管理台账：是否建立专（兼）职驾驶员管理台账；是否实施了动态管理。

2. 车辆驾驶员资质：车辆（舟船）驾驶人员是否获得了相应等级的驾驶证书。

3. 外聘驾驶员：外聘驾驶员是否经相关部门审查、主管领导批准后，按照有关规定签订劳动合同和交通安全协议书。

4. 培训计划制订及执行：是否编制交通安全年度教育培训计划；是否定期组织专（兼）职驾驶员进行安全技术培训和考试。

5. 培训内容：培训内容是否包括交通法律法规、交通安全知识、技术技能、安全常识等。

6. 班组安全活动学习情况：车辆运维管理单位是否每月召开安全分析会；班组是否每周组织安全活动学习。

（三）车辆运行管理重点排查内容

1. 用车管理：用车管理是否制定并落实防止重特大交通事故的安全措施。

2. 车辆集中管理、统一调用执行情况：是否执行了车辆的统一调用、集中管理；是否履行长途行车用车审批制度，实行出车任务单管理。

3. 车辆安全装置良好：非带“病”车、故障车上路；汽车燃油、发动机机油、冷却水、电解液加足适量；手脚制动器、转向机灵敏有效，各部管路完好，轮胎气压符合规定；车灯、喇叭、雨刮器及仪表工作正常；电瓶搭线清洁牢固，四轮制动正常，轮胎螺栓紧固、不松动。

4. 驾驶员状态良好：是否疲劳驾驶（连续驾驶超过 4 小时），途中停车休息时间是否少于 20 分钟。

5. 车辆 GPS 监控管理情况：是否对监控平台、车辆 GPS 终端进行及时维护，是否开展对运行车辆的实时监控。

6. 回场及节假日车辆管理：是否严格执行车辆回场停放制度，节假日应急值班车辆是否按要求保持状态完好，随时满足工作需要；对非值班车辆是否进行定点封存。

（四）车辆维修管理重点排查内容

1. 交通安全隐患排查治理：是否建立交通安全隐患排查治理工作机制，建立隐患治理档案，按照“排查（发现）—评估—报告—治理（控制）—验收—销号”的流程形成闭环管理。

2. 特种车辆检验：需要定期检验的特种车辆是否按照国家、行业有关规定，由具备资质的机构按期进行检验，是否使用超期车辆、检验不合格车辆和带“病”车辆。

3. 车辆维修管理：是否执行车辆安全检查制度和定期维护保养制度，是否按期保养和年检，是否落实车辆“三检制度”（出车前、行驶中、回场后的检视紧定），特别是制动装置、方向、轮胎和安全部件等应重点检查，以保证车辆状况和安全性能状态完好。

4. 车辆维修质量：车辆维修竣工由接车人、车辆维修专职人员共同进行验收，验收合格是否取得维修厂出具的竣工出厂合格证，审核确认维修结算清单，并进行费用结算。

二、常见风险点辨识及防范管控措施（表 4-1）

表 4-1　常见风险点辨识及防范管控措施

序号	辨识项目	风险点	防控措施	应急处理
1. 人员管理				
1.1	安全教育培训	1. 安全教育培训机制不健全	1. 制订年度安全教育计划； 2. 规范开展每月、每周安全活动，做到“人员、时间、内容”三落实； 3. 定期组织专（兼）职驾驶员开展交通安全技术培训、技能比武和考试，考试不合格的应不准从事驾驶工作； 4. 单位内每月召开安全分析会，班组每周召开安全活动学习； 5. 开展交通事故案例剖析专题讲座	

（续表）

序号	辨识项目	风险点	防控措施	应急处理
		2. 日常培训效果不佳、走过场	1. 开展具有电力生产特色的交通专项培训； 2. 针对重点人员组织专题培训； 3. 交通安全培训内容要具有全面性、针对性和实用性； 4. 培训过程有监督、有考核	
1.2	驾驶员管理	1. 驾驶行为不规范	1. 加强交通法律法规的学习，制定公司交通管理工作实施细则； 2. 加强驾驶员文明礼仪教育； 3. 规范驾驶人员作业行为； 4. 严禁驾驶员酒后驾车； 5. 禁止非公司作业人员搭乘公司车辆； 6. 严禁私自驾驶公司车辆； 7. 严禁将公司车辆交给他人驾驶	一经发现立即停止出车，直至违法行为解除
		2. 日常管理松散	1. 明确驾驶员工作职责； 2. 严格执行各项规章制度； 3. 注重驾驶员作风建设的培养； 4. 规范填写出车路单； 5. 严禁擅自改变行车路线和区域； 6. 严格执行劳动纪律考勤值班制度	
		3. 奖惩考核不到位	1. 制定科学、有效的驾驶员奖惩考核办法，并严格执行； 2. 签订交通安全责任状； 3. 建立优胜劣汰体制； 4. 建立驾驶人员安全和绩效考核机制； 5. 建立完善的车辆油耗成本核算考核制度	外聘驾驶员不能胜任岗位要求的，退回停止使用
		4. 外聘驾驶员录用及管理不严	1. 聘用驾驶员的用工手续和资格录用条件要符合要求，聘用手续要规范； 2. 对聘用驾驶员的日常管理标准执行要规范统一	

（续表）

序号	辨识项目	风险点	防控措施	应急处理
1.3	驾驶安全	1. 违法（规）、违章驾驶车辆	1. 加强法律法规等知识的学习； 2. 建立违法、违章公安联动通报处理机制，杜绝违法、违章驾驶行为； 3. 完善出车前、中、后的监督制度； 4. 确保长途驾驶人员休息时间； 5. 不定期依据出车单对车辆出入场所进行检查； 6. 严禁违反公安禁令标志、禁止标线的行车行为； 7. 严禁违背公司车辆停放制度	运用科技信息系统，对严重违法、违章的驾驶员，责令其立即停止驾驶作业
		2. 不良驾驶行为	1. 利用 GPS 管理系统，实时监控、实时提醒驾驶人员； 2. 征求用车人意见，及时处理不良驾驶行为； 3. 严禁驾驶过程中出现吸烟、饮食、闲谈及使用手机等不良行为； 4. 坚决杜绝驾乘人员不系安全带现象； 5. 严禁夜间驾驶车辆会车时使用远光灯； 6. 杜绝疲劳驾驶及侥幸心理	对出现不良驾驶行为的驾驶员，实行考核再教育
		3. 车怒症现象	1. 开展驾驶员心理咨询与疏导工作； 2. 及时了解驾驶员身体状况、思想动态，合理安排工作任务； 3. 有不良情绪者，不得驾驶车辆	立即停止驾驶
2 车辆运行				
2.1	长效机制建设	1. 安全管理制度建设不完善	1. 根据上级规定、标准、规程、反事故技术措施和实际情况，编制适合本单位（部门）的车辆安全管理工作规定； 2. 适时进行制度的补充修订	
		2. 安全组织体系不健全	1. 车辆管理部门、交通安全监督部门、运维单位的交通安全职责明确； 2. 建立交通安全各级管理网络； 3. 落实交通安全生产责任	

（续表）

序号	辨识项目	风险点	防控措施	应急处理
		3. 交通安全管理例会制度	1. 建立交通安全管理例会制度，及时掌握督促检查情况； 2. 定期分析车辆交通安全情况，总结、解决存在的问题	
		4. 安全监督、考核、保障机制不到位	1. 建立交通安全监督、考核、保障制约机制，实行“准驾证”制度； 2. 加强信息化管控手段，提高交通管理效率； 2. 规范台账管理、调度管理、考勤管理等基础管理； 3. 做好 ETC 卡、加油卡和备品备件的管理和单车成本核算； 4. 开展劳动竞赛及日常评比； 5. 对驾驶人员进行月、季、年度三级考核； 6. 杜绝驾驶人员油卡套现、违规加油等行为	
		5. 不安全驾驶行为	1. 连续驾驶超过 4 小时，途中休息不少于 20 分钟； 2. 严禁超速、超员、超限、超载行驶； 3. 车辆检查不到位，存在故障不得出车； 4. 生产车辆严禁跨区域行驶； 5. 车辆禁止人货混装，不得驾驶与准驾车型不符的车辆； 6. 严禁在高速公路、城市快速道路上违法占用应急车道； 7. 出车时必须携带相关证件，车辆需粘贴相关合格检验标志	一经发现立即停止出车，直至违法行为解除
		6. 委保、租赁单位资质不符合要求	严审驾驶员外委、车辆租赁单位资质	一经发现，立即停止车辆运行和人员驾驶

（续表）

序号	辨识项目	风险点	防控措施	应急处理
2.2	特殊环境驾驶	1. 缺乏特殊气候交通预警机制	1. 建立特殊气候信息提醒制度； 2. 恶劣气候实行强制停驶制度； 3. 车载灭火器、三角牌等警示器械必须齐全有效； 4. 出车前必须对灯光、制动等安全部件进行检查； 5. 驾驶员必须确保信息通畅，随时做好应急处置准备； 6. 途中如遇突发恶劣天气、重大事故等事件，驾驶人员在确保安全的前提下，尽快驶离危险区域； 7. 执行安全员、班组长、公司领导联动调度机制	除应急抢修外，严格控制出车
		2. 特殊气候行车准备不到位	1. 加强车况检查，杜绝带“病”上路； 2. 针对雨雾冰雪天气，确因生产需要出车，必须落实防冻防滑等相关防护措施； 3. 对行进路线的危险点、危险源进行重点安全提醒	
		3. 特殊区域行车不安全	1. 机动车进入或通过生产、施工区域，车辆使用人须向驾驶人员交代安全注意事项； 2. 进入公司系统工区作业，必须服从现场指挥人员指挥，严格执行《安全生产工作规定》规定； 3. 驾驶人员不得擅自离开所驾车辆	实施 GPS 24 小时监督制度
2.3	特种作业车辆	1. 特种车辆作业人员未经专业培训，无证上岗	1. 作业人员身体健康，持证上岗； 2. 开展作业人员日常专业技能培训； 3. 非专业、持证人员不得驾驶特种车辆	
		2. 特种车辆未定期维护，专项检查	1. 根据特种车辆相关技术数据要求进行定期维护； 2. 做好车辆作业前、作业中和作业后的检查； 3. 特种车辆必须按规定定期进行调试检测	

（续表）

序号	辨识项目	风险点	防控措施	应急处理
		3. 特种车辆违规操作	1. 运输易燃、易爆、剧毒等危险物品必须符合国家有关驾驶员、押运员、车辆装载、行驶、停放等方面的规定； 2. 特种车辆进行危险作业时，车辆使用单位要安排有资质的人员进行现场指挥和管理； 3. 作业现场必须做好安全防护和警示； 4. 驾驶人员严格按照操作流程进行操作	车辆使用单位建立应急用车联系卡，统筹规范化使用流程
2.4	事故处置	1. 发生事故报告不规范	1. 编制事故处置预案，并做好驾驶人员的培训； 2. 组织开展事故处置流程专项培训和演练； 3. 发生事故后驾驶人员必须立即停车，保护现场，抢救伤员，向附近的公安机关报告。同时，向本单位汇报事故发生的时间、地点、行驶方向、车辆碰撞及伤亡情况； 4. 对损失 2000 元以下，无人员伤亡，事故成因责任明确的事故，应该按简易程序处理； 5. 驾驶人员不得擅自处理单位车辆的交通事故	重大交通安全事故，启动交通事故应急预案
		2. 事故分析不透彻、不全面	1. 事故当事人必须“说清楚”事故的原委，不得隐瞒； 2. 按照“四不放过”原则开展事故调查和处理	
3 车辆维保				
3.1	车辆维护	1. 车辆维护不及时	1. 建立单车车辆保养维修档案； 2. 根据车辆使用说明定期维护； 3. 驾驶人员必须按里程和使用年限对车辆进行一、二级维护； 4. 所驾车辆必须按季节变更及时进行维修	
		2. 维修质量无保障	1. 车辆维修要选择合格供应商； 2. 严格执行车辆修理交接制度； 3. 维修后的车辆必须现场进行修复检验； 4. 所维修车辆须有质保要求； 5. 所检修车辆必须符合 GB 7258—2017《机动车运行安全技术条件》	

（续表）

序号	辨识项目	风险点	防控措施	应急处理
		3. 违规维修车辆	1. 车辆维修合同必须符合招投标工作流程； 2. 严禁私车公修； 3. 杜绝维修过程中巧立名目，暗箱操作； 4. 严防假冒伪劣配件的使用； 5. 必须对维修过程进行有效监管	
3.2	车辆检验	延检漏检	1. 建立车辆年检台账制度； 2. 履行管理提醒职责； 3. 按规定处置报废车辆； 4. 驾驶人员不得驾驶逾期未经检验的车辆	
3.3	车辆保险	1. 延保漏保	1. 及时提醒驾驶员粘贴保险标识； 2. 建立完善保险缴纳规范台账制度； 3. 加强保险费率的有效管控； 4. 依法治企，杜绝保费违规行为	
		2. 理赔手续不完善	1. 组织开展保险条款专题学习； 2. 配合保险公司积极处置保险理赔事宜	

第六节　应急事件处置

（一）基本要求

安全第一、配置充足、调度合理、运行高效、属地为主、专业处置。

（二）人员组成

1. 车辆保障队伍由属地单位和支援单位车辆管理人员组成，负责组织车辆运输保障，保证突发事件情况下交通工具的优先安排，确保抢险救灾物资和应急救援人员能够安全、及时抵达救援现场，组织车辆故障抢修，确保车辆故障及时排除。

2. 依据“平战结合”的原则，发生突发事件的单位应建立覆盖所属单位各级的后勤应急交通保障指挥机构，确保突发事故处置纵向贯通、响应迅速。

3. 组织机构。后勤应急交通保障专业组主要由公司主要领导、后勤管理部门、生产管理部门、集体企业车辆管理人员组成。

4. 应急队伍。建立后勤应急交通保障人员储备库，在接到应急指令后立即召集应急保障队伍；保障人员须保持通信畅通，在规定时间内到达指定地点集结。

5. 专人负责。后勤应急交通保障组由应急后勤保障组统一调配指挥，由专人负责车辆应急调度指挥、车辆技术保障、车用物资保障。

（三）保障要求

1. 应急车辆类型见表 4－2 所列。

表 4－2　应急车辆类型

序号	车辆类型	序号	车辆类型
1	小型轿车	9	吊车
2	越野车	10	应急发电车
3	面包车	11	检修试验车
4	客车	12	电缆测试车
5	轿货两用车（皮卡）	13	计量检测校验车
6	客货两用车（工程车）	14	应急通讯车
7	高空作业车	15	新能源车
8	带电作业车		

注：均为必备。

2. 按突发事件类型和实际需求，应急保障车辆备品备件和保障车辆运行常态的储备备品备件见表 4－3、表 4－4 所列。

表 4－3　应急保障车辆备品备件

序号	随车备品备件名称	序号	随车备品备件名称
1	驾驶证	10	反光贴
2	行驶证	11	警示牌
3	准驾证	12	三角木
6	强制险标识	13	千斤顶
4	年检标识	14	备胎
6	车辆运行手册	15	随车工具
7	GPS 终端	16	耐酸手套
8	车载电源	17	轮胎自补液
9	灭火器	18	应急锤

注：均为必备。

表 4－4　保障车辆运行常态的储备备品备件

序号	储备备品备件名称	序号	储备备品备件名称
1	牵引绳	12	护目镜
2	战备撬	13	反光衣
3	防护栏	14	应急电源
4	防毒面具	15	电瓶连线
5	紧急切断装置	16	应急照明灯
6	防滑链	17	防冻液
7	耐酸胶鞋	18	润滑油
8	安全帽	19	轮胎自补液
9	备用燃油	20	车载充气泵
10	－10 号柴油	21	降凝剂
11	应急药箱		

注：均为必备。

3. 运力组织

(1) 属地单位首先进行应急后勤运输保障，灾害发生地就近单位进行支援，优先响应，其余单位做好支援准备。

(2) 车辆保障人员应及时掌握各单位应急运力联络人、联系方式、车辆信息、驾驶员及联系方式，建立 24 小时全天候联络渠道。

(3) 应急保障车辆管理要求：

应急保障车辆必须用于与电网生产相关的应急工作，不得另作其他用途；

应急保障车辆应指派专人管理，并做好相关记录；

应急保障车辆应确保车况完好，保证油箱储油量大于 1/2；

应急保障车辆应在指定地点停放，保证出行畅通；

应急保障车辆钥匙应由应急值班人员统一保管，以便应急出车快捷、及时。

(4) 协调联动保障：

建立横向系统内跨省单位之间以及纵向省内市县各级单位之间的交通应急保障专业人员技术协同、车辆（含维修器具）、车辆相关物资和驾驶人员（特种车）的共享机制；

建立与政府、厂矿企业、供应商、军队之间的车辆（含维修器具）、车辆相关物资和驾驶人员（特种车）的共享机制；

建立沟通协调机制。与交管部门沟通解决交通道路管制、通行限行等车辆通行问题；与车辆燃油供应企业沟通，保证应急车辆的加油需求。

(5) 在车辆保障驻点根据需求提前安排出车前安全检查，安排人员跟进当地交通管制和道路通行情况，编制车辆行进路线图，必要时实行专人带路引领制度。建立交通安全短信推送制度，定时发布路况、天气、道路通行信息，确保车辆安全及时就位。

（6）支援单位应按照《国家电网公司公务用车管理办法（试行）》的要求对应急运输车辆进行定期维护和保养，保证车况良好，确保在收到应急指令时，应急运输车辆能按预定时间到位，承担相应应急任务。车辆必须符合 GB 7258—2012《机动车运行安全技术条件》方可上路行驶。特种车辆必须符合国家定期检验的要求。

第七节 安全检查机制及监督评价

一、车辆安全监督检查方式

1. 计划性检查和随机检查相结合的形式，通过现场检查和远程抽查等方式组织开展自查、互查和专项检查工作。可与春、秋、冬季安全大检查等其他安全检查合并开展。

2. 车辆安全监督现场检查，可采取现场检查询问、资料查阅、询问交流、查阅车辆信息管理系统等多种方式进行。

3. 车辆安全监督远程抽查，通过车辆信息管理系统和远程 GPS（北斗）监控系统，对车辆日常维护管理、检验检测、合规使用情况等进行核查。

二、车辆安全监督检查频次要求

1. 市公司每半年至少组织开展 1 次交通安全监督检查

2. 县公司每季度至少组织开展 1 次交通安全监督检查

三、车辆安全监督检查内容

1. 车辆安全责任落实监督检查内容

（1）车辆管理部门、安全监督部门、运维单位的交通安全职责明确，职责内容是否符合相关规定要求，交通安全管理（监督）网络健全。

（2）车辆安全管理工作规定及补充修订情况。

（3）交通安全管理例会制度，及时掌握和督促检查所属车辆交通安全情况，并及时总结，解决存在的问题，严肃查处事故责任者。

（4）建立交通安全监督、考核、保障制约机制，实行“准驾证”制度，强化行车安全监护。

（5）对委保、租赁单位资质进行审核，建立有资质的委保、租赁单位清单。

2. 驾驶人员安全教育培训管理的监督检查内容

（1）驾驶员管理台账，并实施动态管理。

（2）驾驶人员应获得相应等级的驾驶证书。

（3）外聘驾驶员应经相关部门审查，由主管领导批准后，按照有关规定签订劳动合同和交通安全协议书，并报本单位交通安全监督部门备案。

3. 安全教育培训监督检查内容

（1）交通安全年度教育培训计划，驾驶员、特种车辆操作人员进行交通安全技术培训和考试。

（2）培训内容包括交通法律法规、交通安全知识、特种车辆操作人员技术技能、安全常识等。

（3）车辆运维管理单位应每月召开安全分析会，相关班组每周组织安全活动学习。

4. 车辆运维及日常管理的监督检查内容

（1）节假日及特殊保电时期应急值班车辆应按要求保持状态完好，随时满足工作需要，其余非值班车辆实行定点封存。

（2）建立交通安全隐患排查治理工作机制，建立隐患治理档案，按照“排查（发现）—评估—报告—治理（控制）—验收—销号”的流程形成闭环管理。

（3）执行车辆的统一调用、集中管理，用车审批制度，实行出车任务单管理。

（4）与外聘驾驶员委保单位签订合法、有效、责任明确的租赁合同和委保合同，明确安全约定条款，对租赁车辆实行安全许可制度。

5. 应急处置监督检查内容

（1）交通事故处置应急预案（专项预案），并针对具体情况制订现场处置方案，专项应急预案和现场处置方案的培训和演练每年至少组织 1 次。

（2）建立交通安全预警机制，根据恶劣气候、地质灾害等情况及时启动预警机制，制定恶劣天气行车（舟船）安全措施，适时发布安全行车注意事项。

6. 事故调查监督检查内容

（1）交通事故信息报送情况，事故调查处理和统计分析情况。

（2）严格按照“四不放过”原则处理交通事故，吸取事故教训，落实防范措施。

四、车辆安全监督检查流程

1. 交通安全监督检查工作计划和方案的制订，确定检查组人员，明确检查重点内容、检查组分工及时间安排。

2. 按照工作计划和方案，开展现场检查或远程抽查，对于检查中发现的问题向受检单位下发整改通知单（附件 4 - ①），并留存备查。

3. 专项监督检查后，应编写专项监督检查工作报告（附件 4 - ②）和交通安全监督检查发现问题汇总表（附件 4 - ③），明确整改要求和工作建议，并留存备查。

4. 受检单位收到整改通知单和监督检查报告 3 个工作日内编制完成整改计划表（附件 4 - ④），明确整改责任部门、整改措施、完成时间等，经分管领导批准后上报检查单位。

5. 受检单位应按照整改计划，逐条落实整改措施，并将整改完成情况纳入本单位安全监督检查内容。整改完成后，将整改情况反馈表（附件 4 - ⑤）上报检查单位。

6. 对于检查中发现的重大问题的整改情况，根据需要适时组织复查。

交通安全监督检查重点内容见表 4 - 5 所列。

表 4－5　交通安全监督检查重点内容

<table>
<tr><th colspan="5">第一部分：组织管理情况</th></tr>
<tr><th>序号</th><th>检查项目</th><th>检查内容</th><th>检查方法</th><th>检查依据</th></tr>
<tr><td>1</td><td>交通安全组织保障</td><td>1. 车辆管理部门、交通安全监督部门、运维单位的交通安全职责是否明确；
2. 职责内容是否符合相关规定要求；
3. 交通安全管理（监督）网络是否健全</td><td>查阅交通安全委员会成立文件、职责分工及相关记录</td><td rowspan="4">国家能源局：
《防止电力生产事故的二十五项重点要求》。
国家电网公司：
《安全生产工作规定》
《国家电网公司安全生产职责规范》
《国家电网公司十八项电网重大反事故措施》</td></tr>
<tr><td>2</td><td>交通安全规章制度</td><td>1. 是否根据上级规定、标准、规程、反事故技术措施和实际情况，编制适合本单位（部门）的车辆安全管理工作规定；
2. 是否定期（或必要时）进行制度的补充修订</td><td>查阅管理制度、职责规范及现场访谈</td></tr>
<tr><td>3</td><td>交通安全管理例会制度</td><td>1. 是否建立交通安全管理例会制度，及时掌握督促检查所属单位；
2. 车辆交通安全情况，及时总结，解决存在的问题，严肃查处事故责任者</td><td>查阅相关资料，现场访谈</td></tr>
<tr><td>4</td><td>交通安全监督、考核、保障制约机制</td><td>是否建立了交通安全监督、考核、保障制约机制，是否实行“准驾证”制度，强化了行车安全监护</td><td>查阅驾驶员评议、考核、奖惩管理规定和考核记录；通过车辆 GPS（北斗）监控系统和网络违章查询系统查阅车辆违章、违纪处理情况</td></tr>
<tr><td>5</td><td>委保、租赁单位资质审核</td><td>是否对委保、租赁单位资质进行审核</td><td>查阅相关委保、租赁单位资质复印件和审核记录</td><td>当地的《汽车租赁管理办法》</td></tr>
</table>

（续表）

第二部分：驾驶人员及教育培训管理				
序号	检查项目	检查内容	检查方法	检查依据
6	专（兼）职驾驶员管理台账	1. 是否建立专（兼）职驾驶员管理台账； 2. 是否实施了动态管理	查阅专（兼）职驾驶员管理台账	《中华人民共和国道路交通安全法实施条例》 《机动车驾驶证申领和使用规定》
7	车辆驾驶员资质	车辆驾驶人员是否获得相应等级的驾驶证书	查阅驾驶证书	《中华人民共和国道路交通安全法实施条例》 《机动车驾驶证申领和使用规定》
8	外聘驾驶员	外聘驾驶员是否经相关部门审查、主管领导批准后，按照有关规定签订劳动合同和交通安全协议书	查阅外聘驾驶员劳动合同和交通安全协议书	《国家电网公司十八项电网重大反事故措施》
9	培训计划制订及执行	1. 是否编制交通安全年度教育培训计划； 2. 是否定期组织专（兼）职驾驶员进行安全技术培训和考试	查阅交通安全培训计划、培训和考试记录	《中华人民共和国道路交通安全法》 《国家电网公司十八项电网重大反事故措施》
10	培训内容	培训内容是否包括交通法律法规、交通安全知识、技术技能、安全常识等	查阅交通安全培训记录	《中华人民共和国道路交通安全法》 《国家电网公司十八项电网重大反事故措施》
11	班组安全活动学习情况	1. 车辆运维管理单位是否每月召开安全分析会； 2. 班组是否每周组织安全活动学习	查阅会议及活动记录	国家电网公司：《安全生产工作规定》 《国家电网公司安全生产职责规范》

（续表）

第三部分：车辆（舟船）运维及日常管理				
序号	检查项目	检查内容	检查方法	检查依据
12	各种车辆维修管理情况	是否执行车辆安全检查制度和定期维护保养制度，落实车辆（舟船）“三检”制度，杜绝车辆带“病”行驶	查阅相关维修记录，抽查部分车辆	《机动车维修管理规定》 《机动车运行安全技术条件》 《国家电网公司十八项电网重大反事故措施》
13	用车管理	用车管理是否制定并落实防止重特大交通事故的安全措施	查阅相关资料	《机动车运行安全技术条件》 《国家电网公司十八项电网重大反事故措施》
14	车辆GPS（北斗）监控管理情况	1. 是否对监控平台、车辆GPS（北斗）终端进行及时维护； 2. 是否开展对运行车辆的实时监控	查阅相关记录	《国家电网公司公务用车管理办法（试行）》
15	节假日及特殊时期车辆管理	1. 节假日应急值班车辆是否按要求保持状态完好，随时满足工作需要； 2. 对非值班车辆是否进行定点封存	查阅有关工作安排及检查记录等资料	《机动车维修管理规定》 《国家电网公司公务用车管理办法（试行）》
16	交通安全隐患排查治理	是否建立交通安全隐患排查治理工作机制，建立隐患治理档案，按照“排查（发现）—评估—报告—治理（控制）—验收—销号”的流程形成闭环管理	查阅交通安全隐患排查工作安排文件及隐患治理档案等资料	《国家电网公司安全隐患排查治理管理办法》
17	车辆集中管理、统一调用执行情况	1. 是否执行车辆的统一调用、集中管理； 2. 是否履行长途行车用车审批制度，实行出车任务单管理	查阅相关行车审批单	《国家电网公司公务用车管理办法（试行）》
18	租赁车辆和委保管理	1. 是否分别与出租车辆单位和委保单位签订合法、有效、责任明确的租赁合同和委保合同，明确安全约定条款； 2. 是否对租赁车辆实行安全许可制度	查阅租赁合同和安全许可记录	当地的《汽车租赁管理办法》

（续表）

第四部分：应急处置与事故调查				
序号	检查项目	检查内容	检查方法	检查依据
19	交通安全应急预案制定、培训、演练	1. 是否编制本单位交通事故处置应急预案（专项预案），并针对具体情况制定现场处置预案； 2. 专项应急预案和现场处置方案的培训和演练是否每年至少组织1次	查阅预案、处置方案、演练方案和总结	《国家电网公司十八项电网重大反事故措施》 《应急工作管理规定》 《应急预案管理办法》 《应急预案编制规范》
20	交通安全预警机制	1. 是否建立交通安全预警机制，按恶劣气候、地质灾害等情况及时启动预警机制； 2. 是否制定恶劣天气行车安全措施，适时发布安全行车注意事项	查阅启动、解除预警通知和相关资料	《应急工作管理规定》 《国家电网公司十八项电网重大反事故措施》
21	交通事故的处理	是否严格按照“四不放过”原则处理交通事故，吸取事故教训，落实防范措施	查阅交通管理部门出具的交通事故裁决书、保险公司出具的查勘记录或速赔案件处理单、本单位对相关责任人的处理意见和整改措施	《道路交通安全违法行为处理程序规定》 《道路交通事故处理程序规定》 《中华人民共和国道路交通安全法》 《中华人民共和国道路交通安全法实施条例》 《公安部关于修订道路交通事 故等级划分标准的通知》 《国家电网公司安全事故调查规程》

附件 4－①

交通安全监督检查整改通知单

单位名称：　　　　　　　　　　　　　　　　编号：国网××电力××单位××号

主送：存在问题的单位和地点

检查发现时间：　　　　　　　　年　　月　　日

存在问题及处理意见：

监督检查人员（签字）：　　　　　　　　　　被通知单位领导（签字）：

附件 4－②

交通安全监督专项检查报告

检查单位：

被检查单位：

年　月　日

交通安全监督专项检查报告

一、检查工作基本情况			
（简述本次监督专项检查工作开展的时间、检查范围、检查小组组成及参与人员和主要检查手段等）			
二、发现问题汇总分析			
（对本次监督专项检查中发现的重要问题进行总结分析，详见附件 4－③：交通安全监督检查发现问题汇总表）			
三、整改要求及工作建议			
（对发现的每一类或每一项问题，提出有操作性的整改要求和措施建议）			
检查组组长（签名）：			
检查组成员（签名）：			
序号	姓名	单位	职务（职称）

附件 4 - ③

交通安全监督检查发现问题汇总表

受（自）检单位：　　　　　　　　　检查时间：　　　　　　　　　检查人或组长：

序号	检查项目	检查内容	存在问题	整改建议	备注
安全责任落实部分					
××××部分					

附件 4－④

交通安全监督检查发现问题完成整改计划表

序号	存在问题	责任部门	整改措施	完成时间	备注
安全责任落实部分					
××××部分					

附件 4 -⑤

交通安全监督检查发现问题整改情况反馈表

序号	存在问题	责任部门	是否按时完成整改	未完成整改原因及下一步整改措施	备注
安全责任落实部分					
××××部分					

第五章 食品卫生安全管理

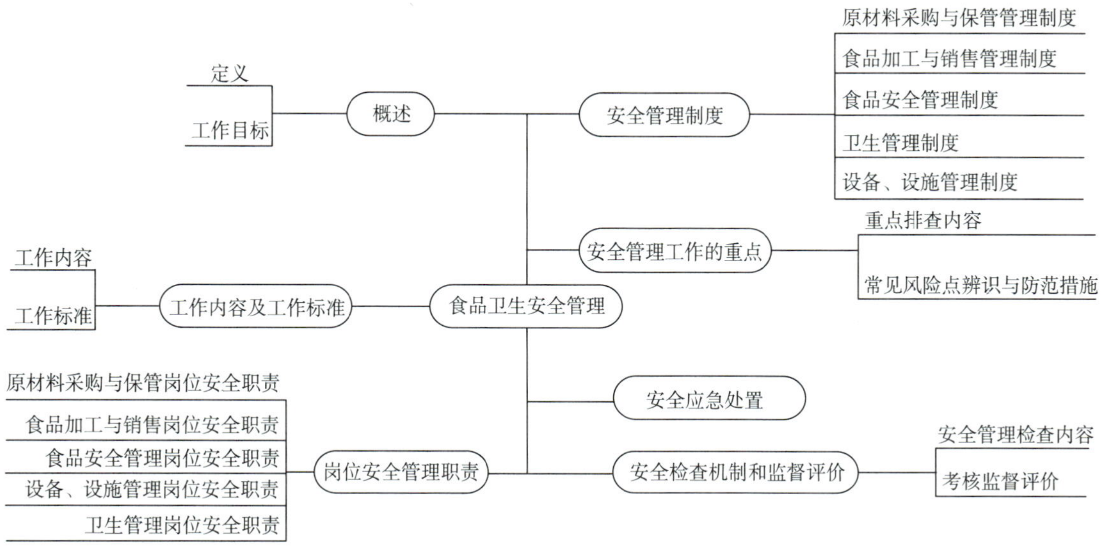

第一节 概述

一、定义

食品卫生安全管理是指食品相关管理部门动员和运用有效资源，采取计划、组织、领导和控制等方式，对食品原材料的采购、生产、流通、销售及消费等过程进行有效的协调及整合，保证实现公众生命财产安全和社会利益目标的活动过程。食品卫生安全事件的特点具有突发性、复杂性和破坏性。

1. 突发性

由于食品卫生事件常具有“出其不意”的特点，事件发生紧急，无法预料其时间、地点、造成的后果等，根本没有任何征兆。

2. 复杂性

事件的发生非常混乱，不同危害卫生安全的行为同时或者变换产生，受自然因素、社会原因、政治经济因素等诸多因素的影响。

3. 破坏性

不论是什么性质和规模的危害，都必然会造成不同程度的破坏，引起社会混乱和恐慌，而事件发生后由于时间以及信息限制导致无可估量的损失。

因此，随着社会的发展进步，科学技术的飞速发展，食品卫生安全管理是维护社会稳定，建设和谐社会的一项重要举措，也是当前社会发展的必然要求。

二、工作目标

1. 保障员工食品卫生安全

通过为员工提供安全、卫生、健康、可口的食品，创造整洁、舒适、便利的卫生环境，保障员工食品卫生。

2. 调节员工身体健康

通过营养配餐，合理搭配制订每日菜谱，遵照荤素搭配，均衡营养，控盐、控油，清淡饮食等原则，并紧密结合员工健康体检情况，开辟高糖、高脂等膳食干预专区，达到调节员工身体健康的目的。

第二节　食品卫生安全管理内容及标准

一、工作内容

1. 原材料采购与保管

原材料采购与保管的主要工作内容包括原料采购、原材料检验以及入库、在库和出库管理。

2. 食品加工与销售

食品加工主要工作内容包括原料初加工、烹调加工、面点加工、销售服务。

3. 食品安全管理

食品安全管理主要工作内容包括农药残留检测、食品留样、食物中毒应急处置、食品安全监督等。

4. 设备、设施管理

设备、设施管理主要工作内容包括使用管理、维护保养、安全管理。

5. 卫生管理

卫生管理主要工作内容包括环境卫生、烹饪卫生、食（用）具卫生、食品卫生、个人卫生管理以及餐厨垃圾处置。

二、工作标准

（一）原材料采购与保管

1. 食品原材料采购工作标准

（1）采购员、供货商要认真学习《采购食品索证管理制度》，熟悉并掌握食品采购索证要求。

（2）采购食品时需要索证的证件：

① 采购食品时，索取的证件包括营业执照、卫生许可证、卫生检验合格证、动物防疫合格证、供货商健康证等。索取的证件必须在有效期内，并符合管辖规定。

② 采购食品（包括食品成品、原料及食品添加剂、食品窗口和报装材料、食品用工具和设备），要按照国家有关规定向供方索取产品的检验合格证和化验单，同时注意检查核对合格证中记载的产品名称、生产日期、批号等必须与产品相符，不得涂改、伪造。

③ 采购乳制品、肉制品、水产品、食用油、调味品、食品添加剂以及卫生行政部门规定的其他食品等，均应严格索证：生肉、禽类应具有兽医部门的检疫合格证，进口食品以及原料应具有监督部门出具的检疫合格证书。

④ 按规定必须有 QS 标志的必须有 QS 标志。

（3）不得采购的食品及原料

① 不得采购腐败变质、掺杂掺假、发霉生虫、有毒有害、质量不新鲜的食品及原料，以及无产地、无厂名、无生产日期和保质期或标识不清、超过保质期限的食品。

② 不得采购无卫生许可证的食品和生产经营者供应的食品。

（4）所索取证件、检验合格证明统一保存、管理，证件要分类、分单位装订，建立目录，妥善保管，以备查验和上级检查。

（5）对玩忽职守、不负责任、弄虚作假、私自采购违禁物品、不索取证件或索取证件不全者，予以严肃处理，造成不良后果或事故的将按照有关规定追究责任。

2. 食品原材料品质检验工作标准

（1）嗅觉检验：用嗅觉器官来鉴定原材料气味，如出现异味，说明已变质。

（2）视觉检验：视觉检验范围最广，凡是能用肉眼根据经验判断品质的都可以用这种方法对原材料的外部特征进行检验，以确定其品质的好坏。

（3）味觉检验：可根据原料的味觉特征变化情况来鉴定品质的好坏，如鸡蛋，可以用手摇动，然后听声音来鉴定。

（4）触觉检验：触觉是物质刺激皮肤的表面的感觉，手指是敏感的，通过接触原材料组织的粗细、弹性、硬度等，以确定其品质好坏。

3. 食品原材料保管工作标准

（1）库房保管需要对采购的所有食品的品种、质量、数量及各种要求的证件等认真进行对照检查验收。严禁不符合质量、数量和采购单要求的食品入库。

（2）库房保管应对入库食品进行登记，建立食品采购与进货验收台账。采购和验收人员均应在登记台账上签字，并将有关资料保存归档。

（3）入库食品要按照类别和要求的存放方式摆放储存。要隔墙、离地，并标明品名与入库时间。检查生产日期和保质期，按照“先进先出”原则进行出库。

（4）库房内所有货架、货墩、货柜都必须张贴标签，标签要注明品名及规格，并在进出标签备注栏上注明进货批次、数量、日期及出库数量、日期。

（5）严格控制库房内的温度，随时对库房内的温度进行检查，保证通风良好，防止因温度过高或受潮而引起库房食品过早霉变、腐烂。

(6) 库房内严禁存放任何有毒有害、易燃易爆、易污染的物品及原材料和私人物品，库房管理人员每天对库房内的物资进行检查，对地面、货架、门窗、墙壁进行全面清洁。发现变质、破损、过期等物资要立即进行处理。

(7) 食品添加剂存放在固定场所或橱柜并上锁，包装上应标志“食品添加剂”字样，由专人保管。添加剂的使用须由专门制作加工人员操作，对其使用种类及数量须由专人记录在案。

(8) 食品冷藏、冷冻应做到原料、半成品、成品严格分开存放，做到植物性食品、动物性食品和水产品分类摆放。冷藏、冷冻贮藏的温度应分别符合温度范围的要求，冰箱(柜)宜设外显式温度计，以便于对其内部温度的监测。

(二) 食品加工与销售

1. 食品粗加工、切配卫生工作标准

(1) 加工前应认真检查待加工食品，发现有腐败变质迹象或者其他感官性状异常的不得加工和使用。

(2) 各种食品原料在使用前应洗净，动物性食品、植物性食品应分池清洗，水产品宜在专用水池清洗，禽蛋在使用前应对外壳进行清洗。

(3) 易腐食品应尽量缩短在常温下的存放时间，加工后应及时使用或冷藏。

(4) 切配好的半成品应避免被污染，与原料分开存放，并根据性质分类存放。

(5) 切配好的食品应按照加工操作规程，在规定时间内使用。

(6) 已盛装食品的容器不得直接接触地面，防止造成食品污染。

(7) 加工用容器、工具应符合卫生要求，生熟食品的加工工具及容具应分开存放，并有明显标志。

2. 食品烹调加工卫生工作标准

(1) 烹调前应认真检查待加工食品，发现有腐败变质或其他感官性状异常的，不得进行烹调加工。

(2) 不得将回收后的食品，经烹调加工后再次供应。

(3) 需要熟制加工的食品应当烧熟煮透，其加工时食品中心温度应不低于 70℃。

(4) 加工后的成品应与半成品、原料分开存放。

(5) 需要冷藏的熟制品，应冷却后冷藏。

(6) 使用食品添加剂应当按照国家卫生标准和有关规定使用。

3. 面点制作卫生工作标准

(1) 工作前需先消毒工作台和工具，工作后将各种用具洗净消毒。

(2) 严格检查所用原料，不得使用不合标准的原料。

(3) 蒸箱、烤箱、蒸锅、和面机等使用前应保持干净卫生，用后及时洗擦干净，用纱布盖好，并定期拆洗。

(4) 盛装米饭、点心等食品的笼屉、筐箩、食品盖布等，使用后要用热碱水洗净，盖布、纱布要标明专用，里外面分开。

(5) 面杖、刀具、模具、容器等用后洗净，定位存放，保持清洁。

(6) 未用完的面点馅料、半成品点心，应在冷柜内存放，并在规定期限内使用。

（7）面点、糕点、米饭等熟食品需凉透后放入专柜保存，食用前必须加热蒸煮透彻，如有异味不得食用。

4. 食品再加热卫生工作标准

（1）食品无适当保存条件（温度低于 60℃、高于 10℃，存放时间超过 2 小时的熟食品）需再次利用时应充分加热，加热前应确认食品未变质。

（2）冷冻食品应彻底解冻，经充分加热后方可食用。加热的中心温度应高于 70℃，未经加热的食品不得食用。

（3）凡隔餐、隔夜的熟制品，在保证质量的前提下，必须充分再加热后方可食用。

5. 食品运送工作标准

（1）生食

① 盛装前应对容器进行消毒处理。

② 冷库不允许存放食品的外包装箱。

③ 水果运输应保持低温冷藏、干净卫生。

④ 做好手推车的清洗整洁。

⑤ 运送生肉、家禽和海鲜时，必须使用不同的器皿，以防交叉污染。

（2）熟食

① 在运送、陈列和服务的过程中，热食温度不得低于 65℃。

② 保证运输过程中所有食品必须分类，密闭保存。

③ 贮存在 65℃以下的热食，保存 4 小时后必须重新加工。

6. 备餐及供餐卫生工作标准

（1）备餐操作前工作人员应认真清洗、消毒手部。

（2）操作人员应认真检查待供应食品，发现有感官性状异常的，不得供应。

（3）供餐时，操作人员必须佩戴口罩、一次性卫生手套，检查餐具、用具等是否卫生，防止食品受到污染。

（4）烹饪后至食用前，需存放较长时间的食品，应在高于 60℃或低于 10℃的条件下存放。

（三）食品安全管理

1. 获得食品生产许可证的企业应当保证持续稳定地生产合格的食品，并接受各地质量技术监督部门的监督和管理。食品销售企业，应当检查所出售的食品是否具有 QS 标志和食品生产许可证编号。

2. 质量技术监督部门应当根据不同类型食品的特点，定期对食品质量安全进行监督检查，主要检查企业是否持续满足保证产品质量的必备条件、是否持续保证食品质量安全以及食品生产许可证和食品质量安全市场准入标志的使用等情况。对监督检查中发现其食品存在质量安全问题的，应当书面通知企业限期整改，并且按照有关规定，在一定时期内由指定的检验机构对企业生产加工的食品进行严格检验。

3. 食品生产加工企业不得使用过期的、失效的、变质的、污秽不洁的、陈化的、回收的或者非食用的原材料生产加工食品。质量技术监督部门应当加强对食品生产加工企业原材料、添加剂及包装材料使用情况的监督检查，检查其在采购食品原材料时，是否向供货单位索取合格证明，或者自行检验、委托检验。

4. 使用新资源、食品添加剂新品种生产加工食品，或者利用新的原材料进行食品包装时，食品生产加工企业必须在投产前进行质量安全检验，必须向质量技术监督部门提供质量安全检验证明。质量技术监督部门对上述新材料的使用进行监督。

5. 企业对监督检验结论有异议的，可以自接到检验结果之日起 15 日内，向组织该监督检验的质量技术监督部门或者上一级管理部门提出复验申请。质量技术监督部门应当委托法定的检验机构进行复验，并应当自受理复验之日起 10 日内作出书面答复。复验结果为终局结论。

（四）设备、设施管理

1. 建筑与设施卫生工作标准

（1）餐厅四周环境应随时清扫，保持清洁。

（2）厨房下水排放系统应经常清理，保持畅通、无异味，并有防鼠措施。

（3）墙壁、地面应保持清洁，不得有纳垢、侵蚀或积水。

（4）天花板应保持清洁，不得有霉斑、剥落、积尘等情形发生。

（5）门窗、通风口应保持清洁，并有防蝇措施。

（6）照明设施、售饭台保持清洁，无灰尘、油污。

（7）餐厅洗手间应保持清洁，无不良气味。有洗手池、清洁剂、干手器等设施。

（8）更衣间应与食品作业场所隔离，员工有独立更衣柜。

2. 餐厅配套卫生间工作标准

（1）卫生间墙面、地面、天花板表面光洁，墙面无污迹，地面无积水，天花板无脱落。

（2）洗手台台面、镜面、水龙头表面光洁，无水迹、皂迹、锈迹，无漏水滴水。

（3）干手器、皂液盛取器完好，无污迹。

（4）便池表面干净，上下水畅通、无污垢、无异味。

（5）排风设备良好有效，通风口无积尘，地漏畅通，无虫害。

3. 设备用具卫生工作标准

（1）用于食品加工、烹调、盛装的设备用具，使用前应确认清洁，使用后应清洗干净，避免再受污染，防止清洁剂或消毒剂污染食品。

（2）容器分类管理。生鲜肉品、水产品用黄色塑胶篮装盛，生鲜蔬菜用绿色塑胶篮装盛，熟食用不锈钢容器及免洗用具装盛，一次性餐盒应符合相关卫生规定要求，且不得回收使用。

（3）砧板、刀具、抹布上应分类标示用途，生食与熟食砧板、刀具不得交叉使用，抹布根据颜色分类使用，熟食用灰色抹布，生食用黄色抹布，蔬菜用绿色抹布，清洁用白色抹布。

（4）食堂用具卫生实行“三槽”洗涤。第一槽以 43℃～49℃热水加洗洁剂清洗用具；第二槽以 25℃流动水将洗洁剂冲洗干净；第三槽入蒸柜以 100℃以上蒸汽蒸 15 分钟后上架摆放。

（5）餐具使用一体洗碗机进行洗涤、消毒，洗涤干净后放入餐具保洁柜中保存，勺、筷洗涤干净后放入紫外线柜中消毒，盛装餐具的容器必须清洁卫生。

（6）绞肉机、切肉机、压面机、搅拌机、菜馅机、工作台、烹调器具、餐具输运带、盛饭车、自动洗碗机等设备，使用前检查是否清洁卫生，使用后清洗干净，保持干燥。

（五）卫生管理

1. 食品加工人员卫生工作标准

（1）食品操作人员必须每年进行健康检查，取得健康证后方可参加工作，不得超期使用健康证明。

（2）患有痢疾、伤寒、病毒性肝炎等消化道传染病的人员，以及患有活动性肺结核、化脓性或者渗出性皮肤病等有碍食品安全疾病的人员，不得从事接触食品工作。

（3）定期组织食品加工人员参加食品安全知识、职业道德和法律、法规的培训，以及操作技能培训。

（4）新参加工作的人员，包括实习生必须经过培训、考试合格后方可上岗。

（5）工作前、处理食品原料后或接触直接入口食品之前，都应用流动清水洗手。

（6）不得留长指甲、涂指甲油、戴戒指。

（7）不得发生面对食品打喷嚏、咳嗽及其他有碍食品卫生的行为。

（8）不得在食品加工和销售场所内吸烟。

（9）服务人员应当穿着整洁的工作服，厨房操作人员应当穿戴整洁的工作衣帽，头发应梳理整齐置于帽内。

2. 服务人员仪表卫生工作标准

（1）服务员上岗要精神饱满，注意力集中，面带微笑，体态高雅、举止庄重、落落大方。上岗前，服务员要面对镜子自我检查，看是否合乎要求，或安排服务员相互检查，以最佳的精神状态做好准备。

（2）女服务员发型必须做到：

① 保持干净，头发必须梳理整齐，有一定发式。

② 头发不宜过长，最长齐肩胛骨，不得梳披肩发，额前刘海不得压眉，装饰简洁、淡雅。

化妆必须做到：

① 化淡妆。

② 化妆的重点是弥补先天不足部位。

③ 不要浓妆艳抹。

（3）男服务员发型必须做到：

① 干净。

② 有一定发式。

③ 头发不要太长，以齐发际为限。

面容必须做到：

① 不留胡须。

② 不留长鬓角。

3. 食品环境卫生工作标准

（1）地面无纸屑、烟头、烟灰、水迹、油污、食物残渣；无残缺、裂缝的地砖，无鼠迹、鼠粪、蟑螂，呈现地砖本色。

（2）地毯（毡）无油污，无褶皱、破烂，呈现地毯（毡）本色。

（3）桌、椅、墙裙无污迹、油迹，无孔洞、裂缝，无划伤、灼伤；牢固平衡，摆放整齐，符合餐桌布局标准。

（4）柱子、墙面、顶部无孔洞、裂缝、蜘蛛网，无划伤、污迹、油迹，无脱落，无其他色彩污染。

（5）餐具（牙签、茶壶、暖瓶、小勺、小碗）保持无水迹、无杂物、无破损、无油迹。

（6）挂件保持无水迹、无油迹、无灰尘、无破损。

（7）工作柜表面和台面无水迹、无油迹、无灰尘；物品摆台规范，无水迹、无油迹、无灰尘。

（8）空调外壳无灰尘、无水迹，使用正常。

（9）垃圾筒、清洁用具（盆、桶）保持干净，无异味、无水迹、无垃圾并套好垃圾袋。

4. 厨房作业的卫生工作标准

（1）厨房应与厕所及其他不洁处所有效隔离，所以厨房内不应有厕所，且厨房的门与窗均不得面对厕所。

（2）厨房有良好的供水系统和排水系统，因厨房烹调食物之前，材料需要用清水洗涤，厨房清理更需要大量用水，这些用过的污水皆迅速排除，否则会使厨房泥泞不堪。

（3）工作台及橱柜以铝质或不锈钢材质为佳，木质较易滋生细菌或繁殖蟑螂。

（4）工作台及橱柜下内侧和厨房死角应特别注意清扫，因在冲洗地面时，易将面包碎片、碎肉、菜屑等冲入这些死角，成为蚂蚁、老鼠等的最佳食物。

（5）食物应在工作台上料理操作，并将生、熟食物分开处理。刀和砧板工具及抹布等，必须保持整洁。

（6）地面、天花板、墙壁门窗应坚固美观，所有孔洞缝隙应填实密封，并保持整洁。

（7）应装置抽油烟机，且抽油烟机的油垢应定时清理，而所排出的污油及热气也应适当处理，切勿直接喷出干扰邻居。

（8）食物应保持新鲜、清洁、卫生，并于洗净后，分开以塑胶袋包紧，或装在有盖容器内，分别储放于冰箱或冷冻室内，鱼肉类取用处理要迅速，要避免反复解冻。

（9）易腐败的食品应装于容器内冷藏，熟的与生的食物应分开储放，且为防止食物气味在冰箱内扩散或吸收冰箱内气味（牛乳、乳酪等最易吸收冰箱内气味），应密封储存，并备置脱臭剂或燃过的木炭放入冰箱，可吸净臭味。

（10）调味品应用适当容器装盛，使用后随即加盖，所有的器皿及菜肴均不得与地面或污物接触。

（11）厨房垃圾应尽快清除，一般不过夜。否则其异味会影响整个厨房，且易生昆虫。

5. 厨房卫生工作标准

（1）食品生熟分开，切配生熟食品必须双刀、双砧板、双抹布，分开操作。

(2) 厨房区域地面无积水、无油腻、无杂物，保持干燥。
(3) 厨房屋顶天花板、墙壁无吊灰，无污斑。
(4) 炉灶、冰箱、厨柜、货柜、工作台以及其他设备保持清洁明亮。
(5) 切配、烹调用具保持干燥，砧板、木案工作台显现本色。
(6) 厨房无苍蝇、蚂蚁、蟑螂、老鼠。
(7) 每天至少煮 1 次抹布，并洗净晾干；炉灶调料罐每天换洗 1 次。
(8) 员工衣着必须挺括、整齐、无黑斑、无油迹，一周内工作衣裤至少更换 2 次。
(9) 用于原料、半成品、成品的刀、墩、板、桶、盆、筐、抹布以及其他工具、容器必须标志明显，并做到分开使用、定位存放，用后洗净、保持清洁。

6. 食品餐用具卫生工作标准

(1) 食品餐用具、容器、包装材料应当安全、无害，使用前必须洗净、消毒，保持清洁，符合国家有关卫生标准，未经消毒的餐用具不得使用。
(2) 禁止重复使用一次性的餐用具。
(3) 食品餐用具要定期清洗、消毒（餐具每餐清洗、消毒），洗涤餐用具必须有专用（洗碗机）水池，不得与清洗蔬菜、肉类等的其他水池混用。
(4) 洗涤、消毒餐用具所使用的洗涤剂、消毒剂，必须符合卫生标准和使用要求。
(5) 消毒后的餐用具，必须贮存在餐具专用保洁柜内备用，已消毒和未消毒的餐用具应分开存放，并在餐用具贮存柜上有明显标记。
(6) 食品冷藏、冷冻工具，应定期保洁、洗刷、消毒，专人负责、专人管理。
(7) 食品餐具要有专人保管，不混用、不乱用。
(8) 食品餐用具的清洗、消毒工作应定期检查、不定期抽查，对不符合食品卫生安全标准要求的餐用具及时更换。

7. 日常其他卫生工作标准

(1) 食堂使用的洗涤剂、消毒剂、杀虫剂等，应指定专人负责保管，存放于固定场所，有明确标识，与食品隔离，使用有台账记录。
(2) 食堂清洗、清扫用具应统一管理，分区使用，用后清洗脱水，有固定存放场所。
(3) 食堂废弃物不得堆放于食品加工、贮藏场所，以防滋生病菌。
(4) 食堂废弃油脂有专用容器存放，回收有去向记录。
(5) 食品添加剂有专柜存放，专人保管，使用有专门记录。
(6) 食堂垃圾要日产日清，垃圾容器要里外清洁。

第三节 岗位安全管理职责

一、原材料采购与保管

1. 采购负责人岗位安全职责

(1) 严格遵守《中华人民共和国食品安全法》及相关食品安全的法律法规，执行食品安全监督机构的相关规定，接受各执行机构的卫生检查。

（2）组织采购员认真学习《中华人民共和国食品安全法》《采购食品索证管理制度》，熟悉并掌握食品原料采购索证要求。

（3）建立食品采购索证、进货验收和台账记录制度，指定专（兼）职人员负责食品索证、验收以及台账记录等工作。台账存放应方便查验。

（4）采购食品及原料时，应向供货方索取相应的营业执照，该批食品的卫生检验合格证、卫生许可证、生产许可证、注册商标的复印件、动物产品检疫合格证明。对长期供货商每年核对1次上述有效证件。

（5）从固定供货商或供货基地采购食品的，应索取并留存供货基地或供货商的资质证明，供货商或供货基地应签订采购供货合同并保证食品卫生质量。

（6）采购人员采购定型包装食品时要查看食品包装是否完整、标识内容是否齐全，采购散装食品和蔬菜、水果类时要符合卫生标准。

（7）不得采购腐败变质、掺杂掺假、发霉生虫、有毒有害、质量不新鲜的食品及原料，以及无产地、无厂名、无生产日期和保质期或标识不清以及超过保质期限的食品。

（8）在食品入库或使用前核验所购食品与购物凭证是否相符，并进行台账记录。

（9）所索取的检验合格证明由采购部门妥善保存，以备查验。

（10）食品在运输过程中，要做到“四隔离”，做到防雨、防尘、防蝇、防晒、防冻等，防止运输过程受到污染。

2. 库房负责人岗位安全职责

（1）严格执行《食品原材料储藏卫生制度》《餐饮从业人员个人卫生制度》《原材料出入库管理制度》的相关规定。

（2）负责库房内食品安全的管理和环境卫生日常清扫工作。

（3）保证库房内“四防”工作到位，保证食品原料无腐烂过期现象。

（4）严格检查原料质量，把好验货关。

二、食品加工与销售

1. 冷荤间负责人岗位安全职责

（1）严格执行冷荤制作间卫生要求，负责监督、检查冷荤制作间工作人员的卫生情况。

（2）协助配合厨师长工作，定期组织本岗位人员学习食品安全知识。

2. 炒菜岗位负责人岗位安全职责

（1）严格执行食品生产经营过程卫生要求，负责监督、检查炒锅、砧板、水台岗位人员工作是否符合食品安全标准。

（2）协助配合厨师长工作，对改进厨房食品安全工作提出建议和实施方案，定期组织本岗位人员学习与食品卫生安全相关的知识。

3. 面案负责人岗位安全职责

（1）严格执行食品加工卫生管理制度，负责监督检查面点间工作人员的工作是否符合食品安全标准。

（2）协助配合厨师长工作，对面点间卫生工作提出改进建议和实施方案，定期组织本岗位人员学习食品安全相关知识。

4. 营养配餐师岗位安全职责（兼职）

（1）掌握营养配餐的基本知识，取得营养配餐师职业资格证书。

（2）参与员工餐食谱的设计，针对用餐对象的年龄、性别、体质等因素提供个性化配餐服务。

（3）参与对食品原材料供应商的考察及食品原材料的采购验收。

（4）参与创新菜的开发及烹饪方法的改进，针对营养平衡、健康饮食的角度对烹饪原料搭配、烹饪方式、调味品的使用等方面提出合理化建议。

（5）建立食堂营养配餐档案。

三、食品安全管理

1. 食品安全管理部门负责人岗位安全职责

（1）严格遵守《中华人民共和国食品安全法》及相关食品安全的法律法规，执行食品卫生监督机构的相关规定，接受各执行机构的卫生检查与监督。

（2）负责食品采购和食品安全的监督管理工作。

（3）负责组织各类形式的食品安全检查。

（4）负责陪同各级食品卫生监督机构的卫生检查工作，对问题部门下达整改通知或制定整改措施。

（5）负责组织、主持公司食品安全例会。

2. 食品安全监督员岗位安全职责

（1）严格遵守《中华人民共和国食品安全法》及相关食品安全的法律法规，执行食品安全监督机构的相关规定，接受各卫生部门检查。

（2）负责日常食品安全的现场检查及相关工作记录的检查工作。

（3）负责监督检查食品采购过程的食品卫生、安全工作。

（4）负责监督检查食品加工、出售过程中的食品安全及环境卫生工作。

（5）定期对食品加工人员进行食品安全知识的培训和考试。

3. 农药检测员岗位安全职责

（1）检测瓜果、蔬菜等原料的农药残留情况，做好记录并公示。

（2）负责监督不合格原料的处理工作。

（3）检测仪器的保养和送检工作。

四、设备、设施管理

1. 刷碗间负责人岗位安全职责

（1）严格执行洗刷消毒间卫生管理制度，熟知消毒工作程序，负责监督、检查洗刷间工作人员工作是否符合标准。

（2）协助厨师长工作，对改进刷碗间的安全工作提出建议和实施方案。定期学习洗碗工作流程、消毒程序及相关规定。

五、卫生管理

1. 总经理岗位安全职责

（1）贯彻执行《中华人民共和国食品安全法》及相关食品安全的法律法规，监督指导公司食品安全领导小组的工作。

（2）负责食品安全的整体工作，定期召开专题会议，听取工作组关于食品安全工作的汇报，对存在的问题提出指导意见。

（3）负责根据公司各部门提出的食品卫生安全方面的合理化建议进行工作布置。

2. 食堂机构负责人岗位安全职责

（1）严格遵守《中华人民共和国食品安全法》及相关食品安全的法律法规，执行食品安全监督机构的相关规定，接受各执行机构的卫生检查。

（2）严格执行各项卫生制度，对厨房的卫生工作负有管理责任。

（3）监督检查食品原料、半成品、食品添加剂的质量及规范用量情况，同时监督检查食品加工设备、工具、容器是否符合卫生标准。

（4）保证厨房各类食品加工设备、卫生防护设施及器具完好无损，对改进厨房卫生工作提出合理建设和改进措施。

（5）负责对厨房人员进行食品卫生知识的培训和测试。

（6）保证后厨工作人员符合从事餐饮工作的健康条件。

3. 厨师长岗位安全职责

（1）严格遵守《中华人民共和国食品安全法》及相关食品安全的法律法规，执行食品安全监督机构的相关规定，接受各执行机构的卫生检查。

（2）严格执行各项卫生制度，对厨房的卫生工作进行现场检查指导。

（3）检查食品原料、半成品、食品添加剂的质量及规范用量情况，同时检查食品加工设备、工具、容器是否符合卫生标准。

（4）负责对厨房人员进行食品卫生知识的培训和测试。

（5）管理好后厨工作人员，保证后厨工作人员符合从事餐饮工作的健康条件。

第四节　安全管理制度

一、原材料采购与保管

1. 食品采购索证索票管理制度

（1）采购的食品、食品添加剂、食品相关产品等应符合国家有关食品安全标准和规定的要求，不得采购《中华人民共和国食品安全法》第二十八条规定禁止生产经营的食品和《中华人民共和国农产品质量安全法》第三十三条规定不得销售的食用农产品。

（2）索取的证件包括：有效的并有供货方盖章（或签字）的营业执照复印件、食品流通许可证复印件及相关许可证复印件、产品合格证明文件的复印件、动物产品检疫合格证明复印件，采购进口食品必须有中文标识及相关证明。

(3) 应当到证照齐全的食品生产经营单位或批发市场采购，并应当索取、留存有供货方盖章（或签字）的购物凭证。购物凭证应当包括供货方名称、产品名称、产品数量、送货或购买日期等内容。

(4) 长期定点采购的，应当与供应商签订包括保证食品安全内容的采购供应合同。

(5) 索证索票要有专人负责管理。应按产品类别或供应商、进货时间顺序整理、妥善保管索取的相关证照、产品合格证明文件和购物凭证，不得涂改、伪造，其保存期限不得少于 2 年。

2. 进货查验记录管理制度

(1) 指定经培训合格的专（兼）职人员负责食品、食品添加剂及食品相关产品采购索证索票、进货查验和采购记录工作。专（兼）职人员应当掌握食品安全法律知识、食品安全基本知识以及食品感官鉴别常识。

(2) 采购食品、食品添加剂及食品相关产品，应当到证照齐全的食品生产经营单位或批发市场采购，并应当索取、留存有供货方盖章（或签字）的购物凭证。购物凭证应当包括供货方名称、产品名称、产品数量、送货或购买日期等内容。长期定点采购的，与供应商签订包括保证食品安全内容的采购供应合同。

(3) 生产加工单位或生产基地直接采购时，应当查验、索取并留存加盖有供货方公章的许可证、营业执照和产品合格证明文件复印件，留存盖有供货方公章（或签字）的每笔购物凭证或每笔送货单。

(4) 从流通经营单位（商场、超市、批发零售市场等）批量或长期采购时，应当查验并留存加盖有公章的营业执照和食品流通许可证等复印件，留存盖有供货方公章（或签字）的每笔购物凭证或每笔送货单。

(5) 从流通经营单位（商场、超市、批发零售市场等）少量或临时采购时，应当确认其是否有营业执照和食品流通许可证，留存盖有供货方公章（或签字）的每笔购物凭证或每笔送货单。

(6) 从农贸市场采购的，应当索取并留存市场管理部门或经营户出具的加盖公章（或签字）的购物凭证；从个体工商户采购的，应当查验并留存经供应者盖章（或签字）的许可证、营业执照或复印件、购物凭证和每笔供应清单。

(7) 从食品流通经营单位（商场、超市、批发零售市场等）和农贸市场采购畜禽肉类的，应当查验动物产品检疫合格证明原件；从屠宰企业直接采购的，应当索取并留存经供货方盖章（或签字）的许可证、营业执照复印件和动物产品检疫合格证明原件。

(8) 采购乳制品的，应当查验、索取并留存经供货方盖章（或签字）的许可证、营业执照、产品合格证明文件复印件。

(9) 批量采购进口食品、食品添加剂的，应当索取口岸进口食品法定检验机构出具的与所购食品、食品添加剂相同批次的食品检验合格证明的复印件。

(10) 采购集中消毒企业供应的餐饮用具的，应当查验、索取并留存集中消毒企业盖章（或签字）的营业执照复印件、盖章的批次出厂检验报告（或复印件）。

(11) 食品、食品添加剂及食品相关产品采购入库前，食品服务提供者应当查验所购产品外包装、包装标识是否符合规定，与购物凭证是否相符，并建立采购记录。采购记录应当如实记录产品的名称、规格、数量、生产批号、保质期、供应单位名称及联系方式、进货日期等。

（12）按产品类别或供应商、进货时间顺序整理、妥善保管索取的相关证照、产品合格证明文件和进货记录，不得涂改、伪造，其保存期限不得少于 2 年。

3. 库房管理制度

（1）食品和非食品（不会导致食品污染的食品容器、包装材料、工具等物品除外）库房应分开设置。洗洁用品、药品、杀虫剂及其他有毒有害物质不能与食品同仓库存放。

（2）除冷冻（藏）库外的食品仓库应设有防鼠、防蝇、防蟑螂、防潮、防霉、通风的设施及措施（如安装排气扇），并运转正常。

（3）库房内应设置足够数量的存放架，食品应分类、分架，隔墙离地存放，距离墙壁、地面均在 10 厘米以上。同一库房内贮存不同类别食品和物品的应分区，不同区域应有明显标识。

（4）食品进出库有专人验收登记，做到先进先出，定期清仓检查，防止食品过期、变质、霉变、生虫，及时清理不合格食品。

（5）食品仓库应经常开窗通风，定期清扫，保持干燥和整洁。

（6）冷冻（藏）库应设可正确指示库内温度的温度计，宜设外显式温度（指示）计。应定期进行冷库除霜，并保持地面清洁。

4. 食品贮存管理制度

（1）贮存场所、容器、工具和设备应当安全、无害，保持清洁，设置纱窗、防鼠网、挡鼠板等有效防鼠、防虫、防蝇、防蟑螂设施，不得存放有毒、有害物品及个人生活用品。

（2）食品和非食品（不会导致食品污染的食品容器、包装材料、工具等物品除外）库房应分开设置。同一库房内贮存不同性质食品和物品的应区分存放区域，不同区域应有明显的标识。

（3）食品应当分类、分架存放，距离墙壁、地面均在 10 厘米以上，并定期检查，使用应遵循先进先出的原则，变质和过期食品应及时清除。

（4）冷藏、冷冻柜（库）应有明显区分标识，设可正确指示温度的温度计，定期除霜（不得超过 1 厘米）、清洁和保养，保证设施正常运转，符合相应的温度范围要求。

（5）冷藏、冷冻贮存应做到原料、半成品、成品严格分开，植物性食品、动物性食品和水产品分类摆放。不得将食品堆积、挤压存放。

（6）散装食品应盛装于容器内，在贮存位置标明食品的名称、生产日期、保质期、生产者名称及联系方式等内容。

（7）除冷库外的库房应有良好的通风、防潮设施。

二、食品加工与销售

1. 食品添加剂管理制度

（1）采购要求

采购食品添加剂，应当到证照齐全的食品添加剂生产经营单位或市场采购，实行专店购买，并应当与供应商签订包括保证食品添加剂安全内容的采购供应合同。对采购的食品添加剂应当索取并留存许可证、营业执照、检验合格报告（或复印件）以及购物凭证。购物凭证应当包括供应者名称、供应日期和产品名称、数量、金额等内容。采购进口食品添加剂的，应当索取口岸进口食品法定检验机构出具的与所购食品添加剂相同批次的食品检验合格证明的复印件。

（2）“五专”管理

食品添加剂要做到“五专”，即“专人采购，专人保管、专人使用、专人登记、专柜保存”。

建立食品添加剂专用台账，食品添加剂入库应当如实记录食品添加剂的名称、规格、数量、生产单位、生产批号、保质期、供应者名称及联系方式、进货日期等。

建立食品添加剂专用使用台账，食品添加剂出库使用应当如实记录食品添加剂的名称、数量、用途、称量方式、时间等，使用人应当签字确认，食品添加剂的购进、使用、库存、应当账实相符。食品添加剂专用采购台账、使用台账以及索取的相关证照、产品检验合格证等要妥善保管，不得涂改、伪造，保存期不得少于 2 年。

设立专区（或专柜）贮存食品添加剂，并注明“食品添加剂专区（或专柜）”字样。

（3）称量要求

配备专用天平或勺杯等称量器具，严格按照包装标识标明的用途用量或国家规定的用途用量称量后使用，杜绝滥用和超量使用。

（4）专人负责

由专（兼）职人员负责食品添加剂采购。采购人员应当掌握食品安全法律和相关食品添加剂安全知识以及食品感官鉴别常识。

食品安全管理员、厨师长定期检查食品添加剂采购、索证索票、台账记录、贮存及使用等情况。

食品添加剂专用采购台账、使用台账以及索取的相关证照、产品检验合格证明等要妥善保管，不得涂改、伪造，保存期限不得少于 2 年。

2. 粗加工切配食品安全管理制度

（1）加工前应认真检查待加工食品，发现有腐败变质迹象或者其他感官性状异常的，不得加工和使用。

（2）食品原料在使用前应洗净，动物性食品、植物性食品、水产品应分池清洗，禽蛋在使用前应对外壳进行清洗，必要时消毒处理。

（3）植物性食品原料要按“一择、二洗、三切”的顺序操作，彻底浸泡清洗干净，做到无泥沙、杂草、烂叶。

（4）食品原料的加工和存放要在相应位置进行，不得混放和交叉使用，加工动物性食品、植物性食品、水产品的操作台、用具和容器要有明显标志并分开使用。

（5）切配好的半成品应避免污染，与原料分开存放，并应根据性质分类存放。已盛装食品的容器不得直接置于地上。

（6）切配好的食品应在规定时间内使用。易腐烂变质食品应尽量缩短在常温下的存放时间，加工后应及时使用或冷藏。

（7）加工结束及时清洁地面，将水池、操作台、工用具、容器及所用机械设备清洗干净，定位存放，做到刀不锈、板不霉、整齐有序，及时清理垃圾，保持室内清洁卫生。

（8）在专用洗拖布池或洗拖布桶内涮洗拖布，不得在加工清洗食品原料的水池内清洗拖布。

3. 烹调加工安全管理制度

（1）烹调前应认真检查待加工食品，发现有腐败变质或者其他感官性状异常的，不得进行烹调加工。用水水质应符合 GB 5749—85《生活饮用水卫生标准》规定。

（2）需要熟制加工的食品应当烧熟煮透，其加工时食品中心温度应不低于 70℃。油炸食品要防止外焦里生，油炸食品时避免温度过高、时间过长；随时清除煎炸油中漂浮的食物碎屑和底部残渣，煎炸所用食用油不得连续反复使用。

（3）所用食品添加剂必须符合《食品添加剂使用卫生标准》，应严格按照标识上标注的使用范围、使用量和使用方法使用食品添加剂，禁止超范围、超剂量滥用食品添加剂。使用完后，由专人专柜保存。

（4）烹调后至食用前需要较长时间（超过 2 小时）存放的食品，应当在高于 60℃或低于 10℃的条件下存放，需要冷藏的熟制品，应在清洁操作区凉透后及时冷藏，并标注加工时间等。

（5）隔餐隔夜熟制品、外购熟食品必须在食用前充分加热煮透。不得将回收后的食品经加工后再次销售。

（6）用于原料、半成品、成品的各种工具、容器标识明显，分开使用，定位存放，保持清洁。加工后的直接入口食品要盛放在消毒后的容器或餐具内，不得使用未经消毒的餐具和容器。

（7）灶台、抹布要随时清洗，保持干净。不用抹布擦拭已消毒的碗碟，滴在碟边的汤汁用消毒布擦净。按规定处理废弃油脂，及时清理抽油烟机罩。

（8）工作结束后，调料品加盖，工具、用具洗刷干净，定位存放；灶上、灶下地面清洗冲刷干净，不留残渣、油污，不留卫生死角，及时清除垃圾。

4. 食品销售卫生管理制度

（1）食品销售工作人员必须穿戴整洁的工作衣帽，洗手消毒后上岗，销售过程中禁止挠头、咳嗽，打喷嚏用纸巾捂口。

（2）销售直接入口的食品必须有完整的包装或防尘容器盛放，使用无毒、清洁的售货工具。

（3）食品销售应有专柜，要有防尘、防蝇、防污染设施。

（4）销售的预包装及散装食品应标明厂名、厂址、品名、生产日期和保存期限（或保质期）等。

5. 配送食品安全管理制度

（1）使用食品专用运输车，车辆应防尘、防晒、防蝇、防鼠，并保持清洁，专用封闭。

（2）使用清洁、无毒、无害的容器盛放食品及其原料，生熟食品分开摆放，保温、箱桶上盖下垫，易腐食品应冷藏运输，不得贮存与营养餐无关的物品。

（3）运输车每次运输前后均需清洗、消毒处理，运输过程中保持清洁，装卸时食品不得直接落地，不得踩踏食品及用手直接接触入口食品。

（4）配送人员认真检查待配送食品，发现感官性状异常的，不得配送。

（5）配送员配送装卸前后均需清洗、消毒手部，保持良好的个人卫生，穿戴洁净的工作服，不得用手抓取直接入口食品，不得将衣物放在食品上，不得踩坐食品。

（6）配送员出现发热、腹泻、皮肤伤口或感染、咽部炎症等有碍食品卫生病症的，应立即脱离工作岗位，治愈后方可上岗。

三、食品安全管理

1. 备餐管理制度

（1）备餐应在专间内由专人操作，非操作人员不得擅自进入备餐专间。专间操作人员进入专间时，应更换专用工作衣帽并佩戴口罩，操作前应严格进行双手清洗消毒，操作中应适时消毒。不得穿戴专间工作衣帽从事与专间内操作无关的工作。

（2）专间每餐（或每次）使用前应进行空气和操作台的消毒。使用紫外线灯消毒的，应在无人工作时开启 30 分钟以上，并做好消毒记录。

（3）供应前应认真检查待供应食品，发现有腐败变质或者其他感官性状异常的，不得供应。

（4）操作时应避免食品受到污染。

（5）分派菜肴、整理造型的用具应专用，使用前应进行消毒。用后应洗净并保持清洁。

（6）用于菜肴装饰的原料使用前应洗净消毒，不得反复使用。

（7）在烹饪后至食用前需要较长时间（超过 2 小时）存放的食品应当在高于 60℃或低于 10℃的条件下存放。

（8）备餐结束后，清理备餐间卫生，保证备餐台无油渍、污渍、残渍，地面卫生清洁。

2. 留样管理制度

（1）凡是食堂提供的每餐、每样食品都必须由专人负责留样。

（2）食堂每餐、每样食品都必须留样 100 克以上，分别盛放在已消毒的餐具中。

（3）留样食品取样后，必须立即放入完好的食品罩内，以免被污染。留样食品冷却后，必须用保鲜膜密封好（或加盖），并在外面标明留样时期、品名、餐次、留样人。

（4）留样食品必须立即密封好，贴好标签后存放入专用留样冰箱内，温度设定为 0℃。

（5）每餐必须做好留样记录，以便检查。

（6）留样食品必须保留 48 小时后方可处理。

（7）留样冰箱为专用设备，严禁存放与留样食品无关的其他物品。

3. 食品安全日常监督检查制度

（1）应设立食品安全管理组织机构或部门，单位的法定代表人为食品安全的第一责任人员，并设有食品安全专职管理人员。

（2）食品安全管理员应认真学习相关的法律法规，制订详细的食品安全检查计划，明确日常检查项目及考核标准，制作检查表格。

（3）食品安全管理员应按食品安全检查计划，定期开展食品安全检查，并做好检查记录。

（4）食品安全管理员应指导从业人员做好食品安全相关工作，对日常检查中发现的问题，督促相关人员进行整改。

4. 农药残留检测管理制度

（1）食堂应遵守农药残留快速检测制度，并配置相应的配套设施，为农药残留快速检测工作的开展提供便利条件。

（2）应配置经检验合格的农药残留快速检测设备，并对食堂使用的蔬菜、水果的有机磷类、氨基甲酸酯类农药残留含毒量进行检测。

（3）保证检测质量，应购置质量好、准确率高、售后服务有保证的农药残留快速检测仪器，并对检测样品严格按照检测程序与标准进行检测，食堂每日抽取的样品量不应少于5个，其中叶菜类样品每日不少于2个，并对检测结果如实进行记录。

（4）应对食堂使用的蔬菜索要市场证明，并建立台账，有关证明要真实有效。

（5）经检验不合格的蔬菜禁止在食堂使用并就地进行无害化处理。

四、设备、设施管理

1. 食品使用设备设施管理制度

（1）食品处理区应按照原料进入、原料处理、半成品加工、成品供应的流程合理布局设备、设施，防止在操作中产生交叉污染。

（2）配备与食品品种、数量相适应的消毒、更衣、盥洗、采光、照明、通风、防腐、防尘、防蝇、防鼠、防虫、洗涤以及处理废水、存放垃圾和废弃物的设备或设施。主要设施应易于维修和清洁。

（3）有效消除老鼠、蟑螂、苍蝇及其他有害昆虫及其滋生条件。在加工与用餐场所（所有出入口），设置纱门、纱窗、门帘或空气幕，如木门下端设金属防鼠板，排水沟、排气、排油烟出入口应有网眼孔径小于6毫米的防鼠金属隔栅或网罩；距地面2米高度可设置灭蝇设施。

（4）配置方便使用的从业人员洗手设施，附近设有相应清洗、消毒用品、干手设施和洗手消毒方法标示。水龙头宜采用脚踏式、肘动式或感应式等非手动式开关或可自动关闭的开关。

（5）食品处理区应采用机械排风、空调等设施，保持良好通风，及时排除潮湿和污浊空气。

（6）用于加工、贮存食品的工具、容器或包装材料和设备应当符合食品安全标准，无异味、耐腐蚀、不易发霉。食品接触面原则上不得使用木质材料（工艺要求必须使用除外），必须使用木质材料的工具，应保证不会对食品产生污染。

（7）各功能区和食品原料、半成品、成品操作台、刀具、砧板等工用具，应分开定位存放使用，并有明显标识。

（8）贮存、运输食品，应具有符合保证食品安全所需要求的设备、设施，配备专用车辆和密闭容器，远程运输食品须使用符合要求的专用封闭式冷藏（保温）车。每次使用前应进行有效的清洗消毒，不得将食品与有毒、有害物品一同运输。

（9）应当定期维护食品加工、贮存、陈列、消毒、保洁、保温、冷藏、冷冻等设备与设施，校验计量器具，及时清理清洗，必要时消毒，确保正常运转和使用。

（10）用于食品加工操作的设备、设施不得用作与食品加工无关的用途。

2. 水、电、气安全管理制度

（1）部门各种电器设备在使用前必须对相关人员做规范操作培训。

（2）各类电器设备一经使用必须配备日常点检记录（上墙），每日专人开、关、检查，在不用时或用完后及时切断电源。

（3）电气设备接头不牢或发生故障时，当班责任人应立即报修，修复后才能使用。

（4）煤气阀门每餐由专人开关、检查设备并签名、记录开关时间。厨师长每日开餐结束后必须对煤气设备及开关记录进行检查签字。

（5）每天清洗炉罩、炉灶，每周清洗 1 次抽油烟机滤网，每半年清洗 1 次排烟管道。

（6）炼油、烤食物时有专人看管，不得离人。煮锅或炸锅不能超容量或超温度使用。

（7）每日下班前，由厨房晚值人员对水、电、气等设施、设备进行安全检查，关闭所有能源开关并填写“安全检查表”。

（8）厨房配置的消防设备需齐全、有效。

（9）全体人员均需掌握处理意外事故的基本控制方法、报警方法和消防灭火知识。

3. 食品陈列道具清洗消毒保洁管理制度

（1）设置专用的餐饮具清洗、消毒、保洁区域（或专间）及设备，清洗、消毒设备设施的大小和数量应能满足需要。

（2）餐饮具清洗、消毒水池应专用，与食品原料、清洁用具及接触非直接入口食品的工具、容器清洗水池分开。采用化学消毒的，至少设有 3 个专用水池。各类水池应以明显标识标明其用途。

（3）接触直接入口食品的餐饮具使用前应洗净并消毒，不得使用未经清洗、消毒的餐饮具。不得重复使用一次性餐饮具。

（4）餐饮具做到当餐回收，当餐清洗消毒，不得隔顿、隔夜。

（5）餐饮具应首选热力方法进行消毒，严格按照“除残渣、碱水（或洗涤剂）刷、清水冲、热力消、保洁”的顺序操作。使用化学药物消毒的严格按照“除残渣、碱水（或洗涤剂）刷、清水冲、药物泡、清水冲、保洁”的顺序操作，并注意要彻底清洗干净，防止药物残留。

（6）消毒后的餐饮具应表面光洁、无油渍、无水渍、无异味、无泡沫、无不溶性附着物，符合 GB 14934—2016《食品安全国家标准》。

（7）消毒后的餐饮具及时放入保洁柜密闭保存备用。盛放消毒餐饮具的保洁柜要有明显标记，保洁柜应当定期清洗，保持洁净。已消毒和未消毒的餐饮具要分开存放，保洁柜内不得存放其他物品。

（8）采购使用集中消毒企业供应的餐饮具，应当查验其经营资质，索取营业执照复印件、消毒合格凭证；清洗消毒餐饮具用的洗涤剂、消毒剂等必须符合国家有关卫生标准和要求。

（9）洗刷消毒结束，及时清理地面、水池卫生，及时处理泔水桶，做到地面无积水，池内无残渣、泔水桶内外清洁。

（10）定期检查消毒设备、设施是否处于良好状态，采用化学消毒的应定时测量有效消毒浓度。

（11）派专人做好餐饮具清洗消毒及检查记录。

五、卫生管理

1. 从业人员健康管理制度

（1）凡在本单位从事直接服务的所有食品工作人员（包括厨师、服务员、洗碗工、采购员、库管员、管理员等）均应遵守本管理制度。

（2）新参加或临时参加工作的人员，应经健康检查，取得健康证明后方可参加工作。食品从业人员每年至少进行1次健康检查，必要时接受临时检查。

（3）凡患有痢疾、伤寒、病毒性肝炎等消化道传染病，活动性肺结核、化脓性或者渗出性皮肤病以及其他有碍食品安全疾病的，不得从事接触直接入口食品的工作。

（4）从业人员有发热、腹泻、皮肤伤口或感染、咽部炎症等有碍食品安全病症的，应立即脱离工作岗位，待查明原因并将有碍食品安全的病症治愈后，方可重新上岗。

（5）食品安全管理员要及时对本单位食品从业人员进行登记造册，建立从业人员健康档案，组织从业人员每年定期到指定查体机构进行健康检查。

（6）食品安全管理员和部门负责人要随时掌握从业人员的健康状况，并对其健康证明进行定期检查。

（7）从业人员健康证明应随身佩带（携带）或交主管部门统一保存，以备检查。

2. 从业人员食品安全知识培训管理制度

（1）食品服务从业人员，包括新参加工作和临时参加工作的食品服务从业人员必须经过培训、考核合格后，方可从事餐饮服务工作。

（2）食品安全管理人员应制订从业人员食品安全教育和培训计划，组织各部门负责人和从业人员参加各种上岗前及在职培训。

（3）食品安全教育和培训应针对每个食品加工操作岗位分别进行，内容应包括食品安全法律、法规、规范、标准和食品安全知识、各岗位加工操作规程等。

（4）培训方式以集中讲授与自学相结合，定期考核，不合格者待考试合格后再上岗。

（5）建立食品服务从业人员食品安全知识培训档案，将培训时间、培训内容、考核结果记录归档，以备查验。

3. 从业人员个人卫生管理制度

（1）从业人员应保持良好个人卫生，操作时应穿戴清洁的工作服、工作帽，头发不得外露，不得留长指甲、涂指甲油、佩戴饰物。专间操作人员还应戴口罩。

（2）从业人员操作前手部应洗净，操作时应保持清洁。接触直接入口食品时，手部还应进行消毒。

（3）接触直接入口食品的操作人员在有下列情形时应洗手：①处理食物前；②上厕所

后；③处理生食物后；④处理弄污的设备或饮食用具后；⑤咳嗽、打喷嚏或擤鼻子后；⑥处理动物或废物后；⑦触摸耳朵、鼻子、头发、口腔或身体其他部位后；⑧从事任何可能会污染双手的活动（如执行清洁任务）后。

（4）非接触直接入口食品的操作人员，在有下列情形时应洗手：①开始工作前；②上厕所后；③处理弄污的设备或饮食用具后；④咳嗽、打喷嚏或擤鼻子后；⑤处理动物或废物后；⑥从事任何可能会污染双手的活动后。

（5）专间操作人员进入专间时应再次更换专间内专用工作衣帽并佩戴口罩，操作前双手严格进行清洗消毒，操作中应适时消毒。不得穿戴专间工作衣帽从事与专间内操作无关的工作。

（6）个人衣物及私人物品不得带入食品处理区。

（7）不得在食品处理区内吸烟、饮食或从事其他可能污染食品的行为。

（8）进入食品处理区的非加工操作人员，应符合现场操作人员卫生要求。

4. 从业人员工作服管理制度

（1）所有从业人员上班时间必须统一着单位配发的工作服，个人不得擅自改变工作服式样。

（2）工作服（包括衣、帽、口罩）宜用白色或浅色布料制作，专间工作服宜从颜色或式样上予以区分。

（3）工作服应定期更换，保持清洁。接触直接入口食品的从业人员的工作服应每天更换。

（4）从业人员上厕所前应在食品处理区内脱去工作服。

（5）待清洗的工作服应远离食品处理区。

（6）每名从业人员配备不少于 2 套工作服。

5. 从业人员晨检管理制度

（1）每天早晨工作人员上班后，由晨检人员对每位工作人员进行身体健康状况检查，检查内容如下：

① 观察工作人员精神状态是否有过度疲劳和病态。

② 观察工作人员眼球、面色是否特黄（有患肝炎的可能）。

③ 观察工作人员有否咳嗽、咯血（有患肺病的可能）。

④ 观察工作人员双手是否有化脓性或渗出性皮肤病。

⑤ 询问工作人员是否患有痢疾和其他有碍食品卫生的疾病。

⑥ 观察工作人员是否佩戴戒指、项链等违规饰品，指甲是否剪短，个人卫生是否符合要求。

（2）每天由晨检人员填写好晨检表，并在晨检表上签名，晨检表要求真实、准确。

（3）如检查中发现个别工作人员不符合卫生要求或患有传染性疾病，按以下方法处理：

① 工作人员佩戴戒指、项链等违规饰品，要求工作前脱下。

② 对指甲过长，个人卫生不符合要求的，责令其搞好个人卫生后上班。

③ 凡患痢疾、伤寒、病毒性肝炎等消化道疾病，活动性肺结核、化脓性或渗出性皮

肤病以及其他有碍食品安全的疾病的人员，不得从事接触直接入口食品的工作。

④ 工作人员及管理负责人在出现咳嗽、腹泻、发热、呕吐等有碍于食品安全的疾病时，应立即脱离工作岗位，待查明病因、排除有碍食品安全的病症或治愈后，方可重新上岗。

6. 冷荤间卫生管理制度

（1）切配直接入口食品的冷荤凉菜加工间达到“五专”（专人、专室、专用工具、专用消毒、专用冷藏）要求，非专室人员不得进入冷荤凉菜加工间，不得在专间内从事与凉菜加工无关的活动，专间不得存放与加工制作冷荤凉菜无关的物品。

（2）冷荤间每餐或每次使用前在无人工作时进行不低于 30 分钟的室内空气和操作台的紫外线消毒，并做好消毒记录。紫外线灯累计使用 1000 小时或在紫外线照度低于每平方厘米 70 微瓦时及时更换，保证消毒效果。

（3）冷荤间内使用独立空调，室内温度应控制在 25℃以下，冷荤间内设有冷藏冰箱，要定期除霜、清洗、消毒。

（4）未经清洗处理的蔬菜、水果等食品原料及食品小包装以外的包装（纸箱、木箱等）不得进入冷荤间。在切配带包装的食品前，先将食品包装清洗洁净后再开启使用，防止污染食品。

（5）酱卤熟食加工后在 24 小时内使用，冷盘食品当餐食用、当餐切配，尽量缩短加工、切配后的放置时间。蔬菜、水果沙拉食品从加入沙拉酱后 45 分钟之内应食用完毕，如未用完应废弃。剩余尚需使用的熟食应存放于专用冰箱内冷藏或冷冻，食用前要彻底加热蒸透，中心温度需达 70℃以上。

（6）出餐口在出餐时可以打开，不出餐时应保持关闭。

7. 食品展示卫生管理制度

（1）展示食品的货架必须在展示食品前进行清洁、消毒。

（2）展示食品必须生、熟分离，避免食品交叉污染。

（3）展示直接入口食品必须使用无毒、清洁的容器，保持食品新鲜卫生，不得超出保质期。

（4）展示柜的玻璃、销售用具、架子、灯罩、价格牌不得直接接触食品，展示的食品不得直接散放在货架上。

（5）展示食品的销售人员必须持有有效健康证明上岗，穿戴整洁的工作衣帽。

8. 餐厨废弃物处置管理制度

（1）餐厨废弃物应分类放置，存放在有盖的容器中，做到日产日清。

（2）食品服务提供者应与处置单位或个人签订处置合同，并索取其身份证复印件或相关证件。

（3）应建立餐厨废弃物处置台账，详细记录餐厨废弃物的种类、数量、处置时间、收购单位、用途、联系人、电话、地址、收货人签字等情况，并长期保存备查。

（4）严禁乱倒乱堆餐厨废弃物，禁止将餐厨废弃物直接排入公共水域或倒入公共厕所。

9. 有毒有害物管理制度

（1）杀虫剂、杀鼠剂及其他有毒有害物品，应存放在固定的场所（或橱柜）并上锁，且有明显的警示标识，并有专人保管。

（2）使用杀虫剂进行除虫灭害，应由专人按照规定的使用方法进行。

（3）各种有毒有害物品的采购及使用应有详细记录，采购应记录购买时间、品名、数量、供货商名称、验收人等信息，使用时应记录使用时间、使用人、使用目的、使用区域、使用量、配制浓度等信息。使用后应进行复核，并按规定进行存放、保管。

10. 加工经营场所环境卫生管理制度

（1）保持厨房内外环境整洁。地面干净无积水，排水沟干净畅通，墙壁、天花板、门窗等应保持清洁，无污垢。排烟、排气设施无油垢沉积、不滴油。炉台、水池必须经常擦洗，保持干净。废弃物盛放容器必须密闭，保证外观清洁。

（2）各类加工用具和容器用后应及时洗净，定位存放，保持清洁。

（3）清洗拖布、抹布应在指定专池进行，不得在厨房餐具洗涤池和洗菜池内清洗。

（4）配备完善的防蝇、防鼠、防虫、防尘设施。定期进行除虫灭害工作，防止害虫滋生。除虫灭害工作不能在食品加工操作时进行，实施时对各种食品（包括原料）应有保护措施。

（5）使用杀虫剂进行除虫灭害，应由专人按照规定的使用方法进行；使用时不得污染食品、食品接触面及包装材料，使用后应将所有设备、工具及容器彻底清洗。

11. 加工经营场所安全生产制度

（1）加工经营场所及其设备应符合消防和劳动防护规范，并配备足够的消防器材。

（2）加强火源管理，油灶、煤气灶、电器设备及电源控制机房有专人负责，下班前，应将所有的电源切断。

（3）及时消除油渍污垢，将易燃物品置于远离火源的地方，厨房和仓库内禁止吸烟。

（4）加强对有关员工的安全操作规程培训，定期组织对电气设备、机械设备的检查。

（5）加强对员工消防知识的培训，定期组织对所有消防设施的检查。

（6）未经食堂等食品经营场所经理批准，禁止一切非工作人员进入操作场所。

12. 卫生检查管理制度

（1）制订定期或不定期卫生检查计划，将全面检查与抽查、问查相结合，主要检查各项制度的贯彻落实情况。

（2）卫生管理人员负责各项卫生管理制度的落实，每天在营业后检查 1 次卫生，检查各岗是否有违反制度的情况，发现问题应及时纠正改进，并做好卫生检查记录备查。

（3）每周进行 1～2 次全面现场检查，对发现的问题及时进行反馈，并提出限期改进计划，做好检查记录。

第五节 安全管理工作的重点

一、食品卫生安全管理的重点排查内容

食品卫生安全管理重点排查内容为原材料采购与保管安全排查，食品加工与销售安全排查，食品安全管理排查，设备、设施管理排查，卫生管理重点排查。

（一）原材料采购与保管（表5-1）

表5-1 原材料采购与保管检查表

序号	检查项目	检查要点	发现问题	整改措施
1	食品原材料采购	是否与供应商签订食品安全责任书，建立食品及原材料进货100%可追溯制度		
		禽畜肉、食用油、大米、蔬菜、乳制品的进货渠道是否符合规定，并严格落实索证索票制度		
		食品及原料、食品添加剂及食品相关产品是否存在国家禁止使用或来源不明的情况		
		食品入库是否检验安全质量，大宗食品索要三证（卫生证、化验证、合格证），购货合同、发票齐全		
2	主副食库	主副食库管理是否由专人负责并严格登记，每种主副食原材料、调料进货登记齐全		
3	食品原料储藏	库房食品是否在保质期内，并符合相关规定，库房及设备设施是否保持清洁		
		库房食品原料储藏是否做到分类分架，先进先出，专室专用，离墙隔地，无过期和霉变食品，无病媒生物污染，无个人物品		
4	原材料出入库	是否建立食品原辅料保管和领用及出库记录		

（二）食品加工与销售（表5-2）

表5-2 食品加工与销售检查表

序号	检查项目	检查要点	发现问题	整改措施
1	食品加工流程	食品加工流程是否做到生进熟出一条龙，确保“四过关”（一洗、二刷、三消毒、四冲洗）		
2	食品加工	加工食品是否做到生与熟，原料与半成品，食品与杂物，药物、食品与天然冰隔离存放，进入冰箱食品加盖，分层摆放，不叠加		
		食品原料新鲜、无腐烂变质食品，加工制作是否做到防尘、防蝇、防鼠、防腐		
		加工食品程序规范、烧熟煮透，隔夜隔顿或外购熟食食用前需重新加热；食用时食品的中心温度不低于70℃（使用专用食品温度计测量）		
3	添加剂要求	食品添加剂使用是否符合国家有关规定，是否达到专人采购、专人保管、专人领用、专人登记、专柜保存要求，并有使用记录		

（续表）

序号	检查项目	检查要点	发现问题	整改措施
4	食品质量	加热不彻底导致食品中心温度不够，食品在不适合温度下保持时间太长，共用砧板造成交叉感染		
		冷冻食品解冻方法不科学或加工不当，从而造成食品的变色、变味、变质等质量问题		
5	食品销售服务	不按要求清洗和消毒餐具，服务过程中直接用手接触成品菜肴，员工未穿戴工作衣帽，未洗手消毒即进行生产服务		

（三）食品安全管理（表 5-3）

表 5-3　食品安全管理检查表

序号	检查项目	检查要点	发现问题	整改措施
1	农药残留检测	建立农药残留快速检测制度，食品检验人员对采购的蔬菜、水果等鲜活食品原料进行抽样检测，农药残留超标的食品原料将禁止使用		
2	食品留样	建立食品留样制度，留取当餐供应所有菜肴，每份不少于 100 克，有标签标明菜名，在规定位置冷藏存放 48 小时		
3	应急预案	突发食品中毒事件应急预案完备，当年无重大食品安全事故		
4	食品安全监督	制订详细的食品安全检查计划，明确检查项目及考核标准，制作检查表格，定期开展食品安全检查，并做好检查记录，对检查中发现的问题，督促相关人员进行整改，形成闭环资料		

（四）设备、设施管理（表 5-4）

表 5-4　设备、设施管理检查表

序号	检查项目	检查要点	发现问题	整改措施
1	留样设备	配备食品留样专用冷藏柜，温度设置为 0～6℃。		
2	检测设备	配置食品检验化验室或农药残留快速检测设备		
3	设施设备	洗涤、通风、防腐、防尘、排风抽烟、污水排放、垃圾容器等设施设备齐好，干净整洁，上、下水道通畅，无污水污物积存		
		食堂电气设备、燃气设备等符合有关安全、消防规程的要求，并对员工进行定期培训		
		冰箱内储存食品应生熟分置，直接入口的食品应用无毒、清洁的包装材料，不使用有色塑料容器		

（续表）

序号	检查项目	检查要点	发现问题	整改措施
3	设施设备	清洗、消毒、冲洗池及洗肉菜池标识明确，专池专用		
		配备有消毒设备和用品，且标识清楚、效果可靠		
		垃圾、泔水容器密闭完好		
4	食堂职工设施	食堂职工有独立更衣室或个人更衣柜，物品摆放整洁		
5	防蚊蝇、防鼠	食堂内安装的纱窗、纱门、门帘、风幕、自动门等无破损；各类管道设施安装防鼠装置，设置鼠盒，毒饵新鲜有效；防蝇帘、防蝇灯完好有效		
6	废弃物处理	餐厨废弃物日产日清，盛放容器密闭、清洁，定期消毒。应经有资质单位进行回收，并记录		

（五）卫生管理重点（表 5－5）

表 5－5　卫生管理重点检查表

序号	检查项目	检查要点	发现问题	整改措施
1	冷荤间	冷荤间“五专”落实，设专用二次更衣室、洗手设施，冷荤食品窗口传菜，消毒灯安装到位，冷荤间有门帘或幕帘，设独立空调、水果洗净单独摆放		
2	用具及包装	工具、用具、餐饮具材料符合国家标准，储存食品的工用具、容器、冰箱生熟分置和使用，标志明显；直接入口的食品采用无毒、清洁的材料包装，禁用有色塑料容器		
3	器具管理	配菜与出菜盘专用，标志明显；刀具无锈，定位存放，盖布洁净，正反标志清晰。应定期由专业部门对餐具进行检测		
4	餐具卫生	使用公用餐、茶具及盛放直接入口食品的容器，采用物理或化学方法洗净、消毒，清洗消毒流程规范，达到光、洁、涩、干标准，密闭存放，定期经专业机构进行检测		
5	工用具保管	工用具保持清洁，定位存放，菜墩立式存放；药品、苍蝇拍定位存放		
6	操作间	操作间地面、墙壁、门窗、桌椅清洁无油污、无灰尘、无杂物，干净整齐，调料柜内干净整洁、摆放规范；个人物品集中摆放		

（续表）

序号	检查项目	检查要点	发现问题	整改措施
7	空洞封堵	餐厅、操作间墙壁无洞穴和缝隙；灭蝇灯悬挂于操作间出入口和通道，排水出入口和排气口应有网眼孔径小于6毫米的金属隔栅或网罩		
8	库房	库房窗户严实，库房门严密，设防鼠板，无裂痕、破损，物品摆放整齐、标识清楚		
9	着装及卫生要求	工作时间必须穿工作服、戴工作帽（包括管理人员），不戴戒指；工作服干净，勤洗手、勤剪指甲、勤理发		
10	餐厅卫生	餐厅内外环境干净、整洁，周围无污染，无卫生死角，无乱堆、乱放杂物		

二、常见风险点辨识及防范管控措施（表5－6）

表5－6　常见风险点辨识及防范管控措施

序号	工作内容	风险分析	防控措施
1	采购环节	1. 食品变质； 2. 票据不全	1. 建立食品采购管理制度； 2. 严格按照制度，要求采购食品原料定点定人、索证索票，认真填写购货记录； 3. 严禁采购劣质、变质过期的原材料
2	储存环节	原料存放混乱	1. 建立食品储存管理制度； 2. 库存原料按照分类存放、先进先出、干湿分开、保持通风原则； 3. 管理人员定期查看原料库房是否采取防鼠防虫措施，是否隔墙、离地，是否存在变霉变质现象
3	粗加工环节	粗加工环节不符合要求	1. 建立食品粗加工管理制度； 2. 器具彻底消毒、生熟分开，原料择净洗净
4	精加工环节	精加工环节不符合要求	1. 建立食品精加工管理制度； 2. 煮熟煮透、延长烹饪时间，不违规加工食品，严格按照加工操作顺序
5	配餐环节	配餐卫生不规范	1. 建立完善的配餐师工作岗位职责； 2. 建立食品留样管理制度，做好食品留样； 3. 建立员工管理制度，规范工作人员穿工作服、戴口罩； 4. 正确使用紫外线灯等杀毒工具

（续表）

序号	工作内容	风险分析	防控措施
6	消毒环节	消毒不彻底	1. 建立完善的消毒流程管理制度； 2. 正确配置消毒液并冲洗，热力消毒时间充足，设置专用消毒柜并定期清洗，做好消毒记录
7	环境卫生	1. 虫鼠害； 2. 操作间不卫生； 3. 就餐区不卫生	1. 建立食品卫生安全标准制度； 2. 安装防蝇鼠设备，无卫生死角，开展防鼠灭蝇蟑活动； 3. 保持灶房各功能区及餐具、灶具干净卫生； 4. 保持大厅地面、桌椅、窗台、玻璃等整洁干净，无卫生死角
8	蒸汽设备	1. 蒸箱开门时，高温水汽烫伤； 2. 人员触碰锅体烫伤； 3. 蒸汽漏电、触电伤害	1. 精心操作，作业人员站在蒸汽锅排气口侧面，防止烫伤； 2. 使用前对高压锅附件进行检查； 3. 视伤害程度现场救治或送往医院治疗
9	刀具及机械	1. 刀具伤人； 2. 和面机给量过大，顶盖定位失效、飞起伤人，反转时面斗侧翻伤害； 3. 压面机给料滚轮对作业人员手部造成伤害	1. 精心操作，刀具固定区域存放； 2. 和面机给量适当、认真检查定位销，保证定位有效，运料时禁止取料，操作人员与设备保持一定距离； 3. 精心操作，给料时手部不得接触压面机滚轮； 4. 视伤害程度现场救治或送往医院治疗
10	燃气设备	燃气泄漏	早中晚餐后，检查、关闭燃气设备开关，并定期检查燃气管道
11	清理设备卫生	1. 触电； 2. 电器设备进水； 3. 清理转动部位造成人员伤害	1. 严禁用湿布清理电器设备； 2. 严禁用湿手触摸电器设备； 3. 禁止用水冲洗电器设备； 4. 清理转动部位按照《停送电制度》执行； 5. 视伤害程度现场救治或送往医院治疗
12	餐厨垃圾	餐厨垃圾处置不当，流入非法渠道	1. 制定餐厨垃圾处置管理办法； 2. 餐厨垃圾应安排具有处置资质的合法机构或单位处置

（续表）

序号	工作内容	风险分析	防控措施
13	设备管理	设备运行、火灾等安全事故	1. 制定电器设备、燃气设备、食品加工机械等安全操作规程、安全管理制度和应急预案； 2. 加强员工安全意识培训教育； 3. 定期清洗排放管道中油泥污垢； 4. 电器设备应安装漏电保护装置，燃气设备应安装泄漏检查装置，并严格实行双人监督检查制度
14	食品卫生	食品中毒	1. 采购食品应严格履行农药残留检测程序； 2. 不采购、加工、销售变质食品； 3. 严格实行食品采购信息登记、追溯制度和食品销售留样制度； 4. 严格执行食品准入制度，防止二次污染及投毒事件发生； 5. 严格执行晨检制度，检查从业人员精神状态和身体状况是否符合工作要求，防止传染源及意外事故的发生

第六节　安全事件应急处置

一、食品安全事故应急处置预案

为规范食品安全事故应急处置工作，及时高效、合理有序地处理食品安全事故，把损失减少到最小，根据《中华人民共和国突发事件应对法》《中华人民共和国食品安全法》《国家重大食品安全事故应急预案》《餐饮服务食品安全监督管理办法》等法律法规和规章要求，结合本单位的实际情况制定本预案。

（一）领导小组

成立食品安全事故应急处置领导小组，负责本单位食品安全事故应急处置工作。

（二）应急处置程序

1. 及时报告

发生食品安全事故后，有关人员立即向食品安全事故应急处置领导小组报告（报告内容有：发生食品安全事故的单位、地址、时间，中毒人数及死亡人数，主要临床表现，可能引起中毒的食物等）。立即停止生产经营活动，封存导致或者可能导致食品安全事故的食品及其原料、工具及用具、设备设施和现场，并按照相关监管部门的要求采取控制措施。

2. 立即抢救

在第一时间组织人员，立即将中毒者送医院抢救。

3. 保护现场

发生食品中毒后，在向有关部门报告的同时要保护好现场和可疑食物，病人吃剩的食物不要急于倒掉，食品用工具容器、餐具等不要急于冲洗，病人的排泄物（呕吐物、大便）要保留，提供留样食物。

4. 配合调查

负责人及有关工作人员，要配合食品安全监督管理部门进行食品安全事故调查处理，如实反映食品安全事故情况。将病人所吃的食物，进餐总人数，同时进餐而未发病者所吃的食物，病人中毒的主要特点，可疑食物的来源、质量、存放条件、加工烹调的方法和加热的温度、时间等情况如实向有关部门反映。

（三）事故责任追究

对事故延报、谎报、瞒报、漏报或处置不当的，要追究当事人责任；食品安全事故应急处置领导小组要组织力量做好中毒人员的安抚工作，确保不让事态扩大，任何个人不得自行散布事故情况信息，造成严重后果的要追究其法律责任。

二、煤气中毒、爆炸事故应急预案

发生煤气中毒、着火、爆炸和大量煤气泄漏事故应迅速摸清事故现场情况，设立危险区域，设立岗哨，禁止非抢险人员进入，并积极采取措施，严禁冒险抢救，防止事故扩大。为减小事故造成的影响和避免人身伤害事故的发生特制定本预案。

（一）应急小组

成立由公司分管领导任组长，相关管理人员、设备主人、燃气公司工作人员、120 医务人员、现场能参与救援人员组成的应急工作组。

（二）应急通讯

在处理事故时，所有参与抢险抢修人员需保持通讯畅通，若发现信号不稳定或中断时，应立即运用公司固定电话或手机及时与组长、燃气公司、120 救护车取得联系，并明确说明所处位置。

（三）事故处理预案

1. 煤气中毒事故应急预案处理

（1）煤气发生泄露造成人员中毒时，要尽快把中毒人员撤离到空气流通区域，并立即向救援组长汇报。

（2）解开阻碍中毒者呼吸和血液循环的衣、带，将肩部垫高 10～15 厘米，使头尽量后仰，面部转向一侧，以利于呼吸道的畅通。

（3）轻微中毒：给予自主吸氧，必要时强制供氧。

（4）中度中毒：给予自主吸氧，必要时强制供氧并送医院治疗。

（5）重度严重中毒：给予自主吸氧，必要时配合实施体外心脏按压，并立即送往医院抢救治疗。

注意事项：

（1）如中毒者已脱离煤气危险区域，抢救车辆、人员尚未到达，将中毒人员移至通风处进行人工呼吸，直到医护人员到达现场。

（2）患者未恢复知觉前，不得送往较远的医院，要就近治疗。在送往医院的路上要一直供氧，并由医务人员监护。

2. 煤气爆炸事故的应急预案处理

（1）发生煤气爆炸事故时，应立即拨打 119 火警电话、120 急救电话、燃气公司电话及救援组长电话。

（2）清点各相关岗位人数，确认损失、伤亡情况。

（3）现场人员勿轻易进入现场进行营救，待消防员到场后开展营救工作。

燃气泄漏及处置流程如图 5－1 所示。

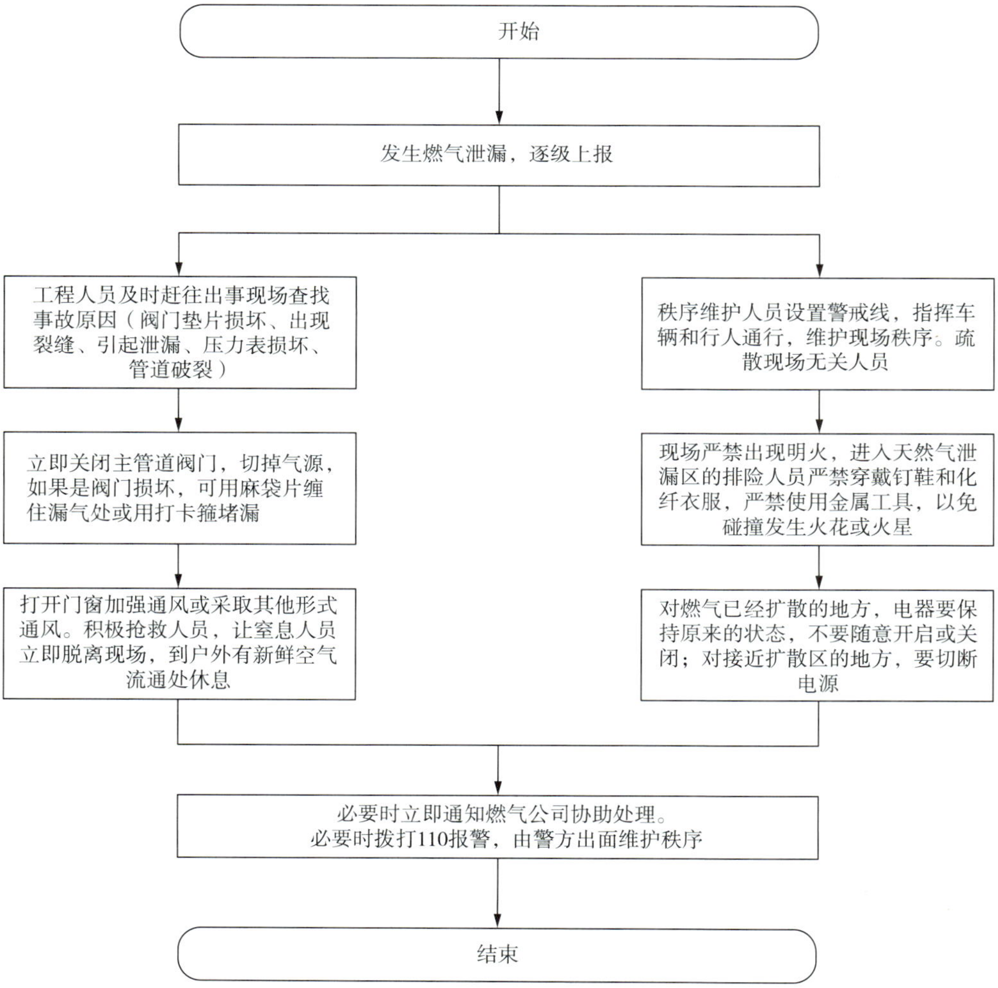

图 5－1　燃气泄漏及处置流程

三、突发集体食物中毒应急预案

（一）总则

为有效预防食堂食品卫生安全突发事故的发生，及时控制和消除食堂突发事故的危害，保障广大职工身体健康和生命安全，切实有效地降低和控制食品中毒事故的危害，维护公司正常的工作秩序和环境的稳定，从公司实际出发，特制定本预案。

（二）指挥机构与职责

1. 食品卫生安全事故应急处理领导小组

公司成立由分管领导任组长，后勤部、食堂、供应商相关负责人为成员的食品卫生安全事故应急处理领导小组。

2. 应急处理领导小组主要职责

（1）在获悉公司发生食品中毒事故后，立即赶赴现场，详细了解情况。统一指挥食品卫生安全事故处理，协调各方力量进行应急救援，控制事态发展。积极协助有关部门对职工进行救治，对造成中毒的原因进行调查，及时追踪了解中毒职工的情况及中毒原因，并立即逐级报告上级主管部门，协调有关部门妥善处理事故。

（2）定期组织检查食堂食品卫生安全工作，及时查漏补缺。

（3）统一组织事故善后处理工作，落实整改措施，尽快恢复公司正常工作环境。

（三）适用范围

本预案适用于公司发生集体食物中毒或有可能发生集体食物中毒的突发事件处置。

（四）危险分析

公司食堂是可能发生职工集体食物中毒的主要场所，严把公司食堂的进货、生产等环节，是杜绝中毒事故的主要手段。

（五）信息报告

设立 24 小时应急值守电话。发生特别重大集体食物中毒事故后，即时认真核实情况，立即上报。

（六）应急处置程序

公司一旦发生集体食物中毒或疑似食物中毒，立即启动食物中毒应急预案，相关部门应当立即做好各项应急处理工作。

1. 积极组织抢救病人，尽可能按照就近、相对集中的原则进行抢救处理。在 120 医生的指导下进行催吐，呕吐有利于毒物排出。及时送往上级医院妥善处理病人，并派人到医院守护病人，及时解决有关问题。

2. 立即向政府及防疫站报告职工中毒情况、中毒发生时间、中毒主要症状、中毒的职工人数等，如果怀疑与投毒有关，还应向当地公安部门报告。

3. 保护好现场，保管好供应给职工的食品，维持原有的生产状况。放入冷藏箱（柜）的留样交调查人员，禁止继续食用和擅自销毁。追回售出的中毒食品或疑似中毒食品。对制作、盛放可疑食品的工具、容器以及可能的中毒现场予以控制。

4. 在卫生部门的专业人员到达后，配合专业人员收集可疑食品和中毒人员的呕吐物、排泄物、洗胃液等。同时介绍中毒的情况并开展现场流行病学调查。对剩余的食物予以暂时封存。待现场调查结束后，按照卫生专业人员要求进行现场消毒清洁处理。

（七）后期处置

食物中毒事故发生后应注意保持稳定，要严格控制消息发布渠道，及时、准确做好信息公开，并如实向上级部门汇报，不瞒报、谎报。对一些谣传及时澄清，避免引起不必要的恐慌。同时要安抚好中毒人员，稳定情绪，做好家属沟通工作，维护正常的工作秩序。

（八）建立长效食品安全管理

1. 完善制度。编制《食品卫生工作制度》《上岗人员工作要求》《食堂管理制度》等，悬挂于墙壁醒目处。

2. 强化督查。在领导小组的具体指导下，以各项食品卫生制度落实为重点，结合公司其他安全工作，进行定期和不定期的督查。

3. 加强教育。加强对广大职工的食品卫生知识的宣传教育，通过举办专题培训班、知识讲座等形式，丰富食品卫生安全知识，增强食品卫生安全意识，提高自觉性和责任感。

食物中毒事故处置流程如图 5－2 所示。

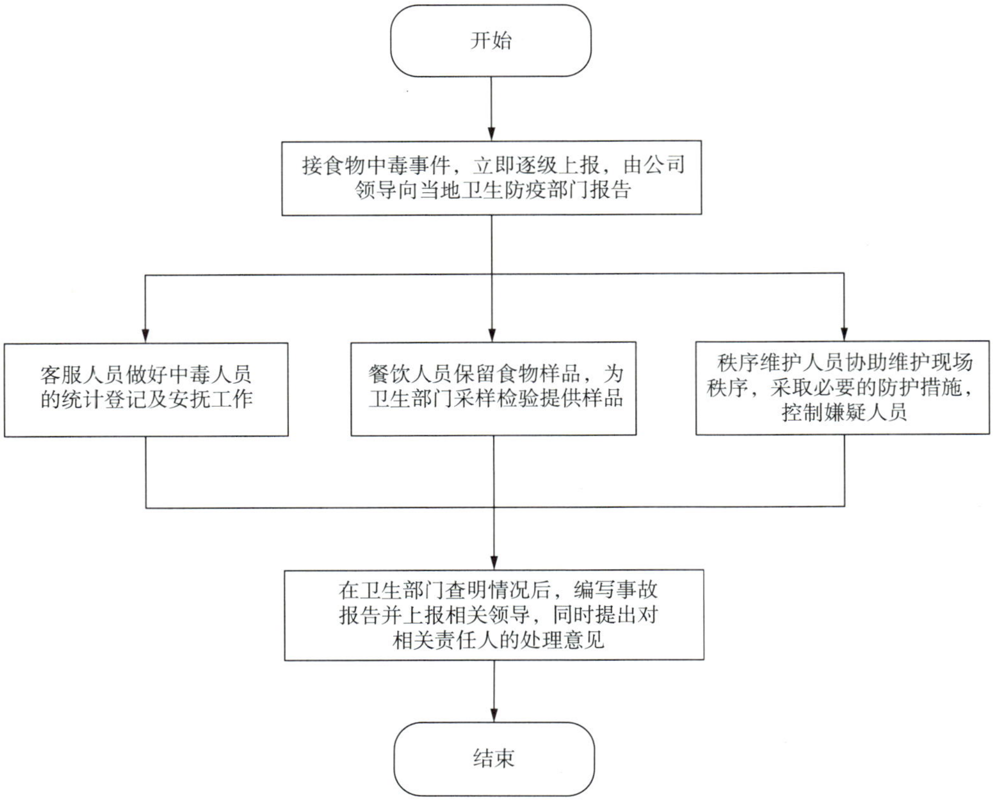

图 5－2　食物中毒事故处置流程

四、防火注意事项

因厨房烹饪食物，燃烧使用火种频繁，稍有不慎，极易引发火灾。引发火灾的因素多种多样，烹饪燃烧、未熄灭的烟蒂、电线漏电、马达机械损坏、瓦斯漏气、油料外泄与罪犯纵火等都会引发火灾。防火注意事项有如下几点：

1. 工作时切勿抽烟，未熄灭的烟蒂不要带入工作间。

2. 易燃、易爆危险物品不可靠近火源附近。酒精、汽油、木柴、煤气钢瓶、火柴等，不可放置于炉具或电源插座附近。

3. 用电烹煮食物，须防止水烧干起火，用电切勿利用分叉或多口插座同时使用多项电器，以免超过负荷，致使电线过载，引发火灾。切勿用水泼散，以防漏电伤人。

4. 电动机等动力设备使用过久，常会生热起火，应注意定期检修，维修保养。

5. 所有有关供电工程，都由合格电工完成。

6. 油锅起火时，应立即关闭炉火，除去热源，并将锅盖紧闭，使之缺氧而熄。锅盖不密时，就近将酵粉或食盐倒入，使火焰熄灭。

7. 平日可用肥皂水检查瓦斯管及接头处是否有漏气现象，所用瓦斯管应以金属制品代替橡胶制品，可防虫咬或鼠咬。

8. 抹布尽量不要摆在烤箱、煎板或正在烹煮的锅上烘干。如闻到烟味，应立即查看热源处，并搜寻每一个垃圾桶中是否有未熄灭的烟蒂或火柴。

9. 每日工作结束时，必须清理厨房，检查电源及瓦斯、热源等各种开关是否确实关闭。防火检查不可遗忘，以防万一。

10. 平时要加强员工消防宣传力度，灌输员工救灾常识，实施救灾演练，训练正确使用消防器材方法。

11. 使用的煤气钢瓶不可横放，管线及开关不可有漏气现象。遵守点火及熄火方法，点火之前切忌使过多量瓦斯喷出，否则易产生爆炸的危险。熄火时，关闭管制龙头，千万不可用口吹熄，以致忘记关闭，使其泄漏，引起火灾或中毒。

五、预防食物中毒

食物中毒对餐饮经营有极大的危害性，因此，食品安全最重要的是防止食物中毒，防患于未然应该成为食品卫生的安全宗旨。

（一）食物中毒的原因

食物中毒是由食用了有毒食物而引起的中毒性疾病。造成食物中毒的原因有如下几个：

1. 食物受细菌污染产生毒素致病。

2. 食物受致病细菌的污染。

3. 有毒化学物质污染食物，并达到能引起中毒的剂量。

4. 食物本身含有毒素。

（二）细菌性食物中毒的预防

细菌性食物中毒一般可行的预防办法如下：

1. 严格选择原料，并在低温下运输、储藏。
2. 烹调时通过高温杀灭细菌。
3. 创造卫生环境，防止病菌污染食品。

（三）化学性食物中毒的预防

1. 从可靠的供应商处采购食品。
2. 化学物质要在远离食品处安全存放，并由专人保管。
3. 不使用含有毒物质的食品器具、包装材料。
4. 厨房使用化学杀虫剂要谨慎安全，并由专人负责。
5. 各种蔬菜、水果要洗涤干净，以进一步消除残留的杀虫剂。
6. 食品添加剂的使用，应严格执行国家规定的品种、用量和使用范围。

六、火灾处理应急措施

1. 起火后，现场人员应尽可能地保持清醒、冷静的状态，应先检查导致起火的原因。

（1）若为电线、电器等导致的起火，则应先将电源开关、插头等关闭或拔掉，使用水、干粉式灭火器或消火枪等灭火。

（2）若为油锅导致的起火，应先将煤气灶的阀门、煤气表表前阀关掉或拔掉插头，再站在顺风口处用锅盖盖住油锅，或者将身边的菜肴等倒入油锅中，注意不得将油等倒入锅中，也不得使用水来灭火。

2. 现场人员发现起火时，应及时向部门负责人汇报，若情况比较严重，应同时向公司领导汇报，接到汇报的同时应立即赶赴现场指挥。

3. 若火情较严重，应立即成立应对小组，由所有在现场的管理人员组成，并由现场职务最高的人担任组长。

4. 在现场指挥处理火灾的管理人员必须坚持“先人后物”的原则，对可能导致生命安全和财产损失的情况，应紧急通知相关人员撤离现场。

5. 现场人员应保持清醒、冷静，听从指挥，无条件服从领导及现场管理人员的调配，按照分工，各司其职，勇往直前，扑救抢险；闲杂人员则应立即撤离现场。

6. 因火灾而导致的浓烟现场出现时，现场人员应用手或湿毛巾蒙住口鼻，并在管理人员的指挥下匍匐离开现场到空气清新且安全的环境中去。

7. 对可能导致爆炸的情况或火势较大一时难以灭掉的情况，应立即拨打“119”火警电话求救。

8. 若事发现场有人烧伤，可参照本办法烧（烫）伤处理程序处理。

9. 餐厅经理应加强对被污染食物的检查力度，如觉得可疑，则全部倒掉。

10. 处理完该事件后，部门负责人应及时填写“突发事件处理报告”，向公司汇报事由及处理情况。

七、停电的应急处理措施

1. 部门获悉停电的消息后，应将该消息及时传达给每一位员工，并尽可能将停电期间需用电的工作提早完成，正在操作电脑的工作人员应及时保存好相关的数据。

2. 由于外部原因突然停电，食堂负责人在上报公司主管部门的同时，做好食物存放的管理，通知各相关人员禁止开启冷库冷柜门，并做好食物转移的准备工作。

3. 正在加工制作的主副食，用转移的方式继续操作，不能转移则采用倒掉的方法来保证食品安全。

4. 来电后应检查冷藏冷冻食物的食品质量安全情况，对不合格的食物按规定进行适当处理。

八、烫（烧）伤的处理应急措施

员工被蒸汽、开水、热菜、热油、火等烫（烧）伤后的处理方法：

1. 用冷水冲洗后及时用酒精消毒，再用烫伤药膏进行初步治疗。

2. 若情况比较严重（烫伤面积较大），应立即赶赴医院进行治疗，若需人员陪同，则由现场管理人员安排一位同事一同前去。

3. 处理烫（烧）伤事故时，避免接触任何东西尤其是用脏东西接触伤口，不得私自揭开紧贴伤口上的衣服等，以免伤口创面进一步扩大。

4. 烫（烧）伤人员若需继续工作，应领取塑料手套并应戴上手套工作。

5. 较为严重的烫（烧）伤事故，应由本部门负责人及时以电话、书面等方式向公司汇报，并在事后填写“突发事件处理报告”，将处理结果和经过上报公司。

第七节　安全检查机制及监督评价

一、食品卫生安全管理检查内容

（一）组织管理

1. 组织机构：建立健全食品卫生安全管理机构和制订工作计划。

2. 科学宣传：开展食品安全和科学饮食健康宣传。

3. 工作制度完备：各项管理制度完备，开展食品卫生安全管理活动的检查记录等书面材料、活动照片齐全，工作档案分类管理规范。

4. 等级标准：营业执照、餐饮服务许可证、食品流通许可证等齐全有效。

5. 应急预案：突发食品中毒事件应急预案完备，当年无重大食品安全事故。

（二）设施设备完善

1. 检测设备：配置食品检验化验室或农药残留快速检测设备。

2. 设施设备：洗涤、通风、防腐、防尘、排风抽烟、污水排放、垃圾容器等设施设备齐好，干净整洁，上下水道通畅，无污水污物积存。

3. 标识明确：洗涤池、消毒池、冲洗池及洗肉菜池标识明确，消毒设备标识清楚，效果可靠。

4. 内饰整洁：天花板、排气罩、灶台、操作台洁净无油垢，瓷砖无破损，墙皮和油漆无脱落。

5. 留样设备：配备食品留样专用冷藏柜，温度设置为 0～6℃。

6. 垃圾分类：垃圾、泔水容器密闭完好，餐厨垃圾实施分类和减量处理。

7. 原材料管理：粗加工间、进货、备餐间独立设置；磁卡售饭，不直接接触钱款。

8. 冷荤间：冷荤间“五专”落实，设专用二次更衣室、洗手设施，冷荤食品窗口传菜，消毒灯安装到位，冷荤间有门帘或幕帘，设独立空调，水果洗净单独摆放。

9. 用具及包装：工具、用具、餐饮具材料符合国家标准，储存食品工用具、容器、冰箱生熟分置和使用；标志明显；直接入口的食品采用无毒、清洁的材料包装，禁用有色塑料容器。

（三）食品加工制作规范

1. 食品加工流程：食品加工流程做到生进熟出一条龙，确保“四过关”（一洗、二刷、三消毒、四冲洗）。

2. 食品加工：加工食品做到生与熟，原料与半成品，食品与杂物，药物、食品与天然冰隔离存放，进入冰箱食品加盖，分层摆放，不叠加。

3. 食品加工要求：食品原料新鲜、无腐烂变质食品，加工制作做到防尘、防蝇、防鼠、防腐。使用符合国家要求的食品添加剂，且必须专人、专柜保管，并有使用记录。

4. 器具管理：配菜与出菜盘专用，标志明显；刀具无锈，定位存放，盖布洁净，正反标志清晰。应定期由专业部门对餐具进行检测。

5. 餐具卫生：使用公用餐、茶具及盛放直接入口食品的容器，采用物理或化学方法洗净、消毒，清洗消毒流程规范，达到光、洁、涩、干标准，密闭存放，定期委派专业机构进行检测。

6. 工用具保管：工用具保持清洁，定位存放，菜墩立式存放；药品、苍蝇拍定位存放。

7. 废弃物处理：餐厨废弃物日产日清，盛放容器密闭、清洁，定期消毒。

8. 操作间：操作间地面、墙壁、门窗、桌椅清洁无油污，无灰尘，无杂物，干净整齐，调料柜内干净整洁、摆放规范；个人物品集中摆放。

9. 食品加工要求：加工食品程序规范、烧熟煮透，隔夜隔顿或外购熟食须重新加热；食用时食品的中心温度不低于 70℃（使用专用食品温度计测量）。

（四）食品进货与储存安全可靠

1. 食品进货制度：与供应商签订食品安全责任书，建立食品及原材料进货 100%可追溯制度，食品入库检验安全质量，大宗食品索要三证（卫生证、化验证、合格证），购货合同、发票齐全。

2. 主副食库：主副食库管理由专人负责并严格登记，每种主副食原材料、调料进货登记齐全。

3. 食品原料储藏：库房食品原料储藏做到分类分架，先进先出，专室专用，离墙隔地，无过期和霉变食品，无病媒生物污染，无个人物品。

4. 运输、装卸食品：运输、装卸食品时包装、容器和工具无污染，食品原料进操作间去掉外包装，鸡蛋进操作间前要倒箱。

5. 农药残留检测：建立农药残留快速检测制度，食品检验人员对采购的蔬菜、水果等鲜活食品原料进行抽样检测，农药残留超标的食品原料将禁止使用。

6. 食品留样：建立食品留样制度，留取当餐供应所有菜肴，每份不少于100克，有标签标明菜名，在规定位置冷藏存放48小时。

（五）病媒生物防治达标

1. 防疫：病媒生物防疫合格率100%，密度低于国家标准，无蚊蝇滋生现象，染蟑鼠率3%以下。

2. 消毒：委托A或B级资质专业机构进行病媒生物消杀和清洗消毒，专间消毒、消杀记录齐全。

3. 防蚊蝇、防鼠：食堂内安装的纱窗、纱门、门帘、风幕、自动门等无破损；各类管道设施安装防鼠装置，设置鼠盒，毒饵新鲜有效；防蝇帘、防蝇灯完好有效。

4. 空洞封堵：餐厅、操作间墙壁无洞穴和缝隙；灭蝇灯悬挂于操作间出入口和通道，排水出入口和排气口应有网眼孔径小于6毫米的金属隔栅或网罩。

5. 库房：库房窗户严实，库房门严密，设防鼠板，无裂痕、破损，物品摆放整齐、标识清楚。

（六）营养和健康干预

1. 控油控盐：落实控油、控盐措施，在餐厅醒目位置展示食品营养成分。

2. 营养配餐：实行营养配餐食谱，饭菜品种正餐达25种以上，设置健康干预食谱（慢性病人群食用），主要饭菜品种标注营养成分或食用建议。

3. 专业人员配备：配备专、兼职食品检验员。

4. 营养干预：收集分析单位职工每年体检结果，建立就餐人员健康档案，制定营养干预政策，对患有慢性病人群进行特殊营养干预，慢性病体检数逐年降低。

5. 健康知识宣传：采取多种形式，定期开展健康知识宣传，有固定的宣传阵地，引导职工养成良好的饮食习惯，掌握自我保健知识。

（七）从业人员健康

1. 健康证：一线人员健康体检、培训合格率100%，持证上岗，食品生产人员要熟悉食品安全生产要求。

2. 食堂职工设施：食堂职工有独立更衣室或个人更衣柜，物品摆放整洁。

3. 着装及卫生要求：工作时间必须穿工作服、戴工作帽（包括管理人员），不戴戒指；工作服干净，勤洗手、勤剪指甲、勤理发。

（八）餐饮环境良好

1. 就餐环境：就餐环境舒适优美，设立特殊就餐服务区。

2. 餐厅卫生：餐厅内外环境干净、整洁，周围无污染，无卫生死角，无乱堆、乱放杂物。

3. 卫生设施：食堂设洗手池、卫生间，保证设备完好。

4. 节能环保：节约粮食，节能减排，符合环保要求。

5. 职工满意度：就餐人员满意率和基本满意率达 85%以上。

二、考核监督评价

1. 考核评价工作目的：贯彻政府关于加强食品安全工作的决策部署，不断提升食品安全保障能力，保障公众身体健康和生命安全，提高食品卫生管理水平。

2. 考核评价工作坚持目标导向、问题导向和结果导向，遵循客观公正、突出重点、奖惩分明、注重实效的原则。

3. 食品安全工作监督考核评价包含自查自评、平时考核及现场考核三个部分。

4. 对各相关单位的食品考核评价按以下步骤进行：

（1）自查自评。各单位对照考核评价标准细则，每季度进行 1 次对照检查，每年 11 月上旬开展全年自查自评，形成自评报告（附相关依据）报后勤部。

（2）平时考核。由后勤部对照考核评价标准细则（见表 5－3），每季度开展 1 次工作督查，结合日常工作进行考核评价。

（3）现场考核。由后勤部根据年度工作重点，结合各相关单位自查自评情况，确定现场考核重点项目，进行现场考核。

（4）综合评价。由后勤部根据各相关单位自查自评情况、平时考核结果、现场考核情况进行综合评分。

5. 考核评价采用百分制计分，另设加分项和减分项。考评结果根据年度考评分值分为优秀、良好、合格、不合格 4 个等次。

6. 有下列情形之一的，考核评价时酌情予以加分：

（1）食品安全监管工作制度或工作措施有重大突破，在全国、全省、全市交流推广或得到县区政府及省市公司批示或肯定的；

（2）建立健全食品安全综合管理制度，提升食品安全监管法制化水平的；

（3）及时破获和查处重大食品安全案件的；

（4）其他需要加分的情况。

7. 有下列情形之一的，考核评价时应当予以减分：

（1）迟报食品突发事件信息，被有关部门约谈的或发出督查意见书的；

（2）因食品安全工作被政府有关部门或省市公司约谈的；

（3）其他减分情形。

食品卫生安全管理检查考核评分见表 5－7 所列。

表 5-7 食品卫生安全管理检查考核评分表

序号	类别	考核内容	分值	考核点
一	组织管理		10.0	
1	组织机构	建立健全食品卫生安全管理组织机构和制订工作计划	1.0	组织机构（0.5 分），工作计划（0.5 分）
2	科学宣传	开展食品安全和科学饮食健康宣传效果明显	2.0	健康饮食宣传阵地（1.0 分），健康分析报告（1.0 分）
3	工作制度	各项管理制度完备，食品安全检查记录等书面材料齐全，工作档案分类管理规范	3.0	管理制度（1.0 分），食品安全检查记录（1.0 分），照片、工作档案管理（1.0 分）
4	等级标准	营业执照、餐饮服务许可证、食品流通许可证等齐全有效	2.0	餐饮服务许可证（1.0 分）、食品流通许可证（0.5 分）、营业执照（0.5 分）
5	应急预案	突发食品中毒事件应急预案完备，当年无重大食品安全事故	2.0	应急预案（0.5 分）、食品安全事故（1.5 分）
二	设施设备完善		19.0	
1	检测设备	配置食品检验化验室或农药残留快速检测设备	1.0	化验室及检测设备（1.0 分）
2	设施设备	洗涤、通风、防腐、防尘、排风抽烟、污水排放、垃圾容器等设施设备齐好；干净整洁，上下水道通畅，无污水污物积存	3.0	设备设施完好（2.0 分），上下水畅通、无污染（1.0 分）
3	标识明确	洗涤池、消毒池、冲洗池及洗肉菜池标识明确，消毒设备标识清楚、效果可靠	2.0	标识规范、清楚（2.0 分）
4	内饰整洁	天花板、排气罩、灶台、操作台洁净无油垢，瓷砖无破损、墙皮和油漆无脱落	2.0	发现一处不清洁（扣 0.5 分）
5	留样设备	配备食品留样专用冷藏柜，温度设置为 0～6℃	1.0	设备完好（1.0 分）
6	垃圾分类	垃圾、泔水容器密闭完好，餐厨垃圾实施分类和减量处理	2.0	垃圾容器分类处理（2.0 分）
7	原材料管理	粗加工间、进货间、备餐间独立设置；磁卡售饭，不直接接触钱款	1.0	每项不合格（扣 0.5 分）

（续表）

序号	类别	考核内容	分值	考核点
8	冷荤间	冷荤间“五专”落实，设专用二次更衣室、洗手设施，冷荤食品窗口传菜，消毒灯安装到位，冷荤间有门帘或幕帘，设独立空调，水果洗净单独摆放	4.0	每项不合格（扣 0.5 分）
9	用具及包装	工具、用具、餐饮具材料符合国家标准，储存食品工用具、容器、冰箱生熟分置和使用；标志明显；直接入口的食品采用无毒、清洁的材料包装，禁用有色塑料容器	3.0	每项不合格（扣 0.5 分）
三	食品加工制作规范		22.0	
1	食品加工流程	食品加工流程做到生进熟出一条龙，确保“四过关”（一洗、二刷、三消毒、四冲洗）	1.0	流程合理（1.0 分）
2	食品加工	加工食品做到生与熟，原料与半成品，食品与杂物，药物、食品与天然冰隔离存放，进入冰箱食品加盖，分层摆放，不叠加	3.0	每项不合格（扣 0.5 分）
3	食品加工要求	食品原料新鲜、无腐烂变质食品，加工制作做到防尘、防蝇、防鼠、防腐。使用符合国家要求的食品添加剂且必须专人、专柜保管，并有使用记录	4.0	腐烂变质（扣 1.0 分）、“四防”（0.5 分）、添加剂（2.5 分）
4	器具管理	配菜与出菜盘专用，标志明显；刀具无锈，定位存放，盖布洁净，正反标志清晰。应定期由专业部门对餐具进行检测	2.0	每项不合格（扣 0.5 分）
5	餐具卫生	使用公用餐、茶具及盛放直接入口食品的容器，采用物理或化学方法洗净、消毒，清洗消毒流程规范，达到光、洁、涩、干标准，密闭存放，定期委托专业机构进行检测	2.0	每项不合格（扣 0.5 分）
6	工用具保管	工用具保持清洁，定位存放，菜墩立式存放；药品、苍蝇拍定位存放	2.0	每项不合格（扣 0.5 分）

（续表）

序号	类别	考核内容	分值	考核点
7	废弃物处理	餐厨废弃物日产日清，盛放容器密闭、清洁，定期消毒。应经有资质单位进行回收，并记录	2.0	回收单位资质（1.0分）、记录（1.0分）
8	操作间	操作间地面、墙壁、门窗、桌椅清洁无油污，无灰尘，无杂物，干净整齐，调料柜内干净整洁、摆放规范；个人物品集中摆放	3.0	每项不合格（扣0.5分）
9	食品加工要求	加工食品程序规范、烧熟煮透，隔夜隔顿或外购熟食须重新加热；食用时食品的中心温度不低于70℃（使用专用食品温度计测量）	3.0	每项不合格（扣0.5分）
四	食品进货与储存安全可靠		14.0	
1	食品进货制度	与供应商签订食品安全责任书，建立食品及原材料进货100%可追溯制度，食品入库检验安全质量，大宗食品索要三证（卫生证、化验证、合格证），购货合同、发票齐全	4.0	每项不合格（扣0.5分）
2	主副食库	主副食库管理由专人负责并严格登记，每种主副食原材料、调料进货登记齐全	1.0	专人管理（0.5分）、进货台账（0.5分）
3	食品原料储藏	库房食品原料储藏做到分类分架，先进先出，专室专用，离墙隔地，无过期和霉变食品，无病媒生物污染，无个人物品	3.0	每项不合格（扣0.5分）
4	运输、装卸食品	运输、装卸食品时包装、容器和工具无污染，食品原料进操作间去掉外包装，鸡蛋进操作间前要倒箱	2.0	每项不合格（扣0.5分）
5	农药残留检测	建立农药残留快速检测制度，食品检验人员对采购的蔬菜、水果等鲜活食品原料进行抽样检测，农药残留超标的食品原料将禁止使用	2.0	农药残留检测记录规范（1.0分）、记录齐全（1.0分）

（续表）

序号	类别	考核内容	分值	考核点
6	食品留样	建立食品留样制度，留取当餐供应所有菜肴，每份不少于 100 克，有标签标明菜名，在规定位置冷藏存放 48 小时	2.0	每项不合格（扣 0.5 分）
五	病媒生物防治达标		10.0	
1	防疫	病媒生物防疫合格率 100%，密度低于国家标准，无蚊蝇滋生现象，染蟑鼠率 3% 以下	1.0	检验报告（0.5 分）、有无蚊蝇（0.5 分）
2	消毒	委托 A 或 B 级资质专业机构进行病媒生物消杀和清洗消毒、专间消毒，消杀记录齐全	2.0	每项不合格（扣 0.5 分）
3	防蚊蝇、防鼠	食堂内安装的纱窗、纱门、门帘、风幕、自动门等无破损；各类管道设施安装防鼠装置，设置鼠盒、毒饵新鲜有效；防蝇帘、防蝇灯完好有效	2.0	每项不合格（扣 0.5 分）
4	空洞封堵	餐厅、操作间墙壁无洞穴和缝隙；灭蝇灯悬挂于操作间出入口和通道，排水出入口和排气口应有网眼孔径小于 6 毫米的金属隔栅或网罩	2.0	每项不合格（扣 0.5 分）
5	库房	库房窗户严实，库房门严密，设防鼠板，无裂痕、破损，物品摆放整齐、标识清楚	3.0	每项不合格（扣 0.5 分）
六	营养和健康干预		10.0	
1	控油控盐	落实控油、控盐措施，在餐厅醒目位置展示食品营养成分	2.0	措施、宣传（1.0 分）、标注营养成分（1.0 分）
2	营养配餐	实行营养配餐食谱，饭菜品种正餐达 25 种以上，设置健康干预食谱（慢性病人群食用），主要饭菜品种标注营养成分或食用建议	2.0	实行营养配餐（1.0 分）、健康干预（1.0 分）
3	专业人员配备	配备专、兼职食品检验员	2.0	人员配备（1.0 分）、工作落实（1.0 分）

（续表）

序号	类别	考核内容	分值	考核点
4	营养干预	收集分析单位职工每年体检结果，建立就餐人员健康档案，制定营养干预政策，对患有慢性病人群进行特殊营养干预，慢性病体检数逐年降低	2.0	人员健康档案建立（1.0分）、营养干预措施、慢性病体检数逐年降低（1.0分）
5	健康知识宣传	采取多种形式，定期开展健康知识宣传，有固定的宣传阵地，引导职工养成良好的饮食习惯，掌握自我保健知识	2.0	开展健康培训并有记录（2.0分）
七	从业人员健康		7.0	
1	健康证	一线人员健康体检、培训合格率100%，持证上岗，食品生产人员要熟悉食品安全生产要求	4.0	每发现一人没有健康证（扣1.0分）、熟悉食品安全要求（1.0分）
2	食堂职工设施	食堂职工有独立更衣室或个人更衣柜，物品摆放整洁	1.0	每项不合格（扣0.5分）
3	着装及卫生要求	工作时间必须穿工作服、戴工作帽（包括管理人员），不戴戒指；工作服干净，勤洗手、勤剪指甲、勤理发	2.0	每项不合格（扣0.5分）
八	餐饮环境良好		8.0	
1	标准	达到地方无烟餐饮单位标准	1.0	禁烟标志（0.5分）餐厅通风良好（0.5分）
2	就餐环境	就餐环境舒适优美，设立特殊就餐服务区	1.0	就餐环境良好（0.5分）、特殊就餐区（0.5分）
3	餐厅卫生	餐厅内外环境干净、整洁，周围无污染，无卫生死角，无乱堆、乱放杂物	2.0	每项不合格（扣0.5分）
4	卫生设施	食堂设洗手池、卫生间，保证设备完好	1.0	每项不合格（扣0.5分）
5	节能环保	节约粮食，节能减排，符合环保要求	1.0	节约粮食的标志（0.5分）、节能措施（0.5分）
6	职工满意度	就餐人员满意率和基本满意率达到85%以上	2.0	低于85.0分此项不得分

图书在版编目（CIP）数据

国网安徽省电力有限公司后勤安全管理手册/国网安徽省电力有限公司后勤工作部编．—合肥：合肥工业大学出版社，2021.7

ISBN 978-7-5650-5243-9

Ⅰ.①国…　Ⅱ.①国…　Ⅲ.①电力工业—工业企业—后勤管理—安全管理—手册—安徽　Ⅳ.①F426.61-62

中国版本图书馆CIP数据核字（2021）第140280号

国网安徽省电力有限公司后勤安全管理手册

国网安徽省电力有限公司后勤工作部　编

责任编辑	张择瑞
出版发行	合肥工业大学出版社
地　　址	（230009）合肥市屯溪路193号
网　　址	www.hfutpress.com.cn
电　　话	理工图书出版中心：0551-62903204 市场营销中心：0551-62903198
开　　本	787毫米×1092毫米　1/16
印　　张	13
字　　数	300千字
版　　次	2021年7月第1版
印　　次	2021年7月第1次印刷
印　　刷	安徽联众印刷有限公司
书　　号	ISBN 978-7-5650-5243-9
定　　价	65.00元

如果有影响阅读的印装质量问题，请与出版社市场营销中心联系调换。